21世纪国际博物馆学基础书系
段晓明 安来顺 主编

博物馆管理手册

THE MANUAL OF
MUSEUM MANAGEMENT

第2版
Second Edition

[加拿大]
盖尔·洛德 巴瑞·洛德 著
Gail Dexter Lord　Barry Lord
谢颖 译

江苏凤凰文艺出版社
JIANGSU PHOENIX LITERATURE AND
ART PUBLISHING

图书在版编目（CIP）数据

博物馆管理手册 /（加）盖尔·洛德（Gail Dexter Lord），
（加）巴瑞·洛德（Barry Lord）著；段晓明，安来顺主编；谢颖
译.—南京：江苏凤凰文艺出版社，2024.5
（21世纪国际博物馆学基础书系）
书名原文：The Manual of Museum Management
ISBN 978-7-5594-8553-3

Ⅰ.①博… Ⅱ.①盖…②巴…③段…④安…⑤谢… Ⅲ.①博物馆—管理—手册 Ⅳ.① G261-62

中国国家版本馆CIP数据核字（2024）第063871号

Published by agreement with the Rowman & Littlefield Publishing Group Inc. through the Chinese Connection Agency, a division of Beijing XinGuangCanLan ShuKan Distribution Company Ltd., a.k.a Sino-Star.

著作权合同登记号 图字：10-2024-69号

博物馆管理手册

[加拿大] 盖尔·洛德　[加拿大] 巴瑞·洛德　著
谢颖　译

主　　编	段晓明　安来顺（21世纪国际博物馆学基础书系）
出 版 人	张在健
策划编辑	费明燕
责任编辑	赵卓娅
书籍设计	宝　莉
封面设计	孔嘉仪
责任印制	杨　丹
出版发行	江苏凤凰文艺出版社
	南京市中央路165号，邮编：210009
网　　址	http://www.jswenyi.com
印　　刷	江苏凤凰通达印刷有限公司
开　　本	787毫米×1092毫米　1/16
印　　张	20
字　　数	300千字
版　　次	2024年5月第1版
印　　次	2024年5月第1次印刷
书　　号	ISBN 978-7-5594-8553-3
定　　价	58.00元

江苏凤凰文艺版图书凡印刷、装订错误，可向出版社调换，联系电话 025-83280257

"21世纪国际博物馆学基础书系"
丛书编委会

总 策 划 段 勇
丛书主编 段晓明　安来顺
执行主编 黄 磊　王思怡　张 遇
编　　委 （按姓氏笔画为序）

　　　　　　李丽辉　李明斌　李慧君　郑君怡　赵化锋
　　　　　　徐 坚　黄 洋　黄继忠　谢 颖　潘守永

目录

案例研究目录 ·· 006

图片目录 ·· 007

表格目录 ·· 009

中文版序 ·· 010

英文版序 ·· 012

致谢 ·· 015

案例研究作者简介 ·· 017

第一章 为什么博物馆需要管理?
——博物馆管理的目标 ·································· 001
1.1 管理的目的 ·· 003

1.2 基础宣言 ·· 004

1.3 博物馆管理的作用 ······································ 007

第二章 谁来管理?
——博物馆的组织结构 ·································· 015
2.1 治理模式 ·· 017

2.2 理事会 ·· 024

2.3 博物馆员工 ·· 030

2.4 志愿者的职责 ·· 046

2.5 公民社会博物馆如何转换角色 ···························· 049

第三章　怎样管理？
　　——博物馆管理方法 ·················· 055
3.1 高级管理人员的职责 ·················· 057
3.2 藏品管理 ·················· 078
3.3 公共项目管理 ·················· 109
3.4 设施规划与管理 ·················· 159
3.5 财务管理 ·················· 201

后记 ·················· 245
附录　职位说明 ·················· 247
词汇表 ·················· 277

案例研究目录

2.1 聆听——社区协商的价值 ………………………… 052
　　杰内拉·所罗门

3.1 维多利亚与阿尔伯特博物馆的机构战略规划——设定
　　议程，逆向思考，创造好运 ………………………… 058
　　伊恩·布拉奇福德

3.2 藏品研究员在博物馆管理中的声音 ……………… 080
　　威利斯·E.哈茨霍恩

3.3 创新是一种文化 …………………………………… 110
　　大卫·爱德华兹

3.4 社交网络——古根海姆博物馆如何启动社交媒体计划？…… 138
　　埃莉诺·古德哈、弗朗西丝卡·梅里诺、阿什莉·普瑞马斯和
　　劳拉·米勒

3.5 新加坡动物园如何融入营销的团队工作 ………… 144
　　伊莎贝尔·郑

3.6 以运营工作为重点提升观众服务 ………………… 154
　　艾米·考夫曼

3.7 为泰特现代美术馆制定规划的过程 ……………… 162
　　彼得·威尔逊

3.8 史密森美国艺术博物馆的可视化库房 …………… 170
　　乔治娜·巴思

3.9 功能简介或概述的必要性 ………………………… 179
　　巴瑞·洛德

3.10 加拿大文明博物馆的创收与成本控制 …………… 206
　　大卫·洛耶

3.11 博物馆免费开放策略——以巴尔的摩的博物馆为例 …… 212
　　凯特·马克特

图片目录

1.1 管理的目的 …………………………………… 003
1.2 博物馆功能的三角示意图 ……………………… 006
1.3 管理的作用：使命与政策 ……………………… 008
1.4 管理的作用：传达任务 ………………………… 009
1.5 管理的作用：向长期目标迈进 ………………… 011
1.6 管理的作用：调控实现短期目标 ……………… 012
1.7 博物馆管理概要图 ……………………………… 014
2.1 博物馆管理的动态机制 ………………………… 031
2.2 博物馆三大事业部的典型组织结构 …………… 034
2.3 藏品管理事业部 ………………………………… 034
2.4 公共项目事业部 ………………………………… 034
2.5 行政管理事业部 ………………………………… 034
2.6 高级管理人员的组织结构 ……………………… 035
2.7 藏品管理事业部的组织结构 …………………… 035
2.8 公共项目事业部的组织结构 …………………… 036
2.9 行政管理事业部的组织结构 …………………… 037
2.10 博物馆组织结构矩阵 …………………………… 039
3.1 约翰·马德伊斯基花园 ………………………… 060
3.2A 纽约国际摄影中心内景 ………………………… 080
3.2B 罗伯特·卡帕的装置作品《这是战争：工作中的
　　 罗伯特·卡帕》 ………………………………… 081
3.2C 弗朗西斯科·托雷斯的装置作品《黑暗是我们的
　　 安眠处》 ………………………………………… 082
3.3A 法布里斯·伊贝尔的装置作品《用于思考的食物》 ⋯⋯ 112

3.3B "贝莱尔"空气净化器展览现场 ······ 113

3.3C 詹姆斯·纳赫特韦在巴黎"实验室"科学博物馆
举办的展览"注意！" ······ 114

3.4 纽约所罗门·R.古根海姆博物馆 ······ 139

3.5A 新加坡动物园广告牌前的红毛猩猩 ······ 145

3.5B 新加坡动物园前门入口处 ······ 146

3.6A 泰特现代艺术博物馆的空间要求 ······ 163

3.6B 可能性说明图 ······ 164

3.6C 项目团队工作照 ······ 165

3.6D 从泰晤士河对岸欣赏泰特现代美术馆 ······ 166

3.7A 卢斯基金会美国艺术中心的展柜 ······ 171

3.7B 卢斯基金会美国艺术中心展柜抽屉 ······ 172

3.8 标准分区空间 ······ 182

3.9 预算周期 ······ 205

3.10 坐落于加蒂诺的加拿大文明博物馆 ······ 207

3.11 免费开放公告 ······ 213

3.12 博物馆的成本分配范围 ······ 239

表格目录

1.1 博物馆的功能 ··· 006
2.1 博物馆的治理模式 ·· 024
2.2 行政管理矩阵 ··· 039
2.3 藏品管理矩阵 ··· 039
3.1 管理的方法 ·· 066
3.2 信息管理 ··· 095
3.3 某区域博物馆两年展览计划表 ··························· 118

中文版序

20世纪初，以张謇为代表的有识之士提倡借鉴西方，将现代博物馆引入中国，希冀博物馆能成为开启民智、推动中国现代化进程的一剂良药。一百多年来，中国博物馆事业发生了翻天覆地的变化。截至2022年底，全国已登记备案博物馆总数达6565家，博物馆建设正以如火如荼之势展开。博物馆从一个西方舶来品变成了如今家喻户晓的机构，在非正式教育、科学传播、公共服务和凝聚共识等方面发挥着举足轻重的作用。自中国博物馆事业发轫以来，中国博物馆人在不同的历史发展时期积极寻求世界各地的先进管理理论和最佳做法，并取得了长足的进步。西方博物馆管理理论和经验成果不断被引入国内，激发了中国博物馆界对博物馆管理的进一步探索和实践，为中国博物馆的发展事业注入了活力。

21世纪以来，随着博物馆开始寻求身份转变、积极融入社区，博物馆在现代社会中扮演着越来越重要的角色，公众对博物馆赋予了更多的期待，希冀其在推动城市更新、发展创意经济、培育社会凝聚力等方面发挥重要作用。同时，信息技术的持续变革、全球化进程与可持续发展的现实要求也对博物馆管理的研究与实践产生了重大影响。一方面，博物馆管理所面临的外部环境发生了一系列的重大变化，博物馆需要创新管理方法以响应时代的需求；另一方面，不忘初心、坚守博物馆管理的基本原则也变得比以往任何时候都要重要。

正是在这样的时代背景下，加拿大的洛德夫妇结合其丰富的实战经验和研究成果撰写了第二版《博物馆管理手册》。本书将理论研究和实践案例相结合，从宏观和微观角度全面阐述博物馆管理，内容涵盖博物馆的藏品管理、公共项目、行政管理和对外事务四大部分。无论是把握博物馆发展方向、统筹工作的博物馆管理者，还是负责各项具体工作的员工，本书都为他们提供了值得借鉴的方法和经验。值得指出的是，本书还收录了博物馆多个领域的资深专家所撰写的研究案例，相信这些案例及其展开的探讨会给读者带来启迪和思考。

近年来，我国博物馆的社会关注度和影响力得到空前提升，面对人民群众不断增长的精神文化需求，通过创新管理机制、提升管理水平推动中国博物馆事业实现高质量发展，是新一代中国博物馆人的使命与职责。愿《博物馆管理手册》的翻译和出版能给我们的探索之路带来有益的启示。

段晓明
中国博物馆协会副理事长
湖南博物院党委书记、院长

英文版序

《博物馆管理手册》（简称《手册》）第一版在1997年出版后引起热烈的反响，彼时人们正急需一本讲述博物馆管理的简明而又实用的书籍。为了满足读者的需求，《手册》一书截至2000年印刷了三次，并被翻译成多种语言，包括西班牙语、俄语和格鲁吉亚语，后又被译成了中文。正如我们所预料的那样，《手册》成为全球高校博物馆学课程体系中的一本非常有用的教材。

在十多年后的今天，博物馆管理工作所依存的整个社会环境因一些重要因素发生了改变，因此，是时候推出《手册》第二版了。这些因素包括：

■ 信息技术：通讯和数据存储技术的持续变革对博物馆的管理方式产生了重大影响，甚至远超其他领域。尽管来博物馆观展，参加本地教育项目和活动的观众不断增加，但是其规模仍不及通过互联网参观博物馆以及使用图片和项目的用户数量。

■ 建筑：毕尔巴鄂古根海姆博物馆的出现改变了公众对博物馆及其建筑的认知，这种影响还使得一些新建或改建的博物馆着手复制"毕尔巴鄂效应"[1]。人们进一步认识到博物馆在经济与社会方面的潜力，这种认识极大地推动了文化旅游，并持续影响着政府和观众对博物馆管理的期待值。

■ 当代艺术成为主流：泰特现代美术馆的巨大成功改变了公众对艺术，特别是对当代艺术的理解。而当代艺术逐渐赢得广大公众，特别是世界各地年轻人的关注，不再是精英阶层的专属消遣。

---

1 毕尔巴鄂效应是经济学家用来描述古根海姆博物馆的经济和社会影响的一个术语。毕尔巴鄂古根海姆博物馆建于1997年，建成后，博物馆刺激了一系列城市更新举措出台，城市面貌焕然一新，而在建成之前，毕尔巴鄂是一个失业率和贫困率都很高的城市。——译注

- 可持续性：可持续发展已成为全球关注的问题，人们逐渐意识到地球资源的有限性，这些认识每天都在影响着博物馆的展览和学习项目，以及博物馆利用自身资源和控制其"环境足迹"[1]的方式。
- 博物馆的传播：博物馆可以将保护国家或地方的遗产与参与全球文化借展的机遇结合起来，这种理念得到了更为广泛的传播，近期在海湾地区的阿联酋以及整个东亚、南亚和东南亚地区都得到了应用。
- 重视全球品牌：一些大型博物馆的管理者逐渐认识到，大型机构的国际声誉是文化资本的来源，他们掌握的全球"品牌"可在国内外充分利用起来。
- 领导力的重要性：人们越来越意识到，只有当博物馆拥有强大的领导力（可称为"做正确的事情"）时，管理（可称为"正确地做事情"）才会有效果。本书在第一版中就注意到了二者区别，如今这种区别逐渐变得更加重要。
- 公民社会机构：作为一种社会机构，博物馆取得了长足的进步，其社会地位也因此发生了微妙而深刻的改变。作为一种公民社会机构，博物馆从公私等多种渠道获得资金，并通过有效管理所保管和展示的艺术、科学或遗产资源，向广大公众负责。

在1997年第一版序言中，我们写道："过去的几十年来，哲学、技术、资金和公众期望都在不断发生变化，这就要求博物馆的管理者们在坚守博物馆根本目标的同时迅速做出调整，不断适应环境的变化。"正如前文所述，博物馆的管理环境面临着一系列重大变化，这句话在今日变得更为贴切了。

尽管发生了这些变化，同时也正因为这些变化，博物馆管理的根本问题仍然是所有相关机构必须应对的挑战。事实上，在应对新情况的同时，坚守博物馆管理的基本原则已经变得至关重要。因此，《手册》第二版认可这些变化带来的影响，同时也保留了第一版的经典结构，探讨了如下问题：

---

[1] 环境足迹（environmental footprint）又称为生态足迹，用来衡量人或组织对环境的影响，包括积极和消极的影响。——译注

- 在第一章，我们首先提出了"为什么"的问题。为什么我们需要博物馆管理，它应当发挥哪些作用？
- 在第二章，我们探讨了那些给博物馆带来活力的人以及博物馆的组织结构，即博物馆管理的"主体"。
- 最后，在第三章，我们探讨了博物馆领导力可以采用的一些工具，即博物馆管理"怎么做"。

《手册》第二版与第一版都认为，那些对管理和领导 21 世纪的博物馆抱有极大兴趣，或正在应对这一挑战的人就是本书的目标读者，他们包括：

- 博物馆内部人士，包含博物馆的管理者和员工、理事、志愿者和委员会成员。
- 博物馆外部相关人士，如学术机构管理者、政府和基金会员工、管理或资助博物馆的其他机构人员、展览设计师、安保公司和其他博物馆服务供应商。
- 还有，也是最重要的，世界各地大专院校博物馆学与相关课程的师生，他们也是博物馆未来的管理者。

我们为第一版《手册》的出版付出了艰辛的努力。为了让世界各地的小型博物馆和大中型机构的员工一样从本书中获益，新版《手册》付出了双倍的努力。

案例研究在本书占比较重，一些案例论证的观点往往超越了文本本身，引发讨论，从而开辟了一些创新思路。此外，本书出版于 2009 年，收集了 21 世纪第一个十年结束之际对世界各地博物馆管理有所启发的大量新案例，至少提前半个世纪预测了博物馆管理可能出现的发展方向。因此，仅这些新的案例研究，就需要我们将经典版内容进行扩充再版。我们一如既往地希望本次全新修订的版本以及大量案例研究有助于指引博物馆的质量提升。

致谢

《博物馆管理手册》最初由位于伦敦的英国文书局（The Stationery Office）发行，后来由阿尔塔米拉出版社（AltaMira Press）在美国出版。盖尔与巴瑞·洛德夫妇编写了博物馆手册系列丛书，本书为其中一部。其他手册大部分为多名作者的文章汇编，而《博物馆管理手册》第一版和第二版除案例研究之外的所有内容，均由盖尔与巴瑞·洛德夫妇亲自撰写。

多年前，洛德夫妇曾为安大略博物馆协会讲授博物馆组织与管理的证书课程，本书内容即源自课程讲义。洛德夫妇曾为世界各地的博物馆专业人士举办研讨会、开设培训课程和撰写报告，包括伦敦英国博物馆协会的研讨会、下奥地利州科学院的博物馆培训项目、加拿大维多利亚大学的文化资源管理课程、中国香港城市培训学校的博物馆培训研讨会、新加坡集邮博物馆面向东南亚博物馆专业人士的课程（由洛德文化资源公司策划），以及在贝尔格莱德举行的为期三天的博物馆管理强化培训班。在此过程中，他们不断地对课程和讲义内容进行调整和扩充。洛德夫妇在此向学员和同事们表示感谢，多年来他们提出的问题、分享的挑战和真知灼见让课程不断优化，并最终形成了本书的内容。

洛德夫妇为全球40多个国家和地区的博物馆专业人士和理事会成员提供咨询，与第一版相比，第二版同样体现了他们在不同规模的博物馆管理方面不断积累的国际经验。因此，他们对所有客户和同事贡献的创造力、智慧和专业能力表示衷心的感谢，并希望本书能够充分展现这些方面。

特别感谢案例研究的作者们，这些案例都是本版新增的内容。他们将文章中提出的总结观点聚焦于当代的最佳实践，并从多方面为本书注入活力，指明了当前的发展方向。各位作者从繁忙的工作中抽出时间，为本书撰写了生动有趣而有说服力的案例。同样，感谢为本书案例提供图片的摄影师们，案例作者提供了插图并在文章中对摄影师表示了感谢。

盖尔与巴瑞·洛德夫妇于1981年创建了洛德文化资源公司，洛德的同事和伙伴们多年来为本书的改进做出了贡献。特别是在第二版中，洛德公司负责人泰德·西尔伯贝格和布拉德·金博士对第3.5节"财务管理"的内容提出了修改建议，美国区总监艾米·考夫曼为整体文本的提升提供了宝贵意见。朱丽叶·弗伦奇负责统稿、管理文档、协调案例研究作者的意见，以及整理插图。洛德公司顾问克里斯蒂娜·斯约博格负责最后阶段的校对和制作。盖尔与巴瑞一如既往地获得了他们的执行助理米拉·奥瓦宁的大力支持。

最后，要感谢阿尔塔米拉出版社及其母公司罗曼与利特菲尔德（Rowman & Littlefield）的不懈努力。赛琳娜·克龙巴赫以她一贯的热情启动了再版工作，她的继任者杰克·迈因哈特和制作编辑凯伦·阿克曼接手并出色地完成了这项工作。感谢以上团队，促成了本书的出版。

案例研究作者简介

乔治娜·巴思（Georgina Bath）是美国华盛顿特区史密森美国艺术博物馆卢斯基金会美国艺术中心的阐释项目经理。该博物馆改建期间，乔治娜参与了艺术中心的设计和布展工作，负责撰写阐释文本、监管互动资讯亭系统和开发配套网站。乔治娜毕业于格拉斯哥艺术学院，如今她负责管理咨询台，执行每周的公共项目计划表，更新阐释信息，维护视听装置，以及协调艺术中心的观众服务工作。

伊恩·布拉奇福德（Ian Blatchford）于2002年入职英国伦敦的维多利亚与阿尔伯特博物馆（V&A），担任财务和资源总监，两年后升任副馆长。他从牛津大学曼斯菲尔德学院法律系毕业后，在牛津的一家商业银行开启了职业生涯。他曾担任英国艺术委员会的财务副总监，随后被任命为英国皇家艺术学院的财务总监。伊恩在本书的案例研究中介绍了他所指导的V&A战略规划。

伊莎贝尔·郑（Isabel Cheng）是新加坡动物园的销售和营销总监，负责规划和实施新加坡动物园和夜间野生动物园（the Night Safari）的整体销售和营销战略。她的工作职责包括会员管理、筹款、广告宣传及企业传播。伊莎贝尔曾在新加坡和马来西亚私营企业的广告部门工作。

大卫·爱德华兹（David Edwards）是哈佛大学的一位教授，也是创新文化中心——"实验室"科学博物馆（Le Lab）的创始人，他在本书后续的案例研究中对此进行了介绍。大卫在其著作《艺术科学：后谷歌时代的创造力》（2008）一书中阐明了"Le Lab"的创造性原则。该书借鉴了许多当代创新者的经验。大卫的创新成就包括他最近完成的小说和几个营利性和非营利性的组织,如监管城市青年艺术动态中心——"云所"(Cloud Place)的"云端基金会",以及位于波士顿、巴黎和比勒陀利亚的非营利性全球健康服务机构——"急需药物"(MEND)。"急需药物"项目获得了比尔及梅琳达·盖茨基金会的资助。大卫与太太奥雷利以及三个儿子住在波士顿和巴黎,他曾因出色的工作获得多个奖项。

埃莉诺·古德哈(Eleanor Goldhar)、**劳拉·米勒**(Laura Miller)、**阿什莉·普瑞马斯**(Ashley Prymas)和**弗朗西丝卡·梅里诺**(Francesca Merlino)是所罗门·R.古根海姆基金会对外事务营销团队的成员。埃莉诺·古德哈是负责对外事务的副馆长,她曾在加拿大、美国和英国的博物馆、文化和艺术表演机构以及商业剧院担任传播和营销主管,如今在基金会负责古根海姆博物馆网络的品牌建设和全球传播计划。劳拉·米勒拥有哥伦比亚大学工商管理硕士学位,担任基金会的营销主管,她拥有二十多年营利性和非营利性博物馆的营销和商务拓展经验,同时在纽约大学斯坦哈特学院任兼职教授,与他人共同教授艺术营销课程,并担任美国国家艺术营销项目指导委员会成员。阿什莉·普瑞马斯拥有纽约大学艺术管理硕士学位,她担任基金会的营销经理,负责指导古根海姆多个项目的战略营销,包括"首场星期五"系列活动(the First Fridays series)和线上营销项目。弗朗西丝卡·梅里诺担任市场营销助理,负责策划基金会的合作推广、电子邮件推广及社交网络活动,她毕业于福特汉姆大学工商管理学院,曾为学院的国际服务学习项目提供咨询服务,该项目利用公平贸易和小额融资为学院学生与第三世界的小型企业搭建了沟通平台。

威利斯·E.哈茨霍恩(Willis E. Hartshorn)于1982年加入纽约国际摄影中心(International Center of Photography,简称ICP),1994年成为ICP的馆长,曾担任过巡展协调员、展览部主任和项目部副主任。他毕业于罗切斯特市的罗切斯特大学,在该市的视觉研究工作室获摄影研究艺术硕士学位,随后开启了他的职业生涯。他曾在位于罗切斯特市乔治·伊斯曼故居(George Eastman House)的国际摄影博物馆担任藏品研究助理,曾获美国国家艺术基金会颁发的两项摄影奖学金,他本人的摄影作品自

1973 年以来被广泛展出，他还为国际摄影博物馆策划了关于捷克现代主义和曼·雷（Man Ray）摄影作品等主题的多个大型展览。十多年来，他曾为 ICP 举办的各种水平的教育活动担任导师，曾在纽约博物馆协会的理事会任职，同时也是美国艺术博物馆馆长协会的活跃成员。

艾米·考夫曼（Amy Kaufman）担任洛德文化资源公司的美国区总监，在纽约办事处为美国客户提供咨询和管理服务。她毕业于新奥尔良的杜兰大学，毕业后开始管理新奥尔良的一家商业画廊，随后在纽约大学开始研究生阶段的学习。在艾米介绍的案例研究中，她当时任职纽约所罗门·R. 古根海姆博物馆的观众服务部主任。最初进入洛德文化资源公司时，她负责监督宪法山遗址的规划、创建和管理，之后回到了纽约。宪法山历史遗址位于南非约翰内斯堡，之前是一座监狱，圣雄甘地和纳尔逊·曼德拉都曾被关押在这里。近年来，艾米积极参与艺术博物馆、遗址、植物园等文化机构的观众拓展和运营规划。

巴瑞·洛德（Barry Lord）是洛德文化资源公司的联合创始人和联席总裁，该公司是全球最大的文化机构规划和管理公司之一。他出生在加拿大安大略省的哈密尔顿，毕业于当地的麦克马斯特大学，随后在哈佛大学攻读硕士学位，那时他已在渥太华的加拿大国家美术馆担任暑期助理，由此开启了他的博物馆生涯。巴瑞修完国家美术馆和博物馆培训课程，先后担任温哥华艺术馆助理藏品研究员[1]、圣约翰的新不伦瑞克博物馆艺术藏品研究员、加拿大顶级艺术杂志《艺术加拿大》编辑，随后回到国家美术馆任教育服务部主任，后来在渥太华的加拿大国家博物馆集团（the National Museums Corporation）担任博物馆援助项目的助理主任。巴瑞曾在加拿大的几所大学中教授艺术史课程，还在世界各地的大学和博物馆举办研讨会，讲授博物馆规划和管理课程。1981 年，他与太太盖尔创建了洛德文化资源公司，在北美、欧洲、亚洲和澳大利亚主持了数百个博物馆规划项目。作为著名的艺术史学家和评论家，他撰写了《加拿大绘画史》

---

[1] 英文"curator"一词在国内博物馆的语境下有几种译法，包括"策展人""研究员""藏品研究员"等，本书统一译作"藏品研究员"。——译注

（1974），他与盖尔共同编写的《规划我们的博物馆》（1983）以及博物馆手册系列丛书广受好评，丛书收录了《博物馆管理手册》（1997年第一版，本书为其第二版），以及《博物馆规划手册》（1991年第一版，1999年第二版）、《博物馆展览手册》（2002）和《博物馆学习手册》（2007）。

盖尔·洛德（Gail Dexter Lord）与她的丈夫巴瑞是洛德文化资源公司的联合创始人和联席总裁。她毕业于多伦多大学历史系，曾是《多伦多明星报》的艺术评论家，并在该市的瑞尔森大学教授艺术史。1983年，盖尔和巴瑞共同编写了《规划我们的博物馆》（加拿大国家博物馆），这是世界上第一本关于博物馆规划主题的书。从此以后，她便被人熟知，不仅被称为世界领先的博物馆规划师，更被誉为博物馆和文化领域的前沿思想家。她曾在维多利亚大学等地讲授文化管理课程，多次获邀在世界各地的博物馆大会上发言。盖尔指导过北美、欧洲和亚洲不同规模的博物馆的数百个规划和管理项目。1989年，她与巴瑞、约翰·尼克斯共同撰写了《收藏的成本》。她为许多新博物馆的建立提供过帮助，旧金山的非洲侨民博物馆就是其中之一，本书中杰内拉·所罗门对该博物馆进行了案例研究。非裔美国人历史和文化国家博物馆位于美国华盛顿特区的国家广场，是史密森学会旗下的一座博物馆。在盖尔的领导下，洛德文化资源公司为这座规模较大的国家博物馆做出了贡献。在与巴瑞一起完成博物馆手册系列丛书的编写后，2007年盖尔与凯特·马克特合著了《博物馆战略规划手册》。

大卫·洛耶（David Loye）是一名加拿大注册会计师，于1990年入职位于加拿大魁北克省加蒂诺的加拿大文明博物馆。在博物馆工作期间，大卫曾担任财务规划主管，随后被任命为集团的第一位首席财务官。2007年，他接受了该集团首席运营官的职位。加入博物馆之前，他曾在加拿大政府多个财务管理岗位任职。

凯特·马克特（Kate Markert）是巴尔的摩沃尔特艺术博物馆的副馆长，负责管理博物馆的财务、发展、运营和营销部门。她与理事会紧密合作，以确保其治理结构和程序维持高效。1995—2000年，凯特担任克利夫兰艺术博物馆副馆长和执行馆长；2000—2003 年，担任康涅狄格州哈特福德的沃兹沃思艺术学院博物馆馆长。她拥有艺术史的艺术硕士学位和工商管理硕士学位。2007 年，凯特与盖尔·洛德合著《博物馆战略规划手册》。作为沃尔特艺术博物馆的副馆长，她直接参与了该博物馆免费开放的启动工作，本书有相关的案例研究。

杰内拉·所罗门（Janera Solomon）是匹兹堡的所罗门合作公司（J. A. Solomon & Partners）的负责人。她一直积极参与匹兹堡和费城的文化发展，曾担任费城某个大型年度艺术节的总监。杰内拉出生于一个拥有加勒比海钢鼓传统的家庭，因此她拥有深厚的音乐背景。在她的研究案例中，杰内拉与洛德文化资源公司合作，为旧金山的非洲侨民博物馆进行规划。作为一名协调专家（如案例研究所示），杰内拉与她的客户合作，达成共识并开发创新项目，有效实现了集体的使命、愿景和目标。

彼得·威尔逊（Peter Wilson）是洛德文化资源公司英国分部的一名助理顾问。他在泰特美术馆工作了三十多年。2005 年，英国皇家莎士比亚公司决定改造位于埃文河畔斯特拉特福小镇的剧院，他担任了该项目的主管，如今他根据皇家莎士比亚公司的安排为博物馆提供临时的咨询服务。彼得拥有剑桥大学的自然科学硕士学位和藏品保护文凭，他曾在泰特美术馆和考陶尔德艺术学院接受培训，还曾经师从伦敦国家美术馆科学部的加里·汤普森。1972 年，他进入泰特美术馆的藏品保护部，开启了他在藏品管理和运营管理方面漫长的职业生涯。1990—2005 年，他多次担任遗产及其他项目的总监，负责了多个建设项目，包括收藏特纳画作的克洛尔馆（1987）、泰特圣艾夫斯美术馆（1993）、泰特藏品中心（1992 年起）、泰特利物浦美术馆二期（1998）、泰特现代美术馆（2000）、泰特美术馆百年发展纪念馆（2001）以及泰特图书馆和档案馆的海曼·克赖特曼研究中心（2004）。

第一章

为什么博物馆需要管理？
——博物馆管理的目标

正如我们曾在《博物馆管理手册》第一版中指出的，几乎博物馆的所有员工（包括馆长在内）都会时常自问："我们到底为什么需要管理？管理有何用处？"

遗憾的是，直到如今我们仍然没有一个合适的答案。管理往往意味着制造一些官僚主义的需求，侵占博物馆专业人员的时间，他们本可以利用这些时间研究藏品或为公众提供有价值的服务，而不是参加某个会议，填写某张表格或者撰写一份又一份报告。没有领导力的激励，管理工作往往令人厌烦。领导力不足，也会随之影响到员工和公众；若展览创意不足，教育活动就会抓不住重点，藏品的展示也缺少远见。

什么是"领导力"？什么才是真正有效的管理？为什么博物馆需要管理？

虽然本书所有内容都围绕管理和领导力的理论和实践展开，我们仍然尝试在本章中对两者进行定义。同时，从手册的特点出发，我们在本章绘制了博物馆管理的概要图，以帮助读者对关键性的管理术语进行分类、记忆和应用。该图已被视为同类示意图中的经典之作。

1.1 管理的目的

管理的目的是通过**推进决策**，促使本机构员工**更为便捷**地完成自身工作，这与大众的想法恰好相反（见图1.1）。

"**推进**"意味着让事情变得比原本更为容易：

博物馆管理的目的是推进决策，以完成博物馆的使命和任务，并为实现其所有功能完成长期目标和短期目标。

图1.1　管理的目的

对博物馆管理目的的这种理解，隐含了博物馆管理评估简单有效的首要标准：

标准 1　博物馆的管理是否有助于完成其使命、任务、长期目标和短期目标，以实现博物馆的所有功能？

如果答案是肯定的，说明管理得当；如果不是，那么管理方法需要调整。既然凡事皆有度，那么我们可以利用管理对决策的推进程度来评估管理的质量，正是这些决策引领博物馆完成其使命、任务、长期目标与短期目标，从而实现博物馆的功能。

1.2　基础宣言

无论是博物馆所在的建筑物，还是博物馆所保存的丰富收藏，虽然具有十分重要的意义，但都不能被称为博物馆。博物馆是内涵丰富的文化机构，且具有独特的功能，既收藏和保护物质文化遗产，又传播这些遗产的意义——艺术品、考古历史类的文物以及科学标本所蕴含的意义。这种意义传播的社会甚至政治维度催生了一个新的机构，即博物馆，它不仅在社会政治方面具有重要价值，还将意义传播的多种维度与藏品储存和保护等"硬件"功能结合起来。

我们可从以下方面阐述某家博物馆的宗旨：

- 使命；
- 任务；
- 长期目标；
- 短期目标。

这些都被统称为基础宣言。**文化机构的使命宣言是对其存在的理由给予的客观、简要并充满启迪的论述。**使命宣言应回答这一问题："人们为什么需要关心这座博物馆？"它让我们关注博物馆存在的长期理由，是所有政策制定的基础，例如：

该县级博物馆的使命是保存并向居民和观众展示那些从人类定居于此就被创造出来的历史和创新精神。

一家文化机构的任务是指它所负担的物质文化的范围。可从以下方面予以说明：
- 学术领域；
- 地理范围；
- 时间范围；
- 专业程度；
- 该任务与其他同类机构任务之间的关系。

如果想要和前面举例的县级博物馆的使命宣言有所区别，还可以这样写：

该县级博物馆的任务是从人类定居于此到今天的当地居民所遗存的考古遗迹，以及他们所创造的历史、美术和装饰艺术；该县的自然历史属于大学博物馆的任务，因此只有那些展示人类历史所必需的自然历史展品才纳入县级博物馆的展示范围。

任务宣言不仅将博物馆的使命限定在公共责任的客观世界中，而且还为博物馆之间，以及博物馆与政府、教育、私营部门等其他机构之间的关系奠定了基础。

长期目标（goals）和短期目标（objectives）这两个词经常混用。有些人认为前者涵盖的内容更广泛，而后者的含义更具体；另一些人则与我们在本书中的看法相同，认为前者更广泛，而后者是针对某个特定的时间段或某项预算。如果对调使用，也不会产生歧义。

因此，在本书中，**博物馆的长期目标可以被定义为该机构在藏品发展、藏品保管和观众服务方面孜孜以求的质量水准。**博物馆可能会在战略规划或总体规划中针对某个发展阶段阐述这些目标，而实现它们可能需要数年时间。

在本书中，**博物馆的短期目标**是指在实现长期目标的过程中，对某些特定的短期举措进行的量化表达。此类目标通常针对一两年的规划期，一般属于完成时间表或计划表的内容。一年行动计划或预算方案也会提及。同样，如果两个词对调一下，把 objectives 用来反映较长时期的质量水准，用 goals 反映较短时期的量化指标，效果也一样，都是将使命和任务应用于博物馆的具体功能。

在定义博物馆的使命、任务、短期目标和长期目标时，必须将重点放在博物馆的功能上。博物馆有六大主要功能，它们共同定义了博物馆的独特之处，其中三项与博物馆的资产有关，另外三项则与博物馆的活动相关（见表1.1）。

表1.1　博物馆的功能

资产类功能	活动类功能
收藏	研究
信息记录	展示
保存	阐释

第七个功能是**行政管理**，它将其他六大功能联系在一起。七个功能的关系可以用三角示意图来表示，影响资产的功能属于一侧，影响活动的功能属于另一侧，行政管理则负责协调这两组功能（见图1.2）。

```
                    ┌──────────┐
                    │ 行政管理 │
                    └──────────┘
                博物馆功能
┌──────────────┐              ┌──────────────┐
│ 资产         │              │ 活动         │
│ ·收藏        │              │ ·研究        │
│ ·信息记录    │              │ ·展示        │
│ ·保存        │              │ ·阐释        │
└──────────────┘              └──────────────┘
```

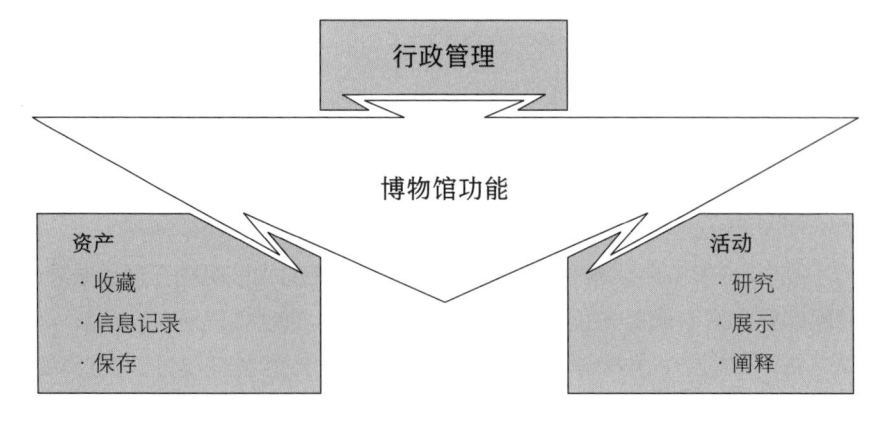

图1.2　博物馆功能的三角示意图

需要注意的是，虽然行政管理是一种具有协调作用的总体功能，但并不意味着它比其他功能更高级或可以控制其他功能。图 1.2 所示的倒三角不是下降的意思，而是指一种向上的状态，表明随着机构的发展，博物馆的功能将得到更加充分的发展。三角示意图恰当地展示了博物馆的功能，首先，三角形本身是一个强有力的结构形式，其次，它可以指出或暗示朝某个具体方向发展的趋势。

然而，以资产为基础和与活动相关的两种功能，其内在分歧也十分明显。正如许多人所观察到的，实现收藏、信息记录和保存等资产类功能的最佳方式是将博物馆藏品保存在某个黑暗、封闭的房间里，而实现研究、展示和阐释等活动类功能的最有效方法则是将它们尽可能地对公众开放。因此，博物馆两组主要功能之间存在固有矛盾。

三角示意图也显示了行政管理的关键作用是将分歧转化为创造力，而不是加剧矛盾，造成阻碍。本章下一节将详细介绍这一关键作用。

1.3　博物馆管理的作用

为了推进博物馆的管理工作，以完成使命、任务、长期目标和短期目标，博物馆管理层必须灵活发挥以下五大作用：

- 利用使命感激励员工；
- 传达任务；
- 向长期目标迈进；
- 调控完成短期目标；
- 评估博物馆功能的实现成果。

我们都清楚，大多数的管理者无法同时充分发挥这五大作用。然而，理解博物馆语境下的五种作用有助于博物馆管理者发挥自身的优势，找到并克服可能存在的弱点。本章所绘的图表说明了这些作用之间互相支持的关系。

1.3.1　利用使命感激励员工

康宁玻璃博物馆的前馆长曾说过："我的使命就是让人们爱上玻璃。"

因为他自己对玻璃十分感兴趣，所以能够将这项工作完成得十分出色。优秀的管理者十分清楚博物馆的使命，并激励他人一起参与进来，完成使命。这种使命感可以激发源源不竭的创造力，让管理者从中找到解决问题的独创性方案，为迷茫的员工指引关键目标，或设定挑战，引领博物馆迈向更伟大的成就。管理者对使命的理解必须非常具有感染力，要让每一个接触他/她的人（从员工、志愿者到捐赠者、观众和一般公众）都想要参与进来。博物馆管理者必须相信使命：使命应在他/她的情感和理智上都占据重要的位置。

管理的这一作用为博物馆管理评估提出了第二项标准：

标准2　管理是否以使命感激励了员工、志愿者、支持者、观众及其他人？

如果激励未见成效，那么管理工作可能存在漏洞，或者说博物馆的使命已经过时了，在21世纪变得不那么重要了。如果是这种情况，管理层应该着手与博物馆的治理机构合作，审查并修订使命宣言。令人惊讶的是，尽管理事们都笃信他们拥有一致的目标，但在开会讨论使命时却常常出现分歧。如第三章所述，一般来说，只有在进行机构规划时，才会对规划中的使命宣言进行重大修订。

正确理解使命可能需要时间，但它对机构的长期发展方向至关重要，因为使命是形成所有政策的核心。如果缺少对使命的深入理解，或者使命落后于时代，政策就会变得空洞乏力。而当政策为一致认可的使命提供支持时，可以更加有效地推进共同目标的实现（见图1.3）。

图1.3　管理的作用：使命与政策

1.3.2 传达任务

博物馆的管理者必须理解自身机构的任务,并将其传达给博物馆内外部的其他人。他/她必须清楚地了解任务的范围和限制,以及与其他机构任务的关系。管理者(或者馆长)和博物馆在努力完成任务的同时,也将任务清晰地传达给观众、资助者,以及博物馆自己的治理机构和员工(见图 1.4)。

如果一家博物馆没有完成它的任务,且这个任务也是其他人真正感兴趣和关注的,那么另一家机构——一座新建或已存在的博物馆相关机构可能会与之竞争,完成这一任务。其他机构通常不能完全取而代之,但是它们会扩大运营范围,逐渐侵占该博物馆的市场。例如,某家亚洲艺术博物馆并不热衷于展示或收藏当代亚洲艺术,那么同一座城市的当代艺术博物馆就可能扩展自身业务,进入这一领域,并很快抢走该亚洲艺术博物馆的任务,在收藏和展览方面展开竞争。对任务来说,"利用它,否则就将失去它"。

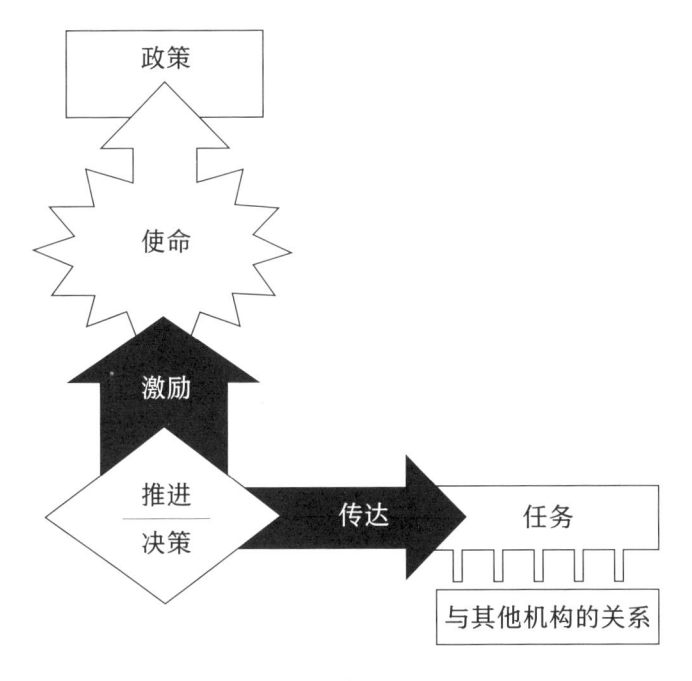

图1.4 管理的作用:传达任务

另一方面，博物馆任务不明确也会导致机构分心，干扰博物馆目标的实现。例如，对县级历史博物馆来说，举办一个深受大众欢迎的恐龙展极具诱惑力，即便该县还从未收藏过任何此类生物标本。这种展览若是某个临时项目，比如"开启一扇认识世界的窗口"的部分内容，还情有可原，但如果这种展览成为一项需要耗费员工大量精力的重要工作，并因此造成馆藏考古和历史文物被忽视，那么该博物馆似乎将自己的任务抛之脑后了。

博物馆有效管理的第三项标准可以表述如下：

标准3 博物馆任务的范围和限制是否得到真正理解？博物馆内部员工和外部人士是否已经知晓，并开始践行该任务？博物馆与政府、教育、私营部门及其他博物馆等机构的关系是否反映了对该任务清晰和完整的理解？

1.3.3 向长期目标迈进

管理与领导力息息相关，但又不完全相同。人们经常说，管理是"正确地做事情"，而领导力则是"做正确的事情"。领导者只有非常了解机构的目标，才能带领其他人一起完成这些目标。

例如，某家博物馆典藏工作的长期目标之一是将所有藏品档案转换成电子表格的形式，并为每件藏品配一张图片。目标确定后，机构若要完成这一目标，高水平的领导力和管理不可或缺。领导者需要考虑其他项目在时间、资金和设备上的需求，同时保证为该项目分配必要的员工和资源。领导者在努力追求该长期目标的同时，需要平衡其他的工作任务，比如负责档案数字化项目的登录员也要兼顾临展的工作。领导者还需要思考如何在未来实现博物馆员工多样化的目标。

博物馆应在战略规划或总体规划中明确长期目标，并将长期目标与博物馆的使命（也关系到博物馆的政策）和任务联系起来（见图1.5）。

因此，**领导力**是高效管理的第四项标准：

标准4 在博物馆的使命、政策和任务与其规划相符的情况下，管理层是否有效地引导博物馆朝着规划中的长期目标迈进？

正如本书序言所述，近年来，领导力在博物馆界的重要意义逐渐凸显。一方面是因为博物馆越来越受大众欢迎，另一方面则是因为很多地区的博物馆削减公共资金，为了平衡所要应对的各种需求，博物馆比以往更加迫切地需要卓越的领导力，以确保在完成其使命、任务、长期目标和短期目标的正确道路上迈进。在今天成功的博物馆管理中，潜移默化、启发式的领导力比以往任何时候都显得不可或缺。

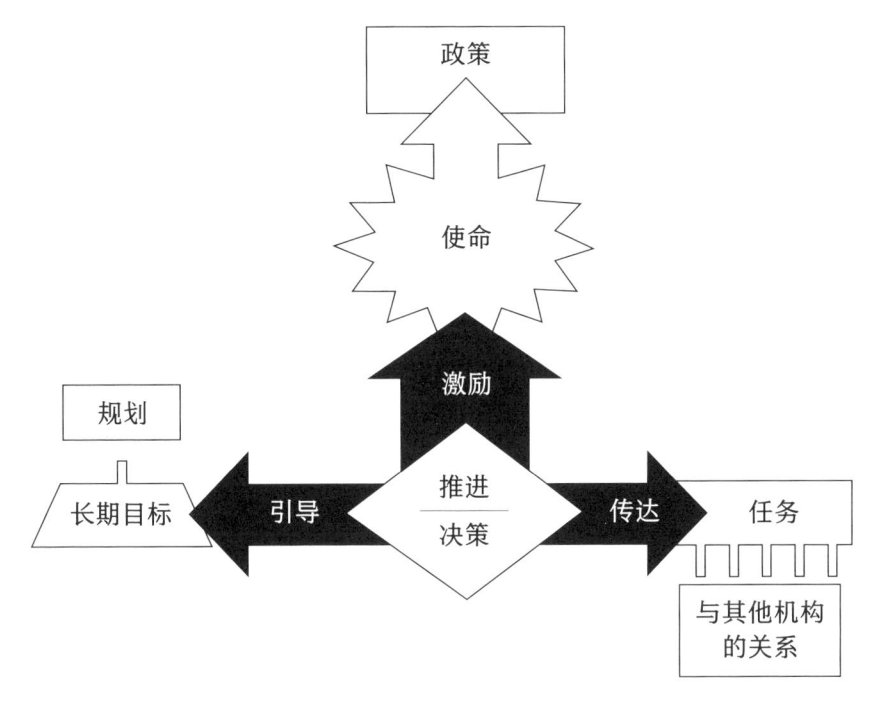

图1.5　管理的作用：向长期目标迈进

1.3.4　调控完成短期目标

为了完成博物馆规划所阐述的宏大目标，管理层必须将其拆分为若干可量化的短期目标，它们会由量变带来质变。管理层必须分配足够的资源，并且确保按进度和预算完成这些小目标。

监控预算表（附收支计划）和进度表（附时间计划），确保时间和资金等资源根据分配方案得以充分利用，是管理的关键功能之一。这实质上也是管理的调控功能（见图 1.6）。

管理的**调控**作用提出了第五项评估标准：

标准 5　是否将长期目标转化为多个可量化的短期目标？年度短期目标的完成是否受预算的监管和其他资源分配规划的调控？短期目标是否按计划完成？

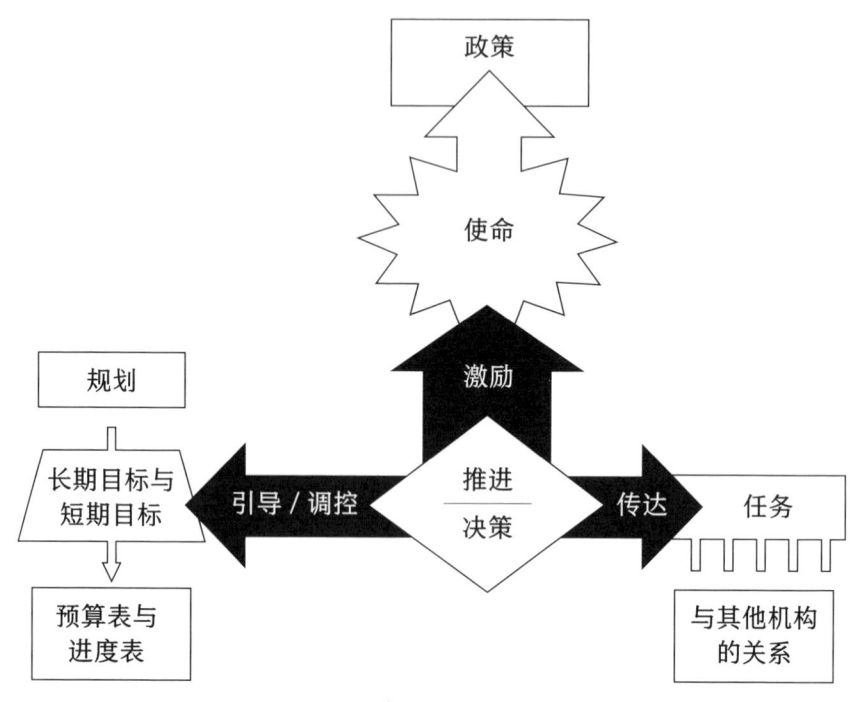

图1.6　管理的作用：调控实现短期目标

1.3.5　评估博物馆功能的实现成果

只有当博物馆的使命、任务、长期目标和短期目标与博物馆的六大功能相关联时，其实现和完成才具有价值。图 1.2 的三角示意图用三角形的两条侧边展示了博物馆的六大功能，管理的重要作用之一就是评估这些功能的实现情况。博物馆的收藏、信息记录以及藏品（资产）保存情况如何？藏品的研究和展示，以及面向公众的藏品阐释情况如何？管理的调控作用，并非被动地记录，而是积极地评估干预，因此可以称为行政管理。

收藏、信息记录、保存、研究、展示和阐释（或教育）——博物馆这六个功能的评估，以及行政管理评估本身，都应从效益（effectiveness）和效率（efficiency）两方面展开。

■ 效益用来衡量博物馆通过努力达到预期目标的成果，应在工作计划中对该功能尽可能地量化。

■ 效率用来衡量投入产出比，这种比值以人时（每人每小时的工作量）、资金、空间（博物馆里的空间往往很宝贵），或使用的设施、设备为单位。在财务专业术语中有时用"成本效益"一词来描述效率，"人员效益"和"空间效益"也是同样的概念，但这三者实际上都是对效率的衡量。

对博物馆功能的实现情况进行精准**评估**是衡量博物馆管理成功与否的第六项标准：

标准6 管理层是否对博物馆功能实现的效益和效率进行了积极评估，并利用这些评估来推进功能的实现？

近年来，博物馆从社会上的多种渠道获得了资金，进而逐渐被视为一种"公民社会"机构。仅从专业功能实现的角度对博物馆进行评估的想法遭到了公私资助者和捐赠者的质疑。越来越多的人认为，应从博物馆为整个社会做出贡献的角度对其进行评估。在英国，这种评估方法与按照"社会包容"等标准进行的评估类似。在美国则兴起了一种新趋势，即根据博物馆所代表或服务的人口多元化程度来评估博物馆项目和藏品。无论哪种情况，重点都是按照社会成果评估，这种做法得到了一些慈善基金会和政府的支持。

图1.7综合了本章讨论的所有图表，对与博物馆功能和政策有关的管理的五个作用做了说明。该图旨在提醒人们，管理的目的是让在博物馆工作和提供志愿服务的人更便捷（因为工作永远都不会容易！）地完成他们的工作。而探讨这群人是谁，他们如何一起工作，正是本书第二章的主题。

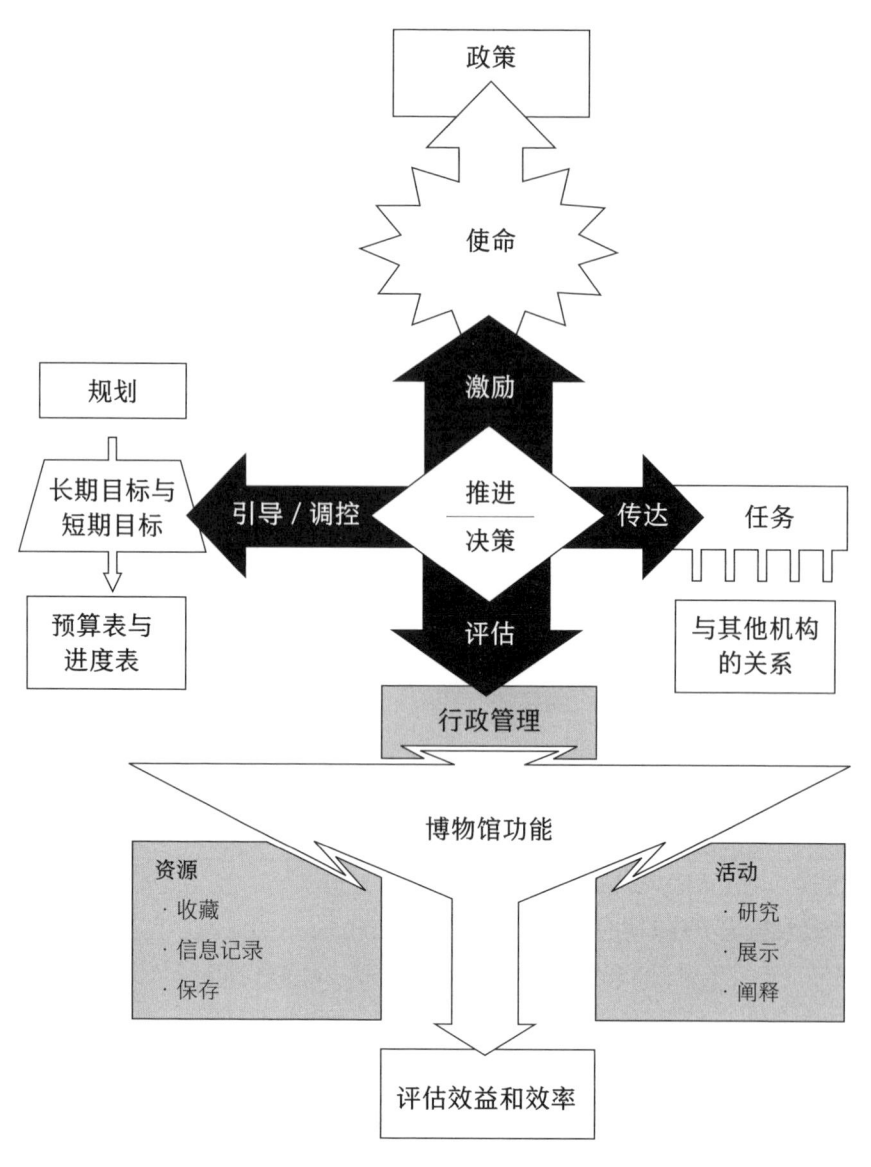

图1.7 博物馆管理概要图

第二章

谁来管理？
——博物馆的组织结构

博物馆由人来治理、管理和运营，它本质上是一种社会机构，一群人共同努力以完成和维系使命、任务、长期目标和短期目标。本章主要探讨这群人是谁，他们如何一起工作。我们将讨论博物馆治理的多种模式，并阐述人们在博物馆的治理、管理和运营中所扮演的三种基本角色：

- 理事；
- 员工；
- 志愿者。

博物馆逐渐变为一个公民社会机构，在本章最后一部分，我们将更新这三类群体在21世纪的博物馆——这一正在转变的公民社会机构中不断变化的角色。

2.1 治理模式

博物馆的治理机构对其承担着最终的法律和财务责任。尽管世界各地博物馆成立的环境各不相同，但治理模式可归纳为以下四种：

- 垂直管理部门博物馆；
- "一臂之距"博物馆；
- 非营利或慈善博物馆；
- 私有博物馆。

一座新博物馆的建设者应该仔细考虑哪种治理模式最能满足机构长期发展的需要。而现有博物馆的管理者也应该重新考虑治理的问题，因为五十多年前适用的治理模式如今可能已经过时。21世纪初，社会权力开始去中心化，私有化趋势明显，一些曾隶属政府或公共机构的博物馆被划分给非营利或慈善机构。越来越多的人将博物馆视为一种公民社会机构，博物馆受到公共和私人资金的资助，在财务和道德上对广大公众负责。而机构规划就是重新考虑并试图改变博物馆治理模式的过程。

本节概述了四种治理模式的特点、优势和劣势，最后在表2.1中对四种模式进行了总结。

2.1.1 垂直管理部门博物馆

国家、省（州）、市、县级等博物馆和美术馆通常隶属于相应级别的政府文化部门。一些专题博物馆也受特定部门管辖。例如，邮政博物馆可能属于国家邮政或电信服务部门；地质博物馆可能属于某个大学的地质系；汽车博物馆可能隶属于某个汽车制造商的公共关系部。

垂直管理部门博物馆隶属于政府、大学或公司的某个部门。如果博物馆是政府垂直管理部门，其雇员就属于公务员；而在大学或公司运营的博物馆中，其雇员就等同于该大学或公司的雇员。政府垂直管理部门博物馆的馆长可以由政府部门任命，也可以通过公务员程序招聘；大学或公司垂直管理部门博物馆的馆长（以及某些政府博物馆的馆长）可以采用与其他部门行政人员相同的聘用方式。在任何情况下，垂直管理部门博物馆的治理方式都与其上级机构保持一致。

垂直管理部门博物馆的资金主要来自治理机构的预算拨款。这通常不是补助金，而是部门预算项目之一。因此，一些垂直管理部门博物馆免费开放，而另一些收取门票并通过其他方式创收，但这些博物馆都靠其治理机构的集中拨款来维持运营。垂直管理部门博物馆的藏品和建筑通常都归上级机构所有。

世界上许多政府垂直管理的博物馆都有一个共同的问题，那就是如何处置营收，这些收入通常都上缴至中央政府的财政部门，而不会为该机构带来直接利益。因此，许多博物馆没有动力提供高质量的零售或餐饮服务，它们的商店和咖啡馆有时也体现了这一点。自从修改这一会计原则，让垂直管理部门博物馆可以保留收入，许多国家博物馆的餐饮、零售和整体服务有了很大的改善。

由于垂直管理部门博物馆隶属于某个更大的部门机构，大多数都没有会员组织。一些博物馆将招募"博物馆之友"，作为获取收入来源和财政支持的一种方式。垂直管理部门博物馆的志愿者也往往更难招募，因为人们认为所有事情都应由带薪人员完成。

垂直管理部门博物馆只有一个没有治理权限的咨询委员会。在政府垂直管理部门博物馆中，这一咨询委员会（有时称为客座委员会）通常向政府汇报工作，而其他博物馆则向大学或公司主管汇报。此类委员会的成员通常被认为代表了公众或学术界在博物馆的利益，尽管有些人是因为代表相关的利益集团而被任命。在某些情况下，咨询委员会可以就馆长人选向行政部门领导、大学校长或公司总裁提出建议。但在任何情况下，委员会成员都只是顾问，既没有决策权，也无需承担责任。

国家、省（州）、市或县级政府通常都有自己的博物馆体系，有关部门有时将辖区内的几家博物馆组合在一起，形成一个博物馆集团。这些由多个博物馆组成的联合体，由于可以集中某些功能，对其行政部门来说具有成本效益。集团内的博物馆可以共享其治理机构的会计、人事、维护、安保等服务，只需为每家博物馆增加专门的研究和教育活动员工。许多博物馆集团发现，集中所有参与机构的藏品保护和信息记录功能，以及在某些情况下，在中心位置建立或翻新非公共收藏库房和实验室，都是节省成本的有力措施。然而，此类集团也使各博物馆失去独立性，难以保持独特的定位和公共形象，可能会影响筹款。但如果管理得当，博物馆集团能以高效的方式为辖区内的居民和观众提供多种优质的博物馆体验。

2.1.2 "一臂之距"博物馆

尽管各级政府、大学和公司都将下属的博物馆作为垂直管理部门来运营，但是部分已经认识到将博物馆建成（或改变为）"一臂之距"机构所带来的优势。"一臂之距"指的是头和手之间的距离，尽管手看起来最终由头来控制，但手也有一定程度的自主权。"一臂之距"的治理模式旨在确保博物馆独立于党派政治或公司利益，并鼓励博物馆在政府、大学或公司资金之外寻求其他资助方式。

进一步来说，"一臂之距"可能是从手腕到肩膀的距离，或者仅仅是从肘部到肩膀的距离，而在进行机构规划时，可以考虑这个"距离"是足够还是过度了。我们在以往的咨询案例中，有时会建议机构提高自主权，但更多时候则建议有关政府应发挥更积极的作用，以确保对机构提供足够的支持。

"一臂之距"博物馆与垂直管理部门博物馆不同，它们通常设有一个治理委员会，由该辖区的高级行政长官、大学校长或者公司总裁任命。委员会中一般有政府部门、大学或公司的代表，同时还有相关利益集团以及来自公众的代表。该治理委员会不仅提供咨询服务，而且实际负责批准相关政策和长期规划，并与博物馆馆长保持密切的联系。在与政府保持"一臂之距"的博物馆中，此类治理机构作为一种公共信托，对博物馆承担责任。

"一臂之距"博物馆的工作人员可以是公务员、大学或公司的员工，也可以直接受聘于博物馆。"一臂之距"博物馆的藏品和/或土地及建筑可能由政府部门或博物馆自身所有。由于对其自主性的高度认识，"一臂之距"博物馆有时比垂直管理部门博物馆更能成功地吸引资金和藏品的捐赠，志愿者也可能更愿意支持"一臂之距"博物馆。

政府可能按年度对"一臂之距"博物馆进行拨款(和垂直管理部门博物馆一样)，但通常采取年度专项补助的形式，而不是上级部门拨款的形式。这种年度拨款的数额通常每年单独确定。因此，与垂直管理部门博物馆相比，"一臂之距"博物馆更难确定其年度预算的规模。不过"一臂之距"博物馆通常可以自由地筹集额外的非政府资金，甚至吸引其他各级政府或部门的补助。"一臂之距"博物馆通常不会像垂直管理部门博物馆那样，将营利收入上缴给政府财政部门，它们可以自由地将政府拨款和营利收入用于博物馆的事业。馆内那些高品质的咖啡店和商店便是证明。

2.1.3 非营利或慈善博物馆

在许多国家，非营利（nonprofit）一词指的是一种法律地位，这种地位使相关机构免于缴纳部分或全部税款。英国人用"non-profitmaking"来表示非营利，从含义上讲，"not-for-profit"是对非营利最准确的描述。它们所代表的法律地位也可以被描述为"慈善"或"教育"机构。对非营利机构最关键的一点法律要求是，超过支出的收入要用于慈善或教育目的，而不是为了营利。在美国，此类机构需要符合《美国国内税收法》第501(c)3条的规定，因此非营利机构有时被简称为"501(c)3"机构。

作为非营利或慈善性组织的博物馆，其理事会不仅提供咨询服务，也是治理机构。理事会成员可以从内部产生，也可以从机构会员中挑选，或者通过任命和选举产生。无论具体形式或规模如何,在遵守各个国家对此类机构制定的相关法律的条件下,理事会集体承担博物馆的法律和财务责任。

之前此类博物馆常采用会员制度,理事会作为会员的执行机构,一般在年度大会上选举产生。然而今天,会员制度通常只是博物馆运营的项目之一,理事会的招募和更换都依照一套独立的章程来管理。会员项目作为确保公众支持和实现博物馆社会使命的一种手段,以及一个次要的收入来源而被保留下来。

为了获得慈善或非营利机构的资格认定,博物馆应先申请并获取注册资格、专利证书或慈善机构税号。有了慈善机构税号,博物馆就可以为捐赠者提供可减税的捐赠收据,并获得辖区政府政策允许的其他优惠。为此,博物馆必须遵守政府的各项法规。例如,博物馆有必要成立一个单独的公司来经营零售或餐饮,因为非营利博物馆本身可能不允许直接经营这些业务。近年来,美国政府对博物馆创收活动的限制越来越严格,要求这些活动必须与该机构的任务直接相关。因此,博物馆可以在其商店里销售与其任务相关的商品,但必须为销售与其任务不相关的商品缴税,这就导致博物馆需要为这两类商品分开记账。

非营利或慈善博物馆通常拥有自己的藏品、土地和建筑物,并自己雇用博物馆员工。然而,有许多独立的非营利或慈善信托机构在中央或地方政府所有的建筑物内经营博物馆,有些负责照管市政厅的藏品。博物馆馆长由理事会任命,资金来源包括捐赠基金、捐赠物和观众消费在内的公共和私人基金。志愿者通常在这类博物馆中发挥着重要的作用。

2.1.4 私有博物馆

世界上几乎所有公共博物馆的治理模式都不外乎前述三种。此外,还有一些博物馆由私人、基金会或公司拥有和运营。这些博物馆有的是作为私人慈善机构来运营,也有的是为了给其所有者赚取利润。然而,应该注意的是,联合国教科文组织、英国博物馆协会和美国博物馆协会[1]都将博

---

1 现更名为"美国博物馆联盟"(American Alliance of Museums)。——译注

物馆定义为非营利性机构,它们认为营利性的博物馆不应被归类为博物馆。

经营私人博物馆的个人或法人公司通常拥有藏品,并拥有或租赁建筑。私人博物馆的资金直接来自其所有者以及博物馆赚取的收入。博物馆的所有者通常会聘用馆长,也可能任命一个咨询委员会或理事会。员工由个人或私营企业聘请,志愿者在这类博物馆中不常见。

2.1.5 混合模式或公民社会模式

在《博物馆管理手册》第一版中,前述四个选项构成了博物馆治理的全部模式。然而,从 20 世纪后半叶至 21 世纪,博物馆的治理已经转向混合模式或公民社会模式,采用这种模式的机构可能包括:

- 由政府所有,但由非营利组织经营的博物馆;
- 由政府所有,但由其他"一臂之距"机构或"皇家公司"[1]运营的博物馆;
- 由大学、信托机构或宗教场所等慈善机构或非营利组织所拥有和运营的博物馆,这些机构接受政府的定期资助。

在过去的几十年里,越来越多的博物馆已经从政府控制的模式逐步转变为或者已经初步建立起这种混合或公民社会的模式。例如:

- 在英国,国家博物馆(现已全部实行免费开放)由独立的理事会运营,这些理事会根据战略规划与政府协商达成长期的资金拨款协议。虽然政府资金仍然非常重要,但其他的和替代性的资金来源,如筹款、社交活动和商业活动也不可或缺。例如,泰特美术馆有 50% 的收入来源于本馆创收。
- 2003 年,马德里的普拉多博物馆转变为一家公民社会机构,但仍与政府保持密切的联系。作为一家地位特殊的机构,它有自己的理事会,其长期目标是将国家资助的占比从 80% 减少至 50%。
- 在加拿大,国家博物馆在 1990 年转变为"皇家公司",这意味着它们拥有与政府保持"一臂之距"的理事会,并可以控制自己的预算。大卫·洛耶在案例研究 3.10 中详细说明了这种做法的实际效果。

---

1 皇家公司(Crown Corporations)常见于英国和一些英联邦国家。——译注

■ 卢浮宫博物馆和其他法国国家博物馆根据与政府签订专项合同进行运营并控制自己的预算，它们也有管理理事会。

■ 巴巴多斯博物馆和历史学会虽然是国家博物馆，但也是一个公私合营的机构，政府为它提供了慷慨的资助。

虽然城市博物馆或地方政府下属的博物馆仍然倾向于作为垂直管理部门的政府机构来运营，但许多由城市和地方政府新建的博物馆通常以城市复兴或经济发展为目标，正被建设为具有独立理事会的慈善性机构，如：

■ 索尔福德码头（位于曼彻斯特运河畔）全新的洛瑞艺术中心刚刚成立时，索尔福德市议会将其收藏的 L.S. 洛瑞的绘画作品转让给了完全独立的洛瑞信托基金，由其管理该艺术中心和博物馆。这一片区域此前曾是欧洲最贫穷的地区之一，如今，充满活力的艺术中心与运河对面的帝国战争博物馆北馆共同促进了该地区的经济发展。

■ 安塔利亚是土耳其一个重要的旅游城市，该城正在新建一座公共博物馆。市政府将为其提供大部分的资金，但该博物馆作为一个独立的组织，将按照公民社会的方式建立，使博物馆更具适应能力，也更能响应公众的需求。

儿童博物馆在美国早已成为主流，但在其他地区还是一个新兴事物。这类型的博物馆也充分利用了混合治理模式的优势。以下列举两个来自地球两端的案例：

■ 在维也纳的博物馆广场，有一座名叫"Zoom！"的儿童博物馆非常受欢迎，市政府为该博物馆提供了大力支持，但仍然按照"一臂之距"的原则对其预算进行全面的管理。

■ 位于马尼拉的潘巴塔儿童博物馆是世界上致力于帮助流浪儿童和消除文盲的领先机构之一，它完全独立于政府，但得到了公众和私人捐助者的慷慨支持。

一些曾经的私有博物馆通过扩大理事会、加强理事会与社区的联系变得更像一个公民社会机构。

上述多个案例的共同点在于，博物馆开始通过寻求多样的资金来源，对更广泛的公众承担更多的责任，逐渐成长为公民社会中更为卓越的机构。

2.1.6 治理模式总结

表 2.1 总结了博物馆的四种基本治理模式的六个关键因素。上一节中,我们还提到了博物馆的第五种治理模式——混合模式或公民社会模式。该模式根据各地不同的情况将这些因素进行多种组合。

表2.1 博物馆的治理模式

因素	垂直管理部门博物馆	"一臂之距"博物馆	非营利博物馆	私有博物馆
所有权	政府、大学或企业	政府、大学或企业	组织或公共企业	个人或私营企业
理事会或信托委员会	咨询	治理或咨询	治理	咨询
资金	年度拨付	拨款和自营收入	自营收入,部分来自拨款和捐赠	私有和自营收入
捐赠	少有	比较常见	最常见	几乎没有
员工	公务员、大学或公司员工	可能是公务员或博物馆员工	组织雇员	公司雇员
志愿者	很难有	可能有	很重要	几乎没有

博物馆机构地位发生的任何变化都必须予以认真考虑。例如,一家政府垂直管理部门博物馆可能会羡慕"一臂之距"博物馆所拥有的自由,但它是否准备好应对年度资金的不确定性?而一个正在努力资助当地公共美术馆的非营利或慈善组织在其理事会中任命了多位公民代表,这种做法可能有利于该美术馆转变为"一臂之距"机构。我们将在第 2.5 节和第 3.1 节对公民社会混合治理模式的管理影响展开全面的探讨。任何改变地位的决定都应该是机构经过审慎规划的结果,规划时应考虑调整地位预计造成的所有改变。

2.2 理事会

世界各地的信托机构和理事会不仅为今天的公众,也为后代,以公共信托的方式持有博物馆的藏品和其他资产。它们具有信托的性质。信托一词原指托管他人的财产，在博物馆的语境下，是指受托人有义务，像那些小心谨慎的人管理自身财产那样，以同样勤奋、诚实和谨慎的方式来管理他人（此处指公众）的财产。

2.2.1　理事会的作用和职责

尽管世界各地的博物馆理事会的结构可能存在许多具体差异，但都同样肩负着以下 10 项职责。咨询委员会一般要就这些问题向上级机构提出建议，而治理委员会要就这些问题做出决定：

1. 确保博物馆使命、任务和宗旨的持续性；
2. 倡导所在社区的公众积极参与博物馆活动；
3. 在符合博物馆使命和任务的条件下，为藏品当下和未来长期的安全和保护，以及员工和观众的安全提供保障；
4. 确保博物馆为尽可能广泛的公众服务；
5. 确保博物馆以创造和传播与其藏品有关的准确和客观的知识为目的开展研究；
6. 审查和批准符合博物馆使命和任务的政策，并通过馆长督促员工执行这些政策；
7. 规划博物馆的未来，包括审查和批准事务计划（战略规划或运营计划）并监督该规划的实施，事务计划应明确博物馆目标和实现方法；
8. 通过批准和监督预算和财务报告，定期安排审计，理性投资博物馆的财务资产，并根据需要筹集资金，以确保博物馆实现财务稳定，使博物馆能够履行其当前和未来的财务职责；
9. 招聘博物馆馆长，与之洽谈合约，评估其业绩，必要时终止他/她的聘期；
10. 确保博物馆有充足的员工来实现博物馆的所有功能。

因此，理事会任命馆长，并授权馆长负责招聘、评估及在必要时解雇其他博物馆员工。馆长一般不是理事会成员，但有权参加所有理事会会议，并依据博物馆的使命和宗旨向理事会提出政策和规划的建议。理事会则负责为博物馆实现其批准规划筹集资金。这种筹款的职责包括：

- 支持员工的筹款和营收活动；
- 作为倡导者，代表博物馆向政府、公司、基金会等公共和私人出资者进行宣传；
- 捐赠并邀请其他人捐赠。

理事可以作为博物馆所在社区的正式和非正式的倡导者，此处社区包括政府机构和私营部门。

如上所述，理事会的作用是指导和监督政策执行，而不是发挥管理功能——制定政策。然而，理事会的监督作用与例行公事式的管理之间可能只有一线之差。如果理事会只是敷衍了事，那么它在筹款和博物馆倡议方面就不可能发挥有效的作用。相反，如果理事会试图拟定政策、制定预算或进行决策，从而干预博物馆的管理，那么将造成严重后果。

平衡理事会的作用和管理层的责任，使两者都能很好地履行自己的职责，是博物馆领导层在 21 世纪面临的主要挑战之一。另一大挑战是理事会如何发挥其倡议功能，以及理事们应在多大程度上体现社区的多样性，以便更有效地在社区中为博物馆发出倡议。如何应对这两大挑战？博物馆可与其服务的社区或在社区内部展开广泛的讨论和对话。博物馆馆长需要花费大量的时间让理事充分了解政策背后的问题，以便理事会可以做出明智的决定。比如，由馆长向理事会提交政策方案，供其讨论和评估，以便理事会成员能够真正履行其治理职责。理事会成员需要谨慎地将治理和管理功能分开。一个行之有效的提名委员会可以不断地评估理事会的业绩，并让馆长参与到新理事会成员的招募和培训中来，这对明确治理和管理的职责以及解决理事会的多样性问题有很大的帮助。理事会主席和博物馆馆长在保持公开讨论、共享信息和维系同事关系的氛围方面可以发挥相互支持的关键作用。

馆长在理事会的管理角色对博物馆的成功至关重要，因此建议将其作为第七项管理评估标准。

标准 7　馆长是否促进了理事会和管理层之间的信息交流？他 / 她是否向理事会提交政策方案供其讨论和决定，以在制定政策和规划方面发挥领导作用？是否建立规划程序，让理事会和管理层共同制定博物馆的目标？

通常，博物馆会在相关的章程、细则或同等文件中明确理事会的作用和职责，例如：

- 理事的数量及其任命或选举方式；
- 理事会的公共责任和个人责任；
- 理事的任期及轮值的时长；
- 会议的频率、地点、法定人数和会议纪要；
- 关于向公众开放理事会会议或会议纪要的政策；
- 财务会计惯例、开支和借贷规则；
- 理事会高层的职责和选举方式；
- 理事会下属委员会；
- 理事会成员的报酬和费用规定；
- 理事会的解散程序。

2.2.2 理事会下属委员会

博物馆理事会的规模不尽相同。一般认为，由 60 至 70 人组成的大型理事会是理想的筹款和社区代表；20 至 30 人的小型理事会更具参与性；小型社区中的小型博物馆的理事会成员更少，约 7 至 15 人，这样的理事会往往更有效率。

大多数理事会认为任命其成员（通常是理事）组建理事会下属委员会是一种较为明智的选择，这样能够让理事会同时处理多项议题。如采用这一方式，理事会应制定参考条款，以明确委员会的任务和边界。有一个重要的原则：虽然理事会通过其下属的委员会开展工作，但做决策的是理事会整体。各委员会可以提出建议但没有决策权，并应定期向理事会报告政策或规划的实施情况。以下是常设的几个委员会：

- 执行委员会：该委员会负责推进理事会会议的决策，其成员包括理事会主席、其他高级官员以及博物馆的当然馆长。
- 提名委员会：这个非常重要的委员会有两个主要职责：第一，评估理事会的业绩，并针对治理或理事会程序改革提出建议；第二，明确理事会的优势和劣势，并招募理事，壮大理事会队伍。

■ 财务委员会：该委员会也可以负责筹集资金，但它通常只关注当前运转的资金。它主要与员工合作，向理事会提交年度预算，审查财务报告，并确保博物馆的账目经过审计监管。

■ 发展委员会：财务委员会关注的可能是运营预算，发展委员会则负责承担筹款任务，包括年度捐赠、企业赞助、计划性捐赠，以及理事会为筹集资金而开展的项目和活动。理事会还可组建子委员会来领导专项筹款活动，如藏品征集资金、发展捐赠基金，以及用于翻新、扩建或新建工程的资金。

■ 长期规划委员会：制定机构的长期规划是理事会的功能之一，理事会往往会委托某个下属委员会完成该任务，该委员会需要与博物馆的管理和规划人员合作，按照理事会的要求制定战略规划或总体规划。长期规划委员会对制定规划的过程负责，定期向理事会报告，并向理事会提交最终形成的规划，以供其批准。当某个规划或某个基金项目正在实施时，该委员会可能就转变为规划或项目的指导委员会，或者由该委员会任命一个指导委员会。

■ 藏品征集委员会：藏品研究员对藏品事业的发展承担专业责任，但由于藏品的增加会影响到机构的长远发展，许多博物馆理事会都设立了藏品征集委员会，由藏品研究员提出征集建议以供批准（有时只有那些超过一定金额的藏品征集需要经过审批）。征集委员会通常也负责审批藏品研究员经由馆长提出的除藏建议。

■ 会员委员会：如果博物馆有一定的会员基础，那么扎根于社区的专门委员会可以使会员招募工作变得十分高效，同时有效地维持会员在博物馆的活跃度。该委员会关注企业、个人或家庭会员，并鼓励会员通过提升会员级别来增强他们对博物馆的支持力度。

当然，理事会可以根据需要任命其他委员会。然而，有些委员会也可能存在问题。例如展览委员会应专注于展览政策和为计划展览寻求赞助，但他们往往超越了理事会的关注范围，想要对展览的选择或优先事项做决定，而这些事务的决定权应交给博物馆的员工。如果委员会的成员中还有收藏家，他们的收藏活动可能会受到所在展览委员会的内幕消息的影响，这样的委员会也会出现利益冲突的问题。

博物馆馆长应是所有理事会下属委员会的当然成员，同时应重点参与执行委员会和藏品征集委员会的工作。馆长可以分配或委派其他工作人员负责与他们相关的委员会。比如，首席财务官可与财务委员会合作，发展部主任可与发展和会员委员会合作，首席藏品研究员与藏品征集委员会合作等。

2.2.3 理事会程序

当理事会试图代替员工主导博物馆的日常活动时，理事会的运作就会出现问题。在一些小型博物馆或博物馆发展的早期阶段，理事会可能需要承担部分员工岗位职责。如果是这种情况，在负责这些工作的新员工没有到位之前，此类暂时情况是可以被理解并认同的。

理事会成员与员工和志愿者一样，也需要培训。很多博物馆发现，为每一位新成员提供一份理事会手册非常有用，这本手册包括了所有与博物馆相关的使命、任务、政策声明、理事会章程或细则、机构的历史、当前的规划、员工组织结构图、预算和财务报告、理事会的作用和职责清单以及委员会结构概述。新理事应至少参加一次理事会迎新会，馆方应带领他们参观场馆，并向他们介绍各部门的主管。

理事会成员需要了解他们作为个人和集体对博物馆运营活动所承担责任的范围。这一点根据每个国家的法律规定而有所不同，但一般来说，非营利机构或类似组织集体承担法律责任。馆方应向理事保证，博物馆购买的保险足以应对其所承担的风险和拥有的资源，并且理事个人受到保护，不会因为馆方行为而受到任何指控，这也是信托责任的一部分。

博物馆的理事们应为自身和博物馆制定一份道德准则。道德准则保护理事和博物馆的利益，理事们应本着"正义不仅要实现，而且要以人们看得见的方式实现"的精神起草准则。准则应该认同与文物、标本或艺术品相关的国际公约，由国家或地方颁布的法律，以及国际博物馆协会（ICOM）的《国际博物馆协会职业道德准则》和各国博物馆行业颁布的同类准则，如英国博物馆协会的《实践准则》或美国博物馆协会的类似文件。这些专业实践准则影响着员工和理事，应纳入理事会的道德准则，从而实现对整个博物馆的治理。

理事的收藏活动有可能与博物馆的收藏活动产生利益冲突，理事会的道德准则也应以消除这种利益冲突为目标。如果博物馆的某位理事也是该博物馆馆藏领域的收藏家，并且可能有捐赠意愿，这对博物馆来说显然是一个优势。然而，由于博物馆本身也参与了该类藏品的收藏，理事应向理事会报告他/她的收藏活动，当然还有任何相关的商业利益，这一点非常重要。理事应该采纳员工提出的影响其收藏活动的建议，并在收藏机会出现时给予博物馆优先选择权。道德准则应要求理事退出任何影响其商业利益或可能直接或间接受益的审议。准则还应该要求理事签署保密条款，与其他理事一起共同为博物馆的发展而努力，以及对出席会议和参与博物馆活动提出最低要求。

理事会与博物馆馆长保持恰当的关系很重要。馆长向理事会提出政策和规划的建议，执行已批准的政策和规划，并负责博物馆的日常管理。只要馆长以专业的方式施行政策和规划，理事会都应该给予馆长坚定的支持，而不应该干涉日常的管理。理事会应要求馆长及时报告和提出建议，充分披露相关信息，对博物馆使命的追求超越个人热情或职业目标。

理事会的道德准则应包含理事会政策声明，对理事会和员工的关系予以规范。通常情况下，员工向馆长报告工作，而馆长向理事会报告工作，除非馆长委托员工向理事会下属委员会报告。在一些设有工会的博物馆，集体谈判协议中包含了申诉的条款。人力资源部门通常会处理员工的问题和关切。然而，对于一些特殊的争议或冲突，无论是专业问题还是对就业条件的投诉，道德准则都应为它们提供解决方案，理事会则可以成为机构内部的最终上诉级别。在这种情况下，理事会相关的政策应对程序予以规范，使理事会在不损害馆长利益的前提下以建设性的方式协助解决争端，同时按照博物馆的使命和目标公正地回应员工的关切。

2.3　博物馆员工

在这一节中，我们将描述博物馆各职能人员的作用和职责，定义三种可供选择的人员组织模式，并探讨工作条件和工作满意度的问题。

2.3.1 按照博物馆的功能组织员工

一些历史悠久的博物馆仍然采用传统的博物馆员工组织方式，根据馆藏的学科归属来划分研究部门。每个部门不仅有自己的藏品研究员，还有各自的藏品保护员、展览准备员和技术员。几年前，维多利亚与阿尔伯特博物馆曾采用过这种方式，导致他们发现当时正在使用的信息记录系统多达 45 种。当然，这一情况现在已经完全改变。

如今博物馆的员工组织方式响应了博物馆的多个功能，比之前按照藏品研究的学科划分涉及更为广泛的领域，并将藏品研究员从许多行政和规划功能的职责中解放出来。在图 2.1 中，三角示意图的两条侧边代表了博物馆的六大功能，而另一条边代表了连接六大功能的行政管理功能。三角示意图斜边的方向箭头表明这种模式的内在压力，博物馆的行政管理必须努力使这种三角关系成为一种创造性而不是破坏性的关系。

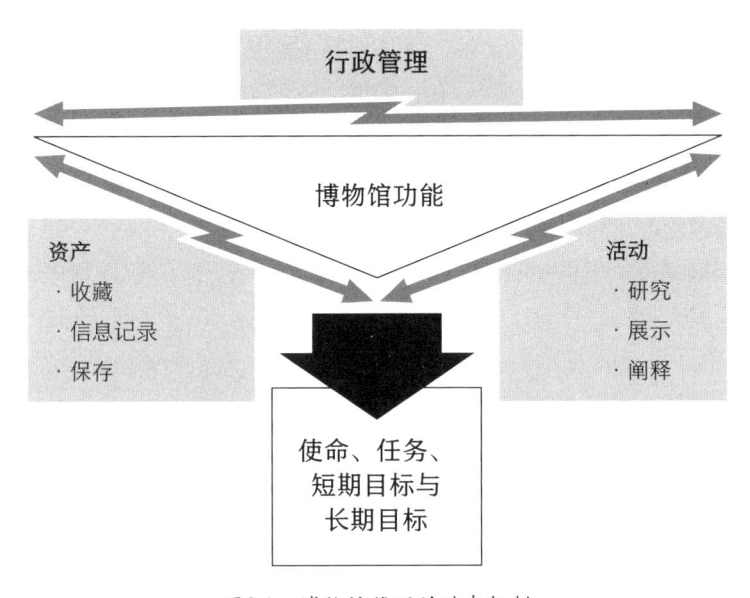

图2.1 博物馆管理的动态机制

正如第一章所指出的，如果不加以协调，博物馆内不同方向的两组功能之间会产生冲突。藏品的收藏、保存和信息记录最好是在一个不对公众开放的建筑中完成，大部分工作都不需要被公众知晓。而藏品信息的研究、展示和阐释这组功能则与之相反，博物馆需要在明亮的展示环境下最大限度地向公众开放这些功能，还包括为公众提供一些动手操作的活动。行政管理的任务就是协调博物馆的这两组不同的功能，并积极主动地促使二者结合起来。在图2.1中，我们用三角箭头示意二者的结合方向，使其朝着完成博物馆的使命、任务、短期目标和长期目标的方向前进。

这个博物馆功能的三角示意图将员工分成三大事业部：第一个关于博物馆的资产；第二个关于博物馆组织的活动；第三个关于行政管理。虽然现实中事业部的名称各不相同，但以下为常用名称：

■ 藏品管理；

■ 公共项目；

■ 行政管理。

当然，还有其他的博物馆员工组织方式。一些机构将所有与内容有关的员工集中在一组（藏品和项目），所有运营和行政管理人员（观众服务、零售、人力资源、财务、信息技术和设施）集中为一组，同时建立一个对外事务事业部（筹款、专题活动、传播、营销）。这种组织方式对较大的机构来说可能会带来益处，但三分之二的部门与博物馆的主要任务无关，这会给博物馆带来沉重的行政负担。我们推荐一种按照藏品管理、公共项目和行政管理三角功能组织员工的方式，适用于各种规模的博物馆，既包括小型博物馆（可能仅有1—3人负责这三个事业部），也包括内设部门较多的庞大机构。

然而，正如下面的例子所示，将博物馆的功能划分至三个不同的事业部，需要整个博物馆开展跨部门合作：

■ 如果让"资产"部门仅负责实现藏品管理功能，场地和建筑的运营和维护就不得不归入行政管理事业部。由于安保部门涉及场地和建筑的运营，所以它通常也属于行政管理事业部。这意味着博物馆的藏品研究员和藏品保护员必须依赖这些行政管理部门来保障藏品的环境和安全，所以他们需要与行政管理部门建立有效的合作方式。反之，安保主管和建筑经理也需要与藏品研究员和藏品保护员密切合作，从而维持藏品保护所需的良好条件。

■ 展览是大多数博物馆的主要活动。几十年前，它们基本由藏品研究员策划和指导。显然，展览需要藏品管理事业部的藏品研究员、登录员和藏品保护员的深度参与。如果把这些员工纳入公共项目部，就会导致出现"展览部藏品研究员"这类不符合常理的职位，或者某些不正常的现象，比如展览部的展览策划人和设计师一起工作，只有在绝对必要时他们才会咨询藏品管理事业部藏品研究员的意见。行政管理事业部也需要参与展览策划的工作，包括解决安全隐患、控制成本、寻求赞助和为展览开发配套文创。教育和出版项目同样需要研究团队的参与和行政部门的管理。为了完成博物馆的工作，举办展览、出版书籍和开展公共项目都需要多个部门的合作参与。

如何协调员工跨部门工作以实现博物馆的功能，这个问题普遍存在且意义重大，足以作为博物馆管理的第八项标准：

标准8　在实现博物馆的功能以及策划展览等活动方面，管理是否促进了跨部门的合作和团队精神的形成？

2.3.2　组织模式

以下几种博物馆员工的组织模式，可以打破博物馆管理中跨部门沟通的壁垒，促进博物馆员工之间的团队协作：

- 金字塔式层级结构；
- 矩阵式组织结构；
- 工作组和委员会。

这些模式并不是相互排斥的，可以根据博物馆的业务需要进行组合使用。因此，组织结构图可以画成金字塔式层级结构，并根据具体功能或项目的需要引入矩阵式组织结构、工作组和委员会。

2.3.2.1　金字塔式层级结构

金字塔式的权力层级结构是世界上大多数博物馆最常见的组织形式。图2.2展示了上一节讨论的博物馆三大事业部的组织结构。

在小型博物馆里一两名员工就可以实现所有的功能。如果只能雇用三四个人，就必须考虑职能分配。在一个规模较大的多学科博物馆中，

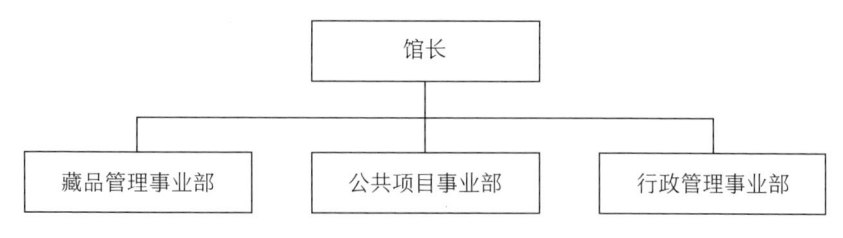

图2.2 博物馆三大事业部的典型组织结构

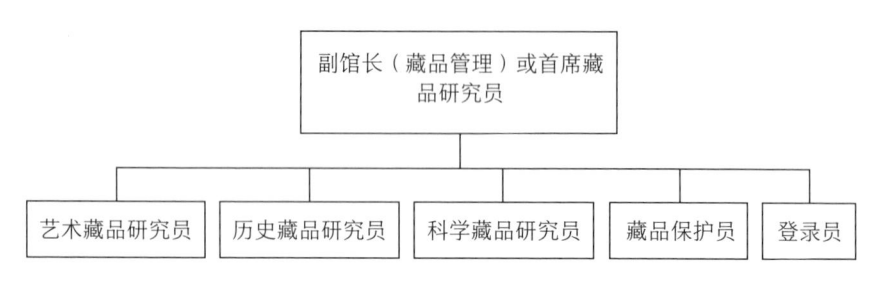

图2.3 藏品管理事业部

图2.4 公共项目事业部

图2.5 行政管理事业部

作为层级结构的延伸，每个事业部会下设多个部门，员工较少的博物馆会将其中多个职责（以及每个部门的其他职责）分配给某位员工，而规模较大的博物馆会根据需要在每个部门内部继续设置金字塔式层级机构（见图2.3—2.5）。图2.6—2.9所示的组织结构图是以员工较多的博物馆为参考，规模较小的机构可以将某些职责进行合并。

图2.6 高级管理人员的组织结构

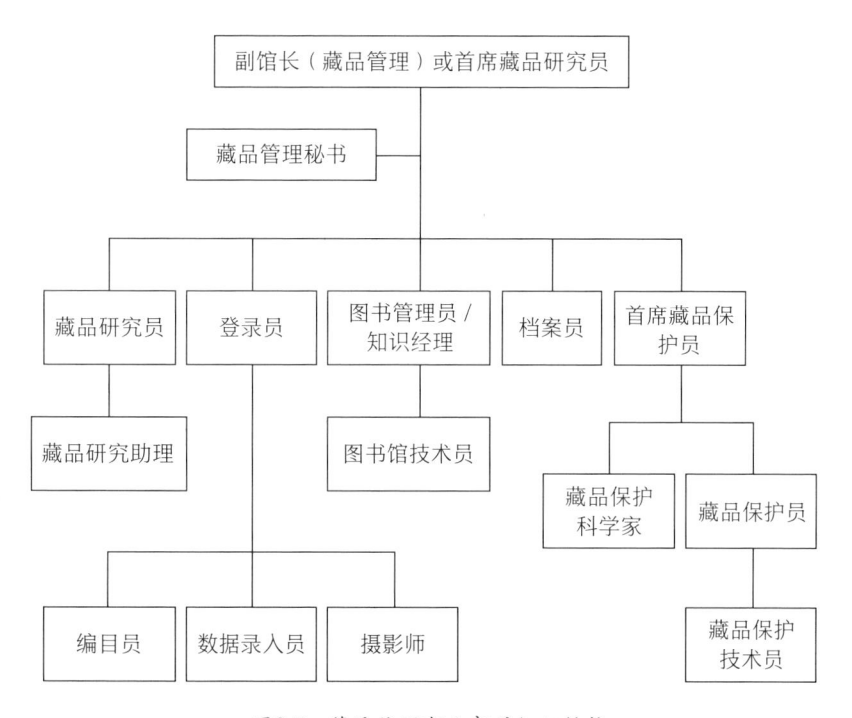

图2.7 藏品管理事业部的组织结构

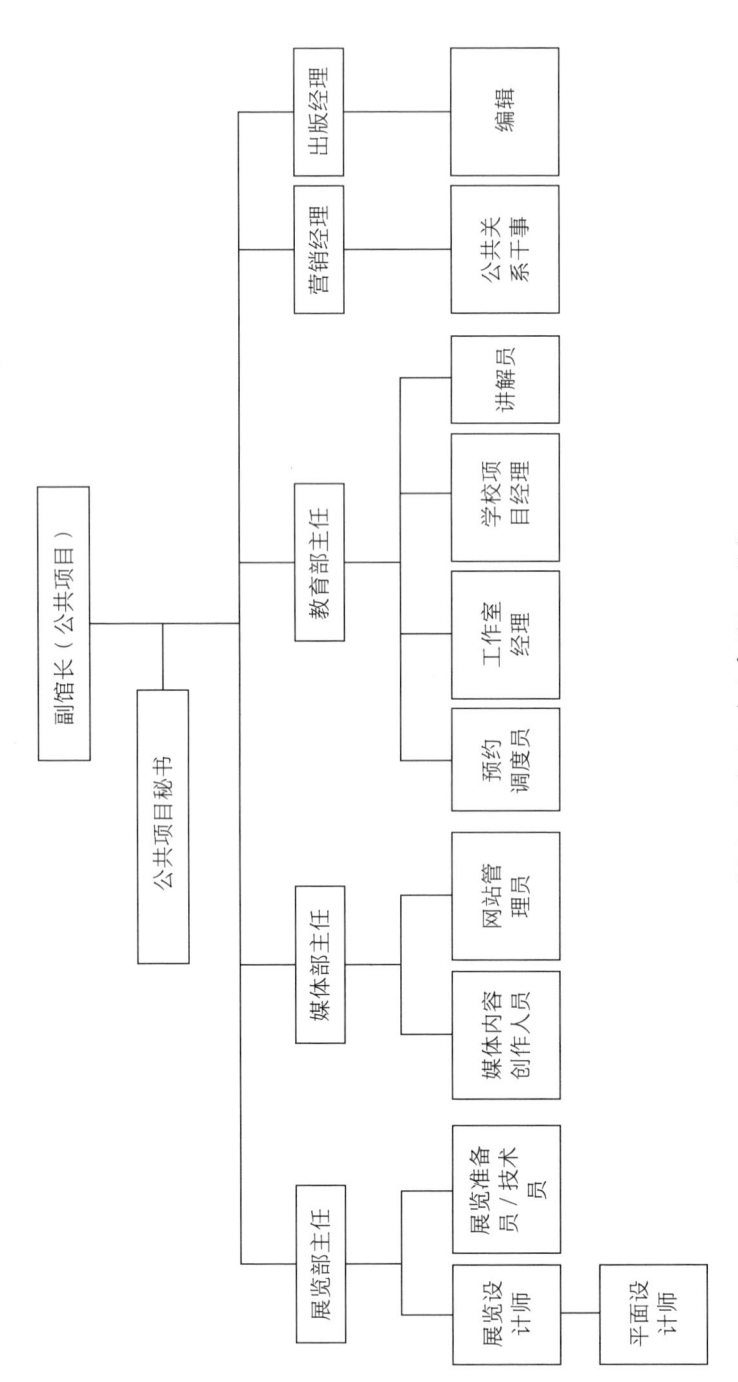

图2.8 公共项目事业部的组织结构

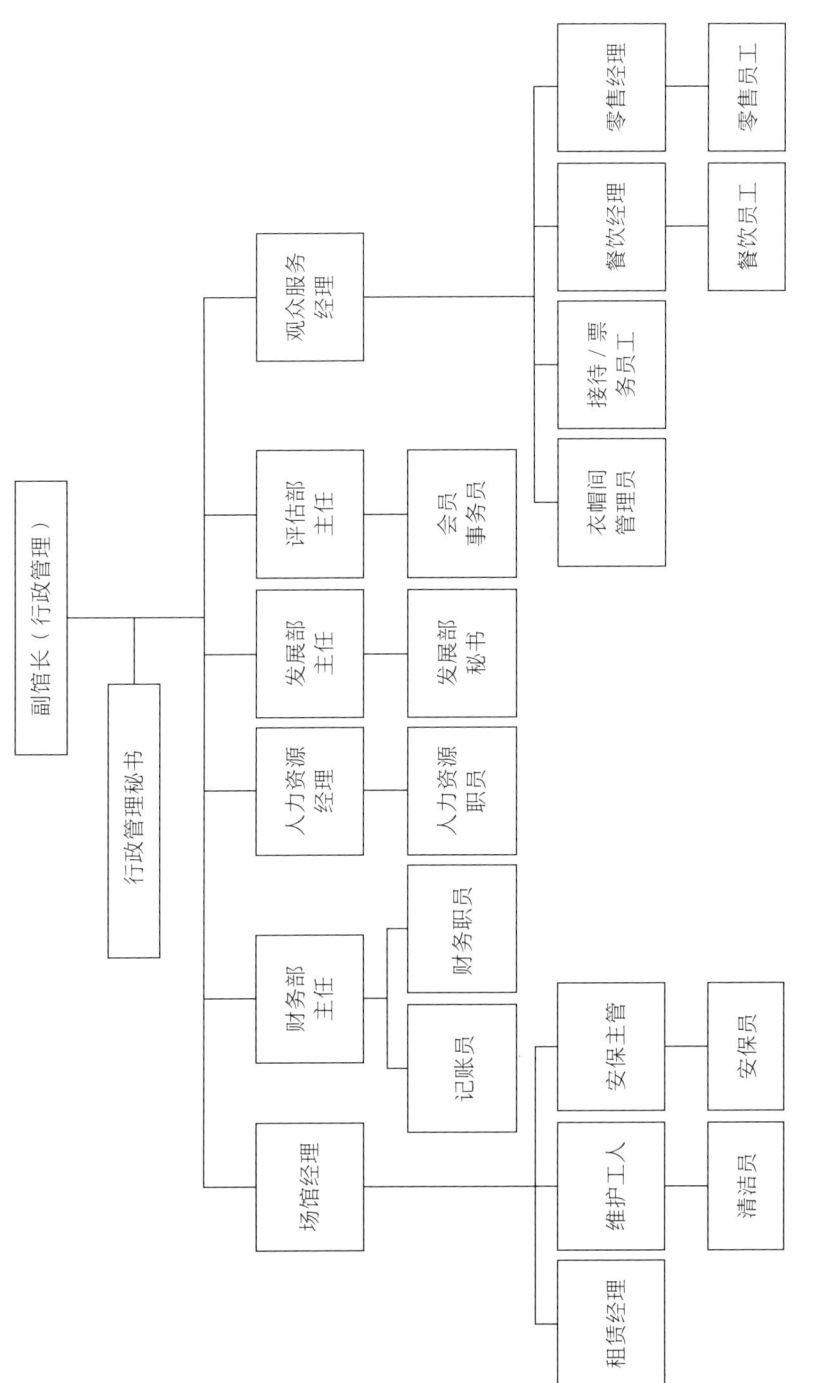

图 2.9 行政管理事业部的组织结构

第四个事业部：如果博物馆规模较大，可以由四个主要事业部向馆长报告工作，对外事务是由副馆长领导的第四个事业部，主要负责以下工作：

- 传播（包括信息技术、博物馆的网站以及营销）；
- 发展和会员（这两个部门联系紧密，可以归入一个部门）。

在较大的机构中，第四个事业部反映了许多博物馆已经成为更加外向型的公民社会机构，它们日益依赖于公共和私人等多种资金来源。同样，藏品管理事业部和公共项目事业部也负责公众参与的工作，所以部门间的合作非常重要。

在那些设置了第四个事业部的博物馆，以下职位的员工向负责对外事务的副馆长报告工作：

- 发展部主任及秘书、会员经理及管理员（见图 2.9）；
- 营销经理、媒体部主任、媒体内容创作人员和网站管理员（见图 2.8）。

2.3.2.2 矩阵式组织结构

矩阵式组织结构以功能为互动轴。因为行政管理也服务于另外两个事业部，表 2.2 的矩阵展示了博物馆如何将矩阵组织应用于管理，其中行政管理事业部为其他两个事业部提供的行政服务用 × 表示。

博物馆还可以利用矩阵结构表展示公共项目事业部和藏品管理事业部员工之间的关联。表 2.3 的矩阵显示了三个公共项目的功能。该表显示，虽然藏品研究员、藏品保护员和登录员都参与展览工作，而通常只有藏品研究员在教育和出版方面发挥了作用。

如图 2.10 所示，两个矩阵可以组合成一个立方体，而三个交互轴则代表了三个事业部。立方体三面的完美融合代表了博物馆的运营人员实现了最高效的配合。

如果博物馆设置了对外事务事业部，即第四个事业部，那么各部门相互之间的互动就更加多面化了，传播、发展和会员部主任与其他所有部门都会产生联系。无论是否增加了这个部门，这个立方体都表明了博物馆工作人员必须通过多元的方式与其他部门协商，以使机构高效运转。

表2.2 行政管理矩阵

部门	人力资源	财务	安保	维护
藏品管理	×	×	×	×
公共项目	×	×	×	×

表2.3 藏品管理矩阵

公共项目	藏品研究员	藏品保护员	登录员
展览	×	×	
教育	×		
出版	×		

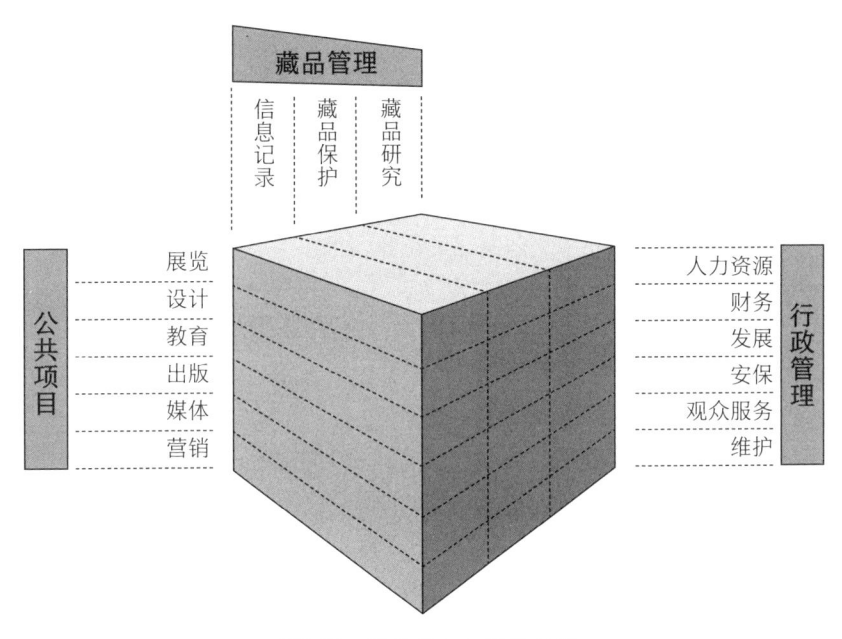

图2.10 博物馆组织结构矩阵

2.3.2.3 工作组和委员会

正如前文所述，博物馆的许多重要活动，包括展览策划等都需要三个部门的通力合作。要做到这一点，最好的办法是将每个部门的代表纳入具体项目的工作组，以及负责一般功能的常设委员会。

展览就是一个很重要的例子。博物馆需要成立展览常设委员会，委员会可每个季度邀请所有部门召开一次会议，以协调与展览相关的近期工作计划，该计划会给维护、零售、安保和财务，以及一些直接参与的部门带来影响。（上述展览委员会由员工组成，请勿与第 2.2.2 节理事会下属的展览委员会混淆。）

除了这个常设委员会，博物馆还需要为每个大型展览建立专门的工作组。这个工作组应该把所有负责展览项目各项工作的人才召集起来。每个展览工作组应包括以下部门的代表：

藏品管理事业部

- 藏品研究
- 藏品保护
- 信息记录

公共项目事业部

- 展览
- 设计
- 教育
- 出版
- 媒体
- 营销

行政管理事业部

- 财务
- 发展
- 安保
- 观众服务

一些更重要的项目可能需要部门主管参与，而较小的项目可被视为每个部门的初级员工的培训机会。以合同方式聘请的参与者，例如为该特展聘请的展览设计师，也应加入工作组。

博物馆馆长应对工作组的组建成员有最终的批准权，并从成员中任命一名组长。虽然许多展览工作组都提名相关的藏品研究员担任组长一职，但有些小组组长应该由展览或教育部门的代表担任，如果某个项目的重点工作是观众发展或会员招募，那么应该让营销或筹款部门的代表来主持工作。工作组可每月召开一次会议，所有参会者应定期汇报进展，这样安保之类的问题就不会留到最后才引起关注。并且，随着开幕日的临近，还应增加会议的频率。在展览宣传册或标识牌上标明组员的姓名，是激励人们为取得杰出成果而努力的一个好办法。

博物馆也可以针对登录、教育、信息技术、观众服务和观众发展等项目建立类似的常设委员会和具体的工作组。运营常设委员会应每周召开会议，以便审查问题和调整日程安排，而传播工作组应每月召开会议，审查营销计划和博物馆网站需要进行的调整。特别工作组将根据需要从各委员会中产生，成员通常是常设委员会以外的年轻员工。这些跨学科工作组为具体的部门会议提供了辅助。

事实证明，这种常设委员会和工作组制度是博物馆处理复杂任务的最有效方法，可以确保员工充分发挥他们的专业技能，并为员工提供了培育责任、提振信心的机会。它揭示了博物馆实现有效管理的关键因素——团队合作。一座博物馆不论规模如何，成功的博物馆管理者——从馆长到部门主管——都明白，除了专业资格外，评估员工还有一项关键的标准，即与其他团队成员高效合作的能力。好的团队合作意味着接受责任，在尊重其他学科和自己学科的前提下做出自己的专业贡献，清晰地传达期望，仅对可以交付的任务做出承诺，并按时交付，好让其他人可以接手完成他们的工作。团队合作可以通过学习获得，但团队成员首先必须有意识地将团队合作确定和理解为博物馆专业人员工作生活的一个基本特征。团队合作需要优秀的领导者，也需要有责任心的追随者，他们愿意在适当的时候保留争议，同时为实现共同的目标而努力。优秀的博物馆管理者会想办法认可和奖励二者之间高效的团队合作。

2.3.3　职位名称和职位说明

有些博物馆完全由志愿者运营，还有一些博物馆只有一名或几名带薪员工。它们虽然人手不足，也同样需要实现本书提到的博物馆的各项功能。因此，如果某个博物馆只有三名员工，很可能一人负责藏品管理，一人负责公共项目，一人负责行政管理。随后再根据该博物馆的工作重点将新员工分配到其中的某个部门。

本书的附录简要介绍了职位名称和职位说明，以及本章组织结构图中所列的所有职位。任何博物馆都不可能齐备这些职位，将几个职位合并为一会更有效率，提供职位附录是为了给出一份合理且完整的清单。

世界各地博物馆的职位名称各不相同。例如，在中国，"研究员"（researchers）从事的工作也许正是西方博物馆中"藏品研究员"（curators）做的事情。而为文物制作储存盒的"包装制作者"（box makers），这一职位在西方并不常见。本节所列出的职位名称仅限于国际上最常见的职位，以及西方博物馆在英文中最常用的职位。

即使在上述范围内，名称用法也有相当大的差异。例如，博物馆的领导者通常被称为馆长，但在某些机构中可能被称为 CEO（首席执行官）、执行董事、总裁、首席藏品研究员、藏品研究员，甚至是藏品研究员/馆长。在附录中，我们尝试列举一些变化的职位，并默认机构和本章讨论的一样，下设三个或四个事业部以及馆长所在的执行办公室。另外，我们默认每个事业部由一名副馆长负责，负责藏品管理部的副馆长也被称为首席藏品研究员。

职位的数量也存在较大差异。即使在较大的博物馆中，附录中列出的某些职位也并不是必需选项。某些地区，职位之间的分级更多，例如在藏品研究员和助理藏品研究员之间设置了多个级别的藏品研究员岗位。虽然这些职位都有很多资格要求，我们仍希望附录中的职位名称表和职位说明可以给大家带来帮助。

2.3.4 工作条件

曾几何时，一些在博物馆工作的资深人士是真正的业余爱好者，在少数情况下他们甚至不求报酬。过去的一个世纪里，博物馆员工一直在为这一职业获得相称的工作条件和报酬而努力。虽然在世界的许多地方，博物馆员工薪酬和工作条件都取得了显著的进步，但发展并不均衡。许多从事世界文化和艺术遗产保护与阐释的人还在和恶劣的工作条件作斗争，他们的收入仍然仅能维持温饱。

另一方面，当今许多国家的博物馆员工是博物馆培训项目的毕业生，有些员工在原来的科学、考古学、历史或艺术史学科之外又获得了研究生学位。藏品保护员、登录员和其他专业人员是各自领域内的专业人才。还有一些馆长和管理人员是成就卓著的博物馆学家，他们有些来自私营部门，有些曾是资深的学术专家。通过参加一些培训课程，藏品研究员可以成长为博物馆馆长。博物馆协会、私人基金会和政府机构提供在职培训工作坊和会议，以便博物馆专业人员能够跟上所有学科和管理学最新的发展。在线学习是职业发展的主要工具，如今才刚刚开始得到充分利用。至少在一些较大的机构中，专业水平的提升会带来薪酬的上涨。

无论博物馆在经济上多么拮据，都应该认识到其员工的价值，并在博物馆力所能及的范围内利用人力资源政策解决以下问题：

- 法律规章；
- 工资；
- 福利；
- 费用条款；
- 试用期；
- 工作和加班时间；
- 法定假日、公休假、病假、产假或陪产假、事假；
- 培训和专业发展；
- 知识产权条款；
- 申诉和骚扰处理程序；
- 绩效评估；
- 终止合同条款。

博物馆经常把承包（有时称为"外包"）作为聘请长期雇员的替代方案。承包餐饮服务的效果很好，一些博物馆在零售、清洁、维护和安保等领域成功地采用了承包的方式。然而，博物馆需要长期保存藏品和稳靠的安保服务，这些高标准的要求意味着承包存在局限性。如果博物馆必须遵守政府、大学或公司的政策，在每次承包项目中都必须选择出价最低的投标商，这会给博物馆带来很多麻烦。安保合同的低价投标商对博物馆来说可能是最危险的！低价安保合同往往意味着安保人员收入低、缺乏训练、积极性不高——这可能会给藏品带来灾难性的后果，也会给观众带来负面影响。

2.3.4.1 多元化

当今世界极大部分人口都生活在多元文化和多种族的社会中，这为许多博物馆提供了一个很好的机会，它们可以从其员工的不同背景和观点中受益。然而，许多博物馆远远没有体现出所在社区的多元化，它们的理事会和员工都缺乏多元化的代表。因此，来参观这些博物馆的观众也不能体现社区的多元化人口。博物馆和其他公民机构有责任包容不同性别以及不同社会经济、文化和种族背景的群体，这也为机构的发展提供了难得的机遇。

博物馆需要齐心协力促成员工的多元化，从而反映所在社区的多元性。博物馆还应制定政策以鼓励文化或语言方面的少数族裔的就业，并确保所有员工都有晋升的机会。这样做的目的是增加观众的数量，并利用多元化为博物馆带来许多不同的观点和体验，从而激发博物馆的创造力。经验表明，没有理事会和高级管理层在推进机构不同层面多元化方面的努力，上述目标难以实现。

保存和展示现存社区文化的博物馆必须特别注意将这些社区的后代纳入其员工队伍。博物馆需要制定专门的培训计划，为社区成员获得必要的专业或技术能力提供更多的机会。过去二十多年间，一些南非社区无法保存和阐释自己的文化，这一情况直到最近才开始改变，为其制定培训计划总是充满挑战。有些地方的博物馆和文化机构由外籍人士管理，它们迫切需要招募和培训当地或本国公民。

2.3.4.2 培训

培训计划指导员工如何完成工作，而员工发展计划则为员工开创新的发展机会。博物馆可在机构内部发起这两种计划，或赞助（部分或全部）员工参与其他机构的课程。这些博物馆培训课程从入门到研究生级别，涵盖了各种专业发展领域，博物馆所有岗位的员工都可以从这些课程所教授的技术或管理技能中受益。

为员工制定培训和发展战略在 21 世纪变得至关重要，因为博物馆要迎接从理念到技术再到公众期望和营销需求不断变化的挑战。21世纪成功的博物馆将为其员工和观众提供一个持续的学习环境。

因此，专业化博物馆管理的一项迫切要求就是提供培训和发展战略，该战略可以明确普遍适用的支持政策，无论是馆长还是维护人员，该战略与博物馆每个人的具体需求息息相关。该战略每年更新一次，应明确博物馆的培训需求，不仅包括为规划中的方向变化所做的准备，也包括员工个人的发展规划。机构和员工都可相互明确需求和资源，并在协商（具有保密性质）过程中达成一致意见。馆长或培训主管（可以代表博物馆的人）应确保个人发展规划符合机构的要求，而不是仅仅服务于员工个人的职业目标或热情。同时，该战略的实施为实现多元化的政策提供了绝佳的机会。

某个员工群体若能从培训和发展战略中获益，那么他们将会为其所任职的博物馆做出更多的贡献，这个群体就是大多数博物馆名册上员工最多的部门——安保。这些数量众多的员工往往是与观众接触时间最长、最频繁的人。因此，博物馆必须确保安保人员了解他们正在保护的东西以及保护的方法，并且确保他们可以看到自身在机构中的发展前景。

2.3.4.3 绩效评估

对所有员工进行绩效评估时，应参照博物馆的长期战略目标和短期部门目标，对员工实现博物馆功能的效益和效率进行评估。博物馆应根据当下的重点，每年对各项因素的优先级和权重进行调整。作为绩效考核的一部分，员工应进行自我评估，所有评估记录应保密。评估应包括定量评估和定性评价，评估结果同时作为员工晋升和年度涨薪的衡量指标。评估时，应从被评估员工的直接主管了解相关情况。参与评估的员工和主管应在每年接受咨询前重新阅读以前的评估文件，尤其是前一年的文件。

2.3.4.4 工会的职责

通常来说，博物馆行业的薪酬较低，在这种现实背景下，专业的招聘和评估程序，尤其是博物馆提供的培训和发展机会可以在一定程度上弥补这一不足。工会则恰好能为职工权益的保障提供支持。总的来说，工会提出的涨薪要求会使整个行业受益，可以成为促进就业公平、改善培训和增加发展机会的强大力量。即使中高级管理人员已经获得了与他们专业资格相称的薪酬，基层员工提升待遇的需求也离不开工会的支持。

遗憾的是，工会成员往往仅限于安保员工，双方的对抗政策可能导致博物馆不得不采用公务员制度或同等的制度，从而造成运营效率低下。例如，欧洲的一家政府垂直管理部门博物馆不得不应对延长员工午餐和休息时间的要求，这使得其运营所需的安保人数必须增加一倍，此要求导致展厅定期对观众关闭。

单个机构内工会的数量急剧增长，是博物馆及其工会经常会遇到的另一个困难。这意味着博物馆必须与多个工会签订单独的集体谈判协议，谈判通常要分别进行。即使对最敬业的人力资源部门而言，这项工作也是一个棘手的任务，更不用说还要处理多个申诉程序的复杂任务了。如果博物馆所在辖区的工会认证法规规定安保、文员和技术人员必须成立单独的工会，那么在协调不同协议和申诉程序过程中谈判总是没完没了。为了减轻由此带来的潜在负面影响，博物馆通常会与工会或鼓励工会之间达成合作。

无论员工是否加入工会，他们有时会对志愿者的职责范围表示担忧，特别是当志愿者似乎全面或部分取代了员工的职位时。而招募志愿者原本是为了完成带薪员工职责以外的工作。例如，如果授权教育部门培训志愿者讲解员，那么专业的培训老师和志愿者之间的交流互动应该不成问题；但如果志愿者要取代原先的培训老师，那么一定会发生冲突。

2.4　志愿者的职责

博物馆是学习型社会的核心。如今，为了找到第一份工作，年轻人必须向面试官展示他们之前的实习经历，老年人的寿命也比以往更长，所有年龄段的人都可能有多种工作经验，并将他们从不同国家获得的知识带到博物馆中。文化机构最适合撬动社会各个层面的优秀人才，但要做到这一点，博物馆必须精心策划志愿者项目。虽然在较小的机构中，兼职志愿者协调员可能足以管理此类项目，但中型以上的博物馆，只有全职带薪人员才能充分发挥志愿者项目的优势。

志愿者对许多博物馆的生存至关重要，尤其是那些由非营利或慈善机构运营的博物馆。一些博物馆员工认为，志愿者项目性价比不高，因为志愿者需要员工花费太多时间进行培训和评估。如果志愿者项目没有得到很好的组织和管理，就会出现这种情况。但如果组织得当，志愿者群体可以将博物馆与所在社区联结起来，并为博物馆提供宝贵的支持。

2.4.1 运营志愿者项目

博物馆在成立之初通常由志愿者组成的理事会担任其治理机构。志愿者们虽然职责和层级不同，但都是无偿工作。当博物馆开始筹集足够的资金来雇用带薪员工时，情况就变得更加复杂了。在博物馆发展的每一个阶段，对各种规模的博物馆来说，了解志愿者的不同角色和责任都非常重要：

- 理事也属于志愿者，参与博物馆的治理；
- 志愿者主管从事管理工作；
- 承担任务的志愿者提供无偿服务。

本节重点关注最后一类志愿者，他们在博物馆扮演着多种角色，包括：

- 讲解员：最常见的志愿者职位，他们的参与使博物馆可以为学校和其他团体提供有关馆藏的导览服务；
- 接待人员：包括接待普通观众，以及举办特别活动时提供食品或茶点的服务人员；
- 零售员工：开设博物馆商店，这些商店也为规模较小的博物馆的营收做出了巨大贡献；
- 研究助理：承担多项系统性的研究任务，没有他们，这些工作短时间内难以完成；
- 图书馆助理：承担博物馆下属图书馆的资料整理和上架的烦琐工作；
- 数据录入员：协助登录员将手工目录条目转化为数字化目录；
- 修复技术员：交通主题的博物馆经常需要修复技术员，这项工作需要从专业上进行谨慎监管。

博物馆若聘请志愿者担任上述或其他职位，应该把这些志愿者视为员工，他们的报酬不是工资，而是其他奖励——个人发展以及社会认可。博物馆必须确保这两种奖励都是可以兑现的。

第一种奖励，个人发展，意味着博物馆应把志愿者纳入培训和发展战略。志愿者协调员十分重要。协调员（有偿或志愿工作）应该保留一份名册，记录每个志愿者的培训需求和发展愿望，博物馆应承诺支持志愿者的个人发展，为他们提供培训机会而非经济支持。

第二种奖励，社会认可，博物馆不仅应在日常工作中不断为志愿者给予社会认可，还应举办一些年度或季度社交活动，邀请高级管理人员和理事会成员为志愿者颁发证书或类似的服务认可奖状。博物馆如果了解志愿者工作的重要性，就会保证其高级管理人员和理事会成员都出席表彰大会，为志愿者的贡献给予认可。

志愿者的招募应与工作人员的招募一样谨慎。博物馆应向社会发布志愿者职位的招聘启事，列出职位说明和资格要求，感兴趣的人应填写志愿者申请表。志愿者手册可结合博物馆的使命和任务介绍博物馆的志愿者政策，以及与志愿者实际工作相关的具体规定（例如自付费用的规定），博物馆应将这份手册发放给感兴趣的人。对于提供会员项目的博物馆来说，坚持只有会员才能成为志愿者的政策十分重要，而且志愿者委员会必须是会员组织的一部分。

面试志愿者时应将重点放在了解他们的兴趣、能力和培训需求，并向他们传达博物馆的要求。博物馆按照招聘员工相同的人事程序审核志愿者的推荐信，调查其健康状况和犯罪记录。可以考虑给那些没有入选的候选人写信予以礼貌拒绝，并感谢他们对博物馆工作的关心。有些志愿者申请的职位后续可能被调整。

博物馆应向有意加入的志愿者提供一份志愿者协议（有时称为"志愿者合同"，尽管它不具有法律效力）。博物馆将根据志愿者的具体情况和博物馆的具体需求为志愿者分配任务，要求他们在某个时间段内完成指定的任务。为了履行协议，志愿者应参加由博物馆教育部门或其他有资格的员工提供的必要培训课程。该课程应包括理论和实践的考试，考试结果会淘汰一部分人。志愿者协议应规定试聘时间（3—6个月）、志愿者离职通知期限，以及针对表现不好的志愿者的解聘条款。

招募、培训和维持一支具有团队合作和奉献精神的志愿者队伍，不断培养其能力，并给予社会认可作为回报，经博物馆与志愿者长期合作的经验表明，这样的模式可以带来高效的工作成果。志愿者不会反感上述程序，反而希望他们的努力得到认真对待，他们会以更高的工作质量和可靠的出勤率作为回报。通过这样的计划，志愿者将在会员福利的基础上获得上述令他们自豪的特权。在一群充满活力的志愿者的全力支持下，博物馆将蓬勃发展。

2.4.2 实习生

实习生可以为博物馆增添青春的活力与激情，带来新知识，是博物馆各部门的无价之宝。他们通常是应届毕业生，有些仍在继续学习，他们愿意以低薪工作来获得在博物馆工作的经验。在某些情况下，大学或其他学校愿意为实习生提供津贴，并就他们在博物馆的工作经历给予学分。因此，他们不是完全意义上的志愿者，但可以和带薪员工与志愿者一样加入部门的团队。与志愿者一样，实习生签订明确的合约，确保他们不会对全薪员工构成威胁，以及所有与实习生一起工作的同事都知晓他们的身份。部分实习生可能会被留用，转至长期职位，但重要的是，博物馆要尽可能为实习生提供与他们的时间和职责相称的培训和发展机会，确保所有实习生都能从博物馆的工作经历中受益。

如今，志愿者和实习生不再只存在于西方国家。以科威特科学中心为例，该中心拥有一座位于阿拉伯湾的顶尖的水族馆、一间精彩纷呈的科普大厅和一家巨幕电影（IMAX）剧院，为青少年提供假日学习的创收项目，表现最佳的学生可获得在整个学年的周末或课后担任志愿者的机会，博物馆还为他们提供午餐和交通补贴。该项目吸引了一群热心、年轻、知识渊博的实习生和志愿者，他们源源不断地加入进来，为科学中心的日常运营注入了活力，而在这之前，人们曾怀疑志愿者项目能否在当地奏效。

2.5 公民社会博物馆如何转换角色

如第 2.1.5 节所述，在过去的几十年里，博物馆不知不觉地从政府垂直管理部门博物馆向公民社会博物馆转变，资金来源逐渐多样化，并对更广泛的社会（包括公共和私人）负责。与博物馆发生的大多数变化一样，这种转变并不由博物馆自己主导，而始于许多辖区的政府补贴或拨款削减。在某些国家，政府对个别博物馆的补贴在过去三十年里下降了20%至50%——即使在某些地方，随着博物馆的总数增加，政府对博物馆的总体补贴也增加了。随着博物馆数量增加，一些重要的机构变得越来越专业，它们希望做更多的事情，虽然这会导致成本增加，但也带来了更多的公共福利。在许多情况下，博物馆保留和使用从门票、商店和其他活动中获得的收入可以缓解政府补贴削减带来的不良影响，而以前垂直管理部门博物馆的这些收入需要上缴给公共财政。

矛盾的是，这些政府却愿意资助新建博物馆和扩建现有博物馆。他们这样做不仅是出于保护遗产或科学研究等传统理由，也是为了实现新的目标，例如：

■ 参与世界上最大的产业——旅游业，特别是文化旅游这一最具活力的行业；

■ 社会凝聚力——世界上最大的挑战之一，尤其当人类历史上首先出现了一半以上的人口生活在城市的时候。人们在城市中和谐共处、共同解决问题也是生存所需；

■ 城市更新——如伦敦的班克赛德、伊斯坦布尔的金角湾被改造成博物馆所在地；

■ 构建城市（或国家）的品牌以吸引新的产业和投资，特别是在"知识经济"领域；

■ 刺激为经济带来附加值的创意经济；

■ 在某个或多个方面与其他城市或国家竞争。

政府对具体机构的补贴在减少，而同一政府出于经济原因正在寻求更多更好的博物馆，这一矛盾可以从三个方面来解释：

■ 即使只是博物馆的数量增多了，也是一件好事，它让更多的人更容易接触到博物馆及其服务，同时这也表明博物馆提供的服务越来越有意义，得到了更多人的重视。

■ 博物馆员工的日益专业化产生了更高的成本，但也使博物馆能够为公众提供比几十年前更多的服务，博物馆对馆藏的保管也更为细致。

■ 决定性因素还是过去几十年世界各地经济结构不断进行重新调整。

这种全球经济结构的调整使财富税收减少，一些政府将所属机构、服务和自然资源出售（有些人认为是赠予）给私营部门，并减少了政府对公共领域的支持——包括公园、图书馆、医院和博物馆。由此产生的结果是，每个国家的私人财富都出现了巨大的增长，并集中在相对少数的人手中。政府愈加地将这些个人视为博物馆潜在的支持者，并将他们的公司视为潜在的展览赞助商。因此，理事会的作用和影响力增强了，博物馆馆长和发展部门的筹款职责也被强化了。

这导致博物馆在社区中的地位发生了重大变化，因为以前博物馆完全由政府资助，现在它们必须向外部寻求支持。博物馆不仅需要经济支持，还需要社会支持，因为社会声望是经济利益的基础，博物馆因此成为一个更加外向的机构，与社区产生了更多的联系。这就是为什么我们在第 2.3.2.1 节中注意到，博物馆越来越需要第四位副馆长，一位负责对外事务的副馆长，他/她的事业部由传播和发展员工组成。博物馆在社区中的良好评价变得更加重要。一方面，藏品研究员可以树立专业地位；另一方面，一个理解博物馆价值的社区会为博物馆丰富的收藏和取得的成就而自豪，并给予博物馆充分的支持，这一点对博物馆的财务来说尤为重要。

这不仅会给新的对外事务副馆长带来影响，公共项目副馆长现在比以往任何时候都更需要了解旅游业，教育服务部主管需要面向所有年龄和种族的学习者开发项目。展览变得更像是一场对话，而不是一场独白。大卫·爱德华兹在他的巴黎"实验室"科学博物馆引领潮流，提出博物馆展出的是一场场实验，而不是展览（见案例研究 3.3）。

一个显著的例子是旧金山的非洲侨民博物馆，洛德文化资源公司参与了该博物馆的规划。杰内拉·所罗门是我们在该博物馆规划团队的一员，她在案例研究 2.1 中介绍了促进社区协商和拓展公民社会机构这一理念的经验，其中促进社区协商属于规划过程，而拓展公民社会机构理念也是旧金山现代艺术博物馆所在的耶尔巴—布埃纳地区的公民发展（civic development）的部分内容，因此符合该市的经济和社会发展规划。杰内拉对规划过程的回忆引发了一些思考：一座公民社会博物馆如何才能从其所处的社会中汲取意义、反映关切和体现价值观。

因此，一种更具活力的博物馆类型正在出现，这是一种更具社会参与性、"由外而内"的博物馆，它要求其理事会、管理层和员工具备新的技能。公民社会博物馆要求其员工必须持续参与培训和个人发展，因为博物馆既是教育机构，也是学习机构。

随着政府补贴减少，筹款来源变得越来越多样化，上述情况的出现就变得越有可能。政府资助降至多少会带来这种转变？75%，50%，还是更低位时？答案取决于当地的文化、政治和历史背景以及博物馆的规模。但是，根据我们了解的众多案例表明，这一发展方向很明确：当博物馆从自营收入、捐赠基金、捐赠和赞助，以及仍然十分重要的政府补助或拨款等多样化的渠道获得资助后，博物馆正逐渐成为公民社会机构，开始更加深入地参与所在社区的建设。

在到达这一临界点的前后，博物馆的馆长及其团队是否扮演了不同的角色？答案是肯定的，这是我们下一章的第一个主题。

案例研究2.1　聆听——社区协商的价值
杰内拉·所罗门

2001年我加入了旧金山非洲侨民博物馆的创建团队，当时遇到了很多问题。尽管"侨民"（diaspora）这个术语自20世纪60年代以来一直在学术界被使用，但对于公众和我们的团队来说，它是一个全新的词。一些人甚至不清楚它的发音。许多人问："侨民是指什么？"更重要的是，"谁是非洲侨民？"这两个问题有很多种答案。

社区协商是一个发现的过程。我们首先向公众提出这些问题：

- 我们如何在如此广泛的主题中明确博物馆的主题和故事？
- 博物馆如何才能包容这么多的观点呢？
- 我们怎样才能使观众关注一些普遍性的问题，避免与他们产生隔阂？

我们曾对此展开了多次讨论。我们将艺术家、学者、评论家和其他文化利益相关者聚集在一起，召开了两次全国性的研讨会。我们的挑战在于如何在正确的时间提出正确的问题。聆听，并了解何时对问题进行干预，这就是协调的意义。作为一个团队，我们需要确定每个人要问的问题。问得越贴切，答案也就越精彩。

社区协商是一个动态的过程，在本案例中更是如此。在讨论种族、历史和文化时，我们必须冲破迷思和误解。这些讨论为公众发表想法创造了机会，这也是社区协商过程很重要的原因。人们的意见得到评估，大家一起提出了问题，最后提炼了想法。

我们的社区会议不仅是关于一个又一个想法的理论思考，或是对历史事实的辩论。相反，我们听到了故事，那些起承转合、意味深长的故事。我们听到了侨民关于故乡、迁徙、适应和转变的经历，这些词语后来成为我们博物馆的核心概念框架。我发现，倾听是帮助我理解这些思想观念，并探寻他们情感深处的最佳方式。

作为社区成员、客户、顾问和公众，我们做了一些大胆的决定。我们想要扩展"非洲人"的定义，想要利用关于非洲人类起源的更广泛事实转变大众的理解；思维的转变使我们能够跨越时间，从现代之前到当代去构想"非洲性"。

作为协调人，我倾听共识；这些共识成为我们的"远大理想"。那些我听到的不一致的、有冲突的观点，我将在协商过程或项目中作为问题继续提出来。这些问题也通过展览和观众体验传递给观众。

社区协商是一场持续的对话，虽然这个项目三年前就结束了，但对话、互动和交流仍然影响着我。我目睹了社区居民在意识上的变化。今天，非洲侨民博物馆的理念被更多人理解和接受。我们一起找到了某些问题的答案。

第三章

怎样管理？
——博物馆管理方法

现在，我们可以讨论管理一座博物馆的具体方法了。本章将用较长的篇幅回答一个极具挑战性的问题——怎样管理。

在第一章和第二章的博物馆功能三角示意图中，三角形的两条边分别代表了资产类功能和活动类功能的发展方向，行政管理创新性地将两者整合起来（当然这是在理想状态下）。馆长，通常也是博物馆的首席执行官，负责领导全馆让这个三角结构发挥作用，为完成博物馆的使命指引方向。因此，本章将首先介绍高级管理人员在博物馆管理中的职责。

3.1 高级管理人员的职责

博物馆的高级管理人员需要发挥管理才能和领导力，即应用专业标准正确地做事情（管理才能），同时激励员工和理事会做正确的事情（领导力）。无论是保护遗产，还是确保所有公众拥有入馆参观和获取知识的平等机会，抑或是鼓励员工与观众进行更加有效的沟通，管理才能和领导力都是高级管理人员不可或缺的素养。

馆长的职责包括制定规划、拟定政策、审批程序以及发展和维护与其他机构的关系。值得注意的是，以上多项职责实际上也属于理事会。这就是为什么人们常说一位行事高效的馆长有一半的工作时间在与理事会打交道。高级管理人员对上述职责的履行情况会影响到博物馆运营的方方面面，最终创造出博物馆的机构文化。本节将对此进行逐一讨论。

3.1.1 制定规划

馆长负责管理藏品、建筑物、人员和资金等丰富资源，而制定规划是明确如何有效利用这些资源的主要手段。

战略规划（在英国通常被称为"事务计划"）是最常见的一种规划，制定战略规划的目的是整合博物馆运营活动的各项工作,形成统一的方向，以此作为该规划期内需要实现的目标。如第一章所述，博物馆应在战略规划中确定使命、任务、短期目标和长期目标，并针对每个部门提出详细要求，在必要时制定预算和筹款目标的财务计划，以实现规划期内的短期目标和长期目标。如果规划更新，应对先前规划中确定的目标进展情况进行审查。战略规划不仅对机构的内部管理具有价值，还常被用作资助或拨款申请的证明文件。

由于制定长期规划是理事会和管理层共同承担的职责，因此战略规划通常由馆长领导的委员会负责制定，该委员会由管理层和理事组成，通常由顾问提供协助。战略规划委员会应尽可能征求所有参与人员的意见，也正因为制定规划时委员会对他们的关切和想法予以了考量，参与人员应将最终形成的规划视为自己的规划。显然，并不是所有的想法都会被纳入最终文件，但委员会在制定规划的过程中，应该阐明为什么某些短期目标和长期目标优先于其他选项，馆长也应该准备好在必要时与理事、员工和志愿者坦诚地解释和讨论这些问题。未经协商而从外部或上级强加的战略规划往往会遭遇抵制（如果不仅仅是搁置的话），员工更愿意全心全意地落实由大家协商制定的长期或战略规划。

伊恩·布拉奇福德在案例研究 3.1 中介绍了制定战略规划或机构规划的过程。正如他的案例研究所展示的那样，该博物馆与所有实施规划的负责人进行了深入协商，最终取得了良好的效果。

案例研究3.1　维多利亚与阿尔伯特博物馆的机构战略规划——设定议程，逆向思考，创造好运
伊恩·布拉奇福德

所有机构，无论是公共部门还是私营部门，都在为制定合适的战略规划而苦恼。他们想要了解达成共同的短期目标需要遵循哪些程序，记录和传播这些短期目标又应采取何种方式。目标过多会模糊重点，细节烦琐会导致进展缓慢，而如果规划内容模棱两可但又雄心勃勃，则意味着管理层永远不会将具体目标落到实处。

2003年，维多利亚与阿尔伯特博物馆决定采用一种新的规划制定方法——将中期战略目标（以五年为期）与未来一年的具体目标结合起来。因此，在当前的规划（2007—2012）中，我们还分别设定了短期里程碑（2008—2009）、中期里程碑（2009—2011），以及2012年需要实现的成果。

事实证明，设定上述短期目标对全馆员工起到了很大的激励作用，馆长和副馆长邀请多个部门的同事参加工作坊，尤其是那些真正承担博物馆大部分基础工作的关键岗位的中层管理人员。这种组织形式刷新了我们的陈旧观念，所带来的好处不言而喻。工作坊将来自不同部门和拥有不同学科背景的员工汇聚一堂，我们发现这与具有相同学科背景或来自同一部门的员工开会时分享的议题大不一样。我们记录了员工在工作坊中提出的前20个优先事项，这些事项最终都变成了规划的一部分。许多员工的反馈直接影响了我们的战略规划，这令他们感到惊讶。这些优先事项涉及各个方面的关注事项，同时也指出了一些需求方面的残酷事实。例如，博物馆需要在信息技术和培训上增加投入，缺少了这一步，战略或机构规划的大部分内容都是空想。

人们发现逆向思考对制定规划大有助益，可以从制定长期目标开始，然后再把实现总体目标需要完成的具体行动拆分成一个个短期目标。规划初期的广阔视野也有助于规避两个重要的陷阱：

- 第一个陷阱，整个规划都靠当前主要资助方的代理人来推动（如维多利亚与阿尔伯特博物馆的主要资助方是英国政府的文化部），而一个好的规划应对一些新的或正在涌现的议题予以考量，引导政府制定相关政策，而不总是追随其后。
- 第二个陷阱，规划如果没有明确优先事项和主题，就可能会变成一份"当前工作内容"清单（这是战略或机构规划中极其常见的错误）。在2012年的规划中，博物馆考虑采用"平衡计分卡"[1]的形式，目的是将包含藏品征集和藏品保护在内的保管、学术研究、公众参观等业务从追求卓越和效益的角度进行优化整合。

规划为何会落入第二个陷阱，其实不难理解，因为员工会很自然地认为，如果他们的核心工作（如建筑维护、重点藏品的保护等）没有出现在规划中，那么这些工作就没有价值。因此，我们审慎地向员工解释：只有博物馆的基本业务达到卓越水准时，战略目标才有可能实现。

逆向思考也有助于资源分配的决策，因为员工发现它比会计师大力推崇的零基预算更具想象力。新规划也很受欢迎，因为它只设定了真正重要的截止日期和量化目标。以往的年度规划为每季度目标设定了最后期限，但当我们认真审视这些期限时，很明显，许多最后期限是毫无意义的，最后只会导致走过场似的验收，失去了战略意义。

新规划如何实施？举一个简单的例子，我们设定了希望在2012年之前完成的观众参观方面的长期目标（通过实地访问和网络），而规划阐明了2007—2011年逐步完成此目标的具体步骤。员工们认为，这让他们更清楚地了解了展览、藏品数字化项目和新的展厅基本建设项目所发挥的作用。

---

1 平衡计分卡（Balanced Score Card）是一种将组织的战略落实为可操作的衡量指标和目标值的新型绩效管理体系。——译注

新规划与我们的"文化规划"倡议同时启动，旨在探索更高效、更值得信赖的组织工作方式。该项目鼓励员工就推动透明决策和普及跨学科合作方面提出建议。坦白说，我们刚开始都对此持谨慎怀疑的态度，但整个项目最终卓有成效。我们启动该项目时从外部聘请了品牌和文化顾问，使项目具备一定程度的客观性，这无疑对我们有所帮助。

任何战略或机构规划都基于这样一种假设，即在遇到关于资源、压力和优先事项的任何问题时，员工会坦诚相告，而不是暗自希望所参与的项目不了了之。"文化规划"倡议确保了同事们更有信心就项目的困难或新出现的优先事项发出预警。

制定新规划是一项非常艰巨的工作，但值得付出努力。大多数时候，制定新规划仅是为了让博物馆保持正确的发展方向，远离那些带来干扰的观点和合作方案。然而，环境会发生变化，新的发展机遇需要经过测试才能知道是否符合总体目标。博物馆评估新方案的进度缓慢这一点众所周知，而战略或机构规划可以帮助运营工作变得更加灵活，随之也会给博物馆带来更多的好机遇。

图 3.1　约翰·马德伊斯基花园
2005年7月开放，由金·威尔基（Kim Wilkie）设计。图片由伊恩·布拉奇福德提供

战略规划一词既可以指规划的种类，又可以指策划规划的过程。制定规划时，人们会通过与内外部人员进行多次协商与研究来了解博物馆在不断变化的环境中的情况，从而明确博物馆最理想的未来。

■ 外部协商：采访社区的文化、政治和商业领袖或其他成员；召集为博物馆提供支持或需要使用博物馆服务的人，如捐赠者、资助者、教师和常来参观的观众举办工作坊；与那些没有到访博物馆的人进行焦点小组访谈，以帮助规划者了解博物馆的公共职责、为社区服务的方式，以及该博物馆的不足之处和改进方法。

■ 内部协商：开展与员工、志愿者、会员和理事的访谈，举办工作坊，从使命角度协助博物馆评估机构的优劣势以及面临的机遇和威胁。

作为战略规划过程的一部分，务虚会是一种延长会议，理事和资深员工需要抽出一天或更长的时间来完成以下工作：

■ 考虑机构内部及其在全球背景下的长期发展方向、关键问题和所面临的挑战；

■ 重新审视使命宣言，并在必要时进行修改；

■ 明确几个战略方向（通常3—5个），然后将其转化为机构长期的定性目标（见第1.2节）。

管理层和员工基于这些目标，制定每个部门的具体量化目标（见第1.3.4节）以及相关的预算表和进度表。战略规划由理事会最终决定，再由机构所有人员共同推进，机构应每年评估战略规划的进展情况，以确保目标不变，或者对规划进行修订。

战略规划通常以3—5年为期，也许能够成为其他规划活动的"导火索"。例如，机构计划启动某资本发展项目，就需要在战略规划之外再制定一项总体规划。一些机构将两者结合起来，战略规划明确定性的总方向，总体规划则应用战略规划的结论来分析博物馆对藏品、空间或设施的需求。

与战略规划相比，总体规划的规划时间更长（通常约20年），内容更详细，它侧重于博物馆对空间、设施、人员、资金的需求以及实现方式，应包括以下内容：

■ 机构规划：重点关注博物馆的治理结构及其整体环境（政府、教育机构、其他博物馆、私营部门、旅游业等）的关系，以及博物馆的使命、任务和宗旨声明；

■ 市场分析：包括观众调查的结果以及社区（居民、学校和游客）的人口统计和社会学分析，旨在明确博物馆的目标市场；

- 藏品分析：预估博物馆收藏的增长情况、现有规模和发展方向，包括藏品展示和储藏的现有密度及期望水平，藏品管理和保管的问题；
- 公共项目规划：筹划博物馆计划开展或正在开展的公共项目，包括与博物馆的目标群体有关的展览、藏品阐释、教育、出版物、延伸服务、推广活动，以及方便观众的厕所、商店、餐饮等公共设施；
- 传播策略：博物馆不仅需要通过广告宣传等营销方法吸引目标群体到访，更要为观众提供符合博物馆短期目标的服务和活动，吸引他们再次到访；
- 人员规划：预估博物馆在人力资源方面的需求，使公共项目的运营水准与馆藏情况相匹配；
- 设施规划：根据藏品储藏与展示、公共项目与便利设施、员工所需的辅助设施和工作空间等因素推算博物馆的空间和设施需求；
- 资本成本预测：预估一些必要的空间翻新或改建项目、购买家具和设备、按计划改陈等活动所需的资金数额；
- 参观人数、收入和支出预测：预估所有收入来源和支出类别，以确定是否需要补贴或开展其他筹款活动；
- 筹款战略：从公共部门、私营部门和本馆自营获得资金，满足博物馆资本和运营资金的需求；
- 实施计划表：旨在将博物馆从当前状况转变为总体规划中描述的情况。

上述各部分彼此关联，显示了总体规划可以给博物馆带来的诸多益处。然而，如果规划中没有包含某个重大的基础建设项目，只有那些与博物馆使命和长期目标关联性较弱的工作，如藏品发展战略或机构规划，虽然可能会取得一些成果，但仍需要对规划予以改进。

对于拟议的博物馆新建、搬迁或扩建项目所进行的可行性研究，包含了与总体规划相同的内容，只是在结尾处增添了项目的可行性声明。可行性研究必须基于提议机构的资质和规模、位置、营销、管理、无债务等预设情况出具报告。博物馆的项目与私营部门项目具有不同的可行性要求，后者以利润为标准，而对公共博物馆来说，可行性研究是为了明确博物馆除自营收入，还需要的年度补贴、拨款、捐款、捐赠、赞助或其他筹款的数额,并对年度财政支持的可能性进行评估。

制定规划也被认为是管理某些特定活动的一种方法,比如展览规划(见第 3.3.1 节)、教育规划(见第 3.3.3 节)和营销规划(见第 3.3.6 节)。这些规划是管理层和员工的共同职责(而不只是管理层和理事会),因此将在本章末尾部分进行讨论。

3.1.2 政策

规划是一种主要针对未来完成情况的管理方法,而政策有助于博物馆调控当前功能的实行情况,并以必要水准实现未来的期望。规划和政策都应与博物馆的使命和任务宣言保持一致。

制定政策是为了确保博物馆按照一定的质量标准实现其功能,肩负起对公众的责任,这项工作需要管理层和理事会共同完成。由馆长带领的管理层负责制定政策并向理事会提交备选,理事们负责确保采用的政策与博物馆的使命和长期目标相一致,且该机构拥有实施这些使命和长期目标所需的资源。

各博物馆的政策数量和具体名称不尽相同,但大多数博物馆都有以下政策:

- 藏品政策(有时称为"藏品管理政策"),包括藏品征集、除藏和出借政策;
- 藏品保护政策,可能包含在藏品管理政策中;
- 藏品信息记录政策,也可能是藏品政策的一部分;
- 教育政策;
- 展览政策;
- 人力资源政策;
- 公共可及性政策,包括残疾人可及性政策;
- 传播政策,包括对馆藏的阐释,对建筑内部的导向标识系统、各种图形的介绍,以及网络传播、媒体营销等;
- 研究政策,包括知识产权政策;
- 安保政策;
- 观众服务或客户服务政策。

政策应明确与每项功能相关的长期目标，以及博物馆承诺的政策和规划实施应达到的质量水平。由于政策与博物馆功能密切相关，应由负责该功能的高级职员起草。例如，安保主管负责起草安保政策，馆长负责编辑和修订，从而确保该项政策与博物馆的规划保持一致。

政策不应超出博物馆的预算、空间、技术或人员条件的专业标准，而应根据博物馆的使命和资源制定每项功能可以实现的卓越水平。馆长向理事会提交的政策应该内容全面，包括实现该功能所带来的全部影响。

一旦政策获得理事会批准，具体执行就成为一份工作责任，被委派给相关领域的管理人员。然而，理事仍保留监督的职责，馆长应定期向理事会报告政策的实施情况，并在必要时提出政策修改建议，以确保博物馆的任何功能都得到真正实现，同时政策也不会是一纸空文。一般博物馆需要10—12项政策，因此只要每月审查和报告一项政策就可以了。理事会每月召开一次会议，考量不同的政策文件和关于这项政策实施情况的报告，同时可以提出任何修改建议，比如1月聚焦藏品政策、2月聚焦展览政策、3月聚焦安保政策等，确保全年所有政策都得到考量和审查，并在必要时对这些政策进行更改。理事会通过这种方式在博物馆功能的治理中发挥积极的作用，并且使博物馆的政策保持相关性，得以顺利实施。

3.1.3 工作程序

博物馆的工作程序是其既定的工作方法，许多功能必须以系统的方式实现，例如新入藏藏品的信息记录或安保措施。程序手册是将博物馆实现功能和相关任务的系统方法编辑成册并分享传播的主要手段。

与政策一样，工作程序与博物馆的功能息息相关。工作程序与实现功能的具体定量目标相关，而政策与更长期的定性目标相关，因此工作程序更为具体和量化。程序手册记录了博物馆为达到政策中规定的质量标准而制定的具体措施，内容涉及迎宾和票务程序、藏品信息记录表格、藏品状况报告、日常安保情况以及特别重要的应急程序手册。

博物馆在编写程序手册中的观众服务部分时应更加谨慎，每位来访的观众都是独立的个体，而手册中不一定能提供他/她需要的服务内容。博物馆应定期提醒包括安保人员在内的为观众提供服务的员工，只要在博物馆政策的指导范围内，对观众个人的服务就可以不受程序手册的限制。

程序手册可能也不适用于藏品研究、展览策划和设计等其他领域。不过一些工作只要遵循了某种既定的工作规范，往往就能达到预期的质量标准。例如，图书馆的工作可能会因为被纳入程序手册而受益。程序手册中的检查清单实用价值很高，比如列出这些问题：展览的文物是否经过鉴定？借展协议是否已发出并收回？文物的信息记录是否经过审核？文物状况是否已经检查？

程序手册应由博物馆责任部门的主管负责起草，他们会发现很多活动的开展都离不开手册的指导。程序手册通常只是简单列出员工在执行特定活动时应遵循的步骤，但实行过程中应始终将这些步骤与相关政策中阐明的质量水平联系起来，即程序应与政策保持一致。馆长负责审查和批准，确保这些程序可以有效推动政策的实施。因此，每当政策发生变化时，程序手册都应随之更新。

3.1.4 报告

有了合适的政策和程序，博物馆可以就各项实施工作组织的定期报告来进行日常管理。常言道："管理靠监督，而非期待。"在一家管理完善的博物馆中，上下级之间的报告关系和报告计划表都有明确的规定，各层级职员对这些规定也十分了解。每个部门主任和副主任都应该定期审查下属的报告，并以更长的时间间隔将这些报告进行总结，再向上级报告。例如，前台接待员应每日向观众服务经理汇报营收金额和观众人数，观众服务经理则将这些报告进行总结，每周向公共项目主管汇报情况，公共项目主管向馆长汇报月度总结，馆长每个季度向理事会汇报观众人数，理事会则根据这些累积的数据发布年度报告。

报告不仅应提供定量数据，例如访问量、营收额、相对湿度变化、预算与实际成本的比值、藏品征集、捐赠额、会员数等，还应提供简要的定性分析，例如营销影响、观众满意度、藏品征集速度、研究成果的意义等。无论是博物馆业务的哪一个领域，杰出的员工都能敏锐地找到与博物馆该功能短期目标相关的关键因素，这种能力使他们从一般人中脱颖而出。

作为管理的方法，规划、政策、程序和报告之间的关系可参考我们在表3.1中所做的总结。

表3.1 管理的方法

管理的方法	相关因素	参考时间	拟定者	批准者
规划	使命、长期目标和短期目标	未来	馆长和管理层	理事会
政策	功能和长期目标	现在和未来	馆长和管理层	理事会
程序	功能和短期目标	即刻和现在	员工	馆长
报告	功能	近期和现在	员工	管理人员和馆长

3.1.5 与其他机构的关系

如果博物馆不能在其所处的体制环境下有效地发挥其功能，那么即便是最激励人心的规划、最卓越的政策和最完善的程序都可能无济于事。博物馆不是孤立的机构，几乎所有的博物馆都与公共和私营机构相互依存。影响博物馆的其他机构通常包括：

- 各级政府及政府机构；
- 其他博物馆和博物馆协会；
- 教育机构；
- 专业协会和基金会；
- 旅游业；
- 私营部门；
- 利益共同体。

这些合作关系按照密切程度可以分为三个层级：

- 最基本的关系是基于良好的专业实践，例如加入相关的博物馆协会或某区域景点的营销联盟。
- 更高的层级是建立和维护与政府、基金会、赞助商和捐赠者的资助关系，这对博物馆的生存更为关键。
- 最高的层级是建立合作关系，即机构之间为了共同的利益展开合作。这些合作关系可能包括多家博物馆合作举办展览、博物馆和学校共同研发教育项目，或是支持博物馆建设和运营的公共与私营机构之间的合作关系。

确定合作伙伴有哪些，谁是最大的受益者，在任何情况下都是一件重要的事情。另外，博物馆还应关注，这种关系如何服务于博物馆的使命，对员工、空间和预算有何影响，合作关系是否需要具备排他性等。如何在合理平衡博物馆有限资源的条件下与多个合适的机构建立和维持合作关系，是博物馆各级管理层所面临的一个重要挑战。以下各节将对每一种合作关系进行依次讨论。

3.1.5.1 各级政府及政府机构

博物馆本质上是"政治"机构：历史博物馆传承历史的价值；艺术博物馆的展品探讨个人和社会生活的意义；科学博物馆阐释我们对周围世界的理解。博物馆努力传播与其藏品意义有关的价值观和意识形态。这些意识形态往往不易察觉，但在关于政治敏感主题的临时展览中，或者展览因某些内容而突然变得敏感时，展览中的意识形态便很快凸显出来。

此外，博物馆的政治性在某种意义上是因为它们通常由政府机构资助，或者本身就是政府机构的一部分。无论是作为政府垂直管理部门的机构，与政府保持"一臂之距"的机构，还是独立的非营利组织的附属机构，甚至是具有混合资金来源的公民社会机构，博物馆都经常依赖于政府的资助计划和政策，包括各种税收政策和政府补助计划。

因此，博物馆管理层必须关注博物馆在县、市、省（州）乃至国家政府中的地位——不仅要关注与文化遗产部门的关系，还需关注那些与旅游、教育和税收有关部门的关系。如果博物馆的任务涉及科学、军事、交通或农业，相关的政府监管部门也会变得很重要。在许多辖区，管理就业补贴的部门对博物馆而言是最重要的部门之一。协调博物馆与政府的关系是博物馆馆长和理事会的主要职责。

在某些辖区，国家、省（州）级博物馆被指派管理当地的博物馆，或向其他博物馆分配拨款，但这通常会引发利益冲突。因此，最好的做法是为拨款管理或其他需要集中管理的服务设立一个单独的实体机构。

此类负责管理博物馆事业的政府垂直管理部门或半官方机构为博物馆提供了诸多支持与帮助，它们对博物馆的管理也达到了较高的专业水准。许多机构对考古遗址、建筑遗产保护和博物馆负有广泛的责任。有些已经建立了认证或注册项目，这些项目有助于鼓励或要求博物馆理事会确保其机构达到专业标准；另一些，如德国的国家博物馆管理局聘请顾问为博物馆提供技术支持。大多数负责拨款的官员的任务是保证公共资金在其所管辖的博物馆中得到高效利用。

其他政府机构，如位于渥太华的加拿大文化遗产信息网络和加拿大文物保护研究所，已经在各自的学科领域中建立了国际公认的标准。一些独立组织，如英国的博物馆信息记录协会和美国的盖蒂文物保护研究所，也积极参与了一些重要的博物馆研究和相关标准的制定，其影响跨越了国界。以历史建筑为场馆的博物馆更加关注如何达到由本国或其他国家的国家信托机构或公园管理部门制定的标准，以及各国政府之间关于保护历史遗址的国际协定。联合国教科文组织（UNESCO）为管理世界遗产地等机制制定了多项国际标准，是相关国际标准的另一个来源。

正如第 2.5 节所述，近年来，许多面临财政限制的政府已经采取行动，让博物馆在获取资金方面拥有更多的自主权。一些以前免费开放的博物馆发现有必要收取门票，而另一些博物馆，如英国国家博物馆，为了实现免费开放，并推动社会更具包容性，政府对其给予了额外的补贴。由于政府资助模式的变化，许多博物馆不得不将目光投向商店、餐饮和租赁业务，更多地寻求私营部门的捐助或赞助。此类过渡阶段的管理工作往往非常具有挑战性，如果博物馆与所有相关政府保持着积极的关系，便能更加有效地应对此类挑战。在某些情况下，各级政府（如城市公园管理部门）可以提供非金钱性质的重要帮助，如提供场馆和维护人员。

另一个需要长期关注的问题是政府对博物馆扩建或改建的态度。随着藏品数量不断增加，博物馆需要更多的空间，为了保持专业的水准，博物馆也需要对设施进行升级。政界人士和政府官员可能会警惕这种趋势，尤其是在财政紧缩时期。然而，在失业高峰期，尤其是在长期存在就业问题的地区，以负责任的方式将博物馆或历史遗址开发为文化旅游景点可能是一种政治上的权宜之计，也可能成为一项由政府大力支持的有意义的举措。

如第 2.5 节所述的多个案例中，博物馆已成为政府改变社区形象和经济基础的一项坚定不移的举措。除了经常被引用的毕尔巴鄂、格拉斯哥和曼彻斯特案例，北加莱海峡地区政府也一直期待在法国北部的朗斯建立卢浮宫分馆。在著名的毕尔巴鄂案例中，毕尔巴鄂古根海姆博物馆的成功促使该地区政府有意愿进一步支持当地艺术博物馆的扩建和改建项目。

在世界范围内，博物馆和政府紧密相连，这一点显而易见，明智的博物馆管理者会密切关注与政府的关系。不过各地的博物馆都会因此在展览、出版物和其他项目中难以保持独立的观点，只是差异的大小因国家而异。尊重专业标准，同时与世界各地的各级政府保持良好关系，需要伟大领导者的基本素质——勇气。

3.1.5.2 其他博物馆和博物馆协会

博物馆并不像私营部门的景点那样具有直接竞争力，因为很大一部分观众也会参观同一地区或其他地方的类似或相关主题的博物馆。但是，即使这些博物馆在同一市场中的任务相关或重叠，博物馆之间也不会相互竞争，反而可以激发观众产生更大的兴趣，吸引他们参加活动。

因此，博物馆可以通过与其他博物馆的合作获得诸多益处。合作方式包括与类似主题博物馆建立合作关系，或出于营销目的与主题完全不同的博物馆结对，以吸引更广泛的观众。例如，军事或交通博物馆与附近的装饰艺术博物馆建立营销合作关系，双方为彼此的观众提供优惠门票，以扩大各自的市场。许多城市或地区的博物馆和其他景点联合起来，组建了营销联盟。在美国弗吉尼亚州的里士满和俄亥俄州的克利夫兰，当地的博物馆建立了文化合作组织，旨在通过联合采购物资或共享专业员工来寻求节省开支的方法。

与其他机构互换展览或通过地区性组织（如区域博物馆协会或不同城市的科学中心和儿童博物馆群体）共享展览是博物馆之间开展长期合作的一种方式。位于纽约的所罗门·R. 古根海姆基金会引领先河，为了共享展览在世界各地建立了博物馆，并与它们分享全部馆藏。继此之后，一个由九家法国博物馆组成的联盟与阿拉伯联合酋长国的阿布扎比建立了长期合作关系，卢浮宫和法国其他国家博物馆的藏品将在阿布扎比轮流展出，该计划将持续20多年,阿布扎比卢浮宫也借机建立了自己的收藏。在英国,泰特美术馆除了在伦敦拥有两处馆址外,还在利物浦和圣艾夫斯设立了分馆,以便更多的人能够欣赏到它的藏品。

许多博物馆和博物馆专业人员通过博物馆协会与其兄弟机构建立了联系。这些国家级和地区级的专业协会都对博物馆专业化发展起到了重要的推动作用。协会举办的会议以及发行的出版物是其成员(无论是机构会员还是个人会员),参与培训和获得专业发展的最重要手段。例如,美国博物馆协会建立了专业认证或注册项目,有效地提升了机构和个人的专业水准。

国际博物馆协会具有全球影响力,在一些国家和地区,国际博物馆协会的国家委员会扮演着与博物馆协会类似的角色。对于其他国家来说,国际博物馆协会的国际专业委员会,例如藏品保护专委会(ICC)或交通和通信博物馆委员会(IATM),是与相关专业人士或机构联系的重要纽带。国际博协三年一度的大会、其下属国际专业委员会的年度会议、旗下期刊《国际博物馆》及许多专业委员会的时事通讯,对于许多人来说都是该行业的重要资源。国际博协制定的道德准则和指南也为许多国家和地区的专业实践提供了支持。

有些国家仅派少数代表而不是招募整个行业的会员参会,使得国际博协的影响力发挥有限。让国际博协的会员制度变得更加民主,利用其出版物鼓励更多的人加入专业委员会,加强国家或地区博物馆协会的支持,以上措施对这些国家博物馆行业的长期发展具有重要意义。博物馆的专业发展离不开这些行业组织,它们召开的会议和出版的刊物提供了一个展示和讨论共同关切的平台,同时推动了博物馆界年轻会员的职业发展。

3.1.5.3 教育机构

教育服务一向是博物馆机构职责的重要组成部分,政府有时也会认为这是博物馆的使命。因此,博物馆与各级学校的关系是其机构背景的另一个重要方面,需要灵活管理。博物馆和学校可以展开多种多样的合作。例如,从事博物馆研究或藏品研究的教授可以在博物馆和学校交叉任职。又如，博物馆与当地学校的理事会签订合约，在整个学年内为学生团体提供一定数量的导览参观服务，同时获得固定额度的补贴费用。一些博物馆发现与学校达成"分时段"参观协议大有裨益，博物馆可以每天早上只对学生团体开放，用于学校的教学。博物馆也可以参与教师培训项目，为精心组织学生团体参观活动的教师进行表彰。

在与教育机构建立关系时，博物馆馆长或教育部主任都应该牢记：学校是正式教育的首选场所，而博物馆是非正式教育的绝佳场所。保持这种职责的区分有助于确保双方都尽其所能，而不需要考虑谁要取代谁的问题。

3.1.5.4　专业协会和基金会

博物馆的研究项目，如田野考古活动，有时源自它们与大学的合作关系。博物馆可以与昆虫学会或当地历史协会等专业兴趣组一起合作开发项目，还可以与广泛的群体，如当地童子军、文化或语言少数群体协会等，一起开发公共项目。各级尽职尽责的博物馆管理人员应通过与各种社区组织密切合作，不断扩展博物馆服务的边界。

在某些情况下，此类合作在筹款方面可能具有重要意义，与有特殊利益的基金会的合作尤其如此。比如，盖蒂基金会、古尔本基安基金会等机构有专门针对博物馆的项目，而另一些基金会设定的更广泛的教育或研究目标，博物馆也能帮忙达成。博物馆管理人员需要一直关注与其相关的国家或国际基金会合作的前景。有了国际基金会的帮助，地方博物馆无法完成的项目也可能会实现。

3.1.5.5　旅游业

由于如今博物馆不得不更多地依靠自身力量发展，许多博物馆对旅游业产生了更大的兴趣。旅游业在世纪之交成为世界上最大的产业之一，文化旅游也愈加活力迸发，博物馆必须充分利用其作为旅游景点的优势。在某些对游客来说吸引力不大的地区，即使博物馆规模较小，也可以充分发挥作用，延长游客在该地区的逗留时间，馆长应该抓住机会向政商界领袖传达博物馆在旅游业中的潜在或实际价值。

因此，博物馆与旅游业之间的合作对双方都至关重要。总的来说，包括博物馆在内的文化机构的员工对文化领域的旅游市场并不了解，与旅游运营商难以相容。事实上，博物馆和其他文化景点可能需要依赖运营商生存，这一点连运营商也没有意识到。博物馆应尽可能主动弥合这一差距，学会与旅游运营商展开互惠互利的合作。

旅游存在多种动机，比如探亲访友、运动、商务或购物，但文化旅游往往具有最强的动机，并且很容易与其他任何一种或所有动机结合起来。因此，对于博物馆而言，寻求与旅游业融合的方式非常重要。比如，博物馆可为游客提供优惠门票，或者为办理酒店入住的旅客发放博物馆商店的折扣券，包括游客在内的所有人都可以使用。

许多具有责任感的旅游景点中心正在践行可持续旅游这一重要理念。它源自这样一种认识：旅游业可能对旅游景点的核心资源造成破坏，这一点在一些著名的历史或考古遗址处已经被认证。对酒店、餐厅或其他从旅游业中获益的企业征收专门税，并将这些税收直接提供给负责保护遗产的人，是旅游业和文化遗产部门可以合作的一种方式，这种方式能确保旅游业成为真正的可再生资源产业。

3.1.5.6 私营部门

旅游业只是当今博物馆管理人员感兴趣的私营部门中的领域之一。博物馆会员项目通常还包括企业会员资格，博物馆鼓励企业加入，以获得员工免费入场、博物馆商店折扣和会议空间租金减免等优惠。博物馆通常会在入口处的牌匾上标示合作企业，对其与博物馆的合作关系予以认可。

私营部门是博物馆获得捐赠或赞助最重要的来源。向私营部门寻求资助的博物馆需要制定一份赞助政策，确保博物馆的学术标准和客观性不会为赞助商的利益而妥协。例如，接受商业赞助的科学中心举办关于健康食品选择的展览，展览内容可能会对消费者的选择造成影响。如果博物馆在一开始就向所有人清晰地阐述了赞助政策，并使其得到大家的理解，那么赞助就可以发挥重要作用，使展览、出版物或其他原本无法尝试的项目成为可能。

赞助并不一定要数额巨大。例如，加拿大西部的一家公共美术馆成功开发了一项展览赞助项目，吸引了一些当地的小型专业公司。这些公司每年仅支付少量的费用就可以在美术馆举办一系列展览，它们往往积极参与并选择对公司管理层有吸引力的展览，借助展览开幕式扩大知名度，并借此机会结识艺术家。

博物馆的理事和专业人员必须确保公众的利益得到持续保障，因此与私营部门合作对他们来说可能是一个挑战。但是，这种合作关系可以让博物馆直接参与社区的经济发展，为博物馆提供新的机遇。例如，如果当地经济发展的重点是为电信行业提供就业机会，当地的历史博物馆就可以举办有关该地区通信行业发展史的展览，而当地科学中心可以举办有关电信原理的教育和互动展，这两个展览都可以获得行业的赞助。伦敦的科学博物馆在英国钢铁行业的赞助下，在全国范围内推出了以制造业中使用的新旧材料为主题的系列展览，跨度长达十年。在适当政策的规范下，博物馆可以找到与私营部门合作为公众利益服务的方法。

公私合作是私营部门与博物馆等公共机构之间实现合作的最优形式，但这种合作有时看起来虚无缥缈。例如，英国利兹的皇家军械博物馆分馆成立之初前景渺茫，他们希望私营部门的合作伙伴能找到办法使其成为一项颇具前景的项目。房地产开发和博物馆之间的合作往往更为成功，开发商为博物馆提供场馆，并投入大量资本，以期获得地方政府的规划许可或者常规规划制度之外建造公寓、酒店或办公楼的许可。这种合作通常由地方政府促成和监督。博物馆对人们的生活质量和地产价值做出了实实在在的贡献，作为对其贡献的认可，博物馆应每年从商业开发中获得资助。此类合作的关键之处在于，私营部门想要获得在周边地块开发利润丰厚的房产项目的权利，除了项目初期投入，还必须确保以每年支付或捐赠基金的形式承担博物馆的运营成本。

3.1.5.7　利益共同体

前面我们已讨论了博物馆与其他组织或公司的关系，但是博物馆管理层也需要了解他们与更加广泛、难以定义的群体之间的实际或潜在关系，这些群体可统称为"利益共同体"。一些专题博物馆往往与这类群体关系密切，如美国国家帆船名人堂与游艇爱好者社群、铁路博物馆与火车爱好者。但事实上，所有博物馆都与利益共同体存在联系，它们之间可以开展互惠互利的合作。对于地方的历史博物馆来说，它们的利益共同体就在馆门口，也有一些地区因为发生过具有全国乃至全世界影响力的历史事件，利益共同体的范围被极大地扩展了。艺术博物馆因其主题在全世界范围内拥有相同的利益共同体，但也可以专注于其中某些特定领域，例如野生动物艺术或亚洲艺术。民族学、考古学和人类学博物馆与其利益共同体之间的关系特别重要，它们的利益共同体还包括为其贡献藏品的来源社区。正如华盛顿的美国印第安人国家博物馆与美洲原住民有着紧密的联系一样，阿德莱德的南澳大利亚博物馆与其原住民社区也有着密切的服务关系。

如第 2.5 节所述，公民社会博物馆的出现使得博物馆与其利益共同体建立合作关系变得尤为重要。由于博物馆需要依赖广泛的公共和私人资金来源，获取当地乃至全球的利益共同体的重视不可或缺。博物馆有意识地培养这些关系可能会卓有成效。例如，一家拥有西海岸北美印第安人文物收藏的博物馆可能会首先与这些收藏来源社区所在的现代国家建立合作关系，通过这种关系，博物馆可以与世界各地的原住民建立更广泛的合作，如将毛利人及其手工艺品从新西兰引入国际展览或研究项目。

3.1.6 会议、会议、会议

"这个会议有必要吗？"美国一家大型博物馆的馆长承认，她每周至少要参加 13 场会议，从年度大会到每月的理事会会议和员工会议、博物馆工作组会议，再到那些似乎没完没了的内外部委员会会议。她最终养成了放权的习惯，但这些会议真的有必要吗？

十几名员工或理事聚在某个会议室，花费两个小时讨论，我们可以计算下这个会议需要博物馆承担的直接成本（以人时为单位），同时计算参会者因会议耽误实现其他功能的机会成本。当前电子邮件、语音邮件和数字化公告板带来的影响已经在某种程度上削弱了会议在机构运作中的权威，因为我们都已经习惯了非同步的通信方式。电话会议和视频会议也会降低面对面会议频率。到 21 世纪末，我们很可能会回顾上一个以面对面会议为主的时代，但当下我们仅限于在无法见面的情况下召开线上会议，因为面对面的沟通与团队商讨必不可少。

第 2.3.2.3 节已经阐明了博物馆管理常设委员会和特定项目工作组的重要性。它们使人们为实现机构的目标而共同努力，因此定期召开会议非常必要。管理层的工作是通过使用议程和会议记录之类的简单工具来确保会议富有成效，如果召开的是电话或视频会议，这些工具就显得更为重要。

会议组织者应邀请所有与会者在会议之前参与议程的制定。曾经有一位馆长组织会议时，发现只有他在制定议程，而所有与会者都在等待他的决定，他便取消了后续所有会议。会议的目的是分享观点并对共同目标群策群力，因此这种合作应从制定议程开始，并贯穿整个真正参与性的讨论过程。

为了防止延时，也考虑到会议带来的巨大的机会成本，会议组织者应为每项议程约定时间，主持人必须让会议按计划进行，应在会议刚开始就与所有与会者核实时间的分配，会议期间仅在多数人同意的情况下进行调整。

会议记录最好由会议记录员保存，并在页边空白处标注分配给个人或团体的工作任务。如果这些任务都指向同一个人，很明显会议没有必要召开，该员工的工作量也需要重新考量。会议纪要应在会议后 48 小时内分发，并允许在接下来的 48 小时内进行更正，以便会议决议可以顺利实施，会议上达成的协议可以成为未来行动的基础。会议纪录应被视为一种规划和管理工具，而不是被动的信息收集。应在下次举行会议时或会议之前阅读会议纪录，指出要解决的基本问题。

3.1.7　沟通

会议是博物馆可以利用的沟通方式之一。在第 3.1.4 节中，我们已经强调了另一种方式的重要性，即定期报告。一般来说，博物馆管理者必须不断关注正式和非正式的沟通方式。

3.1.7.1　正式沟通

与博物馆管理有关人员的正式沟通存在三种不同层级：

- 通知；

- 协商；
- 委派。

在做决策时，博物馆管理者必须明确要向谁来通知该决策。例如，延长展期的决定，或者仅为举办夜场活动开放博物馆的决定，这些决定肯定需要通知安保人员，可能还需要通知餐饮、票务和商店员工。博物馆管理中常犯的一个错误就是，未能及时通知所有与决策相关的人员，这也是那些被迫承担后果的人经常抱怨的事情。通知不应随意撰写，应在博物馆管理系统中进行正式说明，正式的通知必须注明日期和时间，并由相关的博物馆管理人员签字署名。

协商是一种更高层级的正式沟通，因为它涉及某次会议的机会成本，也可以是意见人士提供的某种形式的书面意见。在进行决策时，博物馆管理者必须确定该决定是否已经通知到所有应该参会的人员，或者是否应该在决策实施之前与那些相关人员进行协商。如果值得进行协商，管理者必须展开真正的协商，倾听并采纳被咨询者的想法。另一个博物馆管理会犯的错误就是制造协商的假象，而实际真正的目的只是通知。这种不听取别人意见的做法不仅让人感到侮辱，导致员工产生不满情绪，同时也浪费了时间，当管理层真的想倾听员工意见时就后悔莫及了。

决策对机构的价值越大，花在协商上的时间就应该越多。一个重大的决策，如取消门票费用，可能需要长达数月的协商讨论；而向商店增加新产品的决策，可能只需要相关的藏品研究员与零售经理讨论半小时。无论哪种情况，协商都不应随意进行，应做到事先通知，让各方人员有意识地参与进来。

委派可能是最重要的一种正式沟通方式，因为它与博物馆功能的实现最直接相关。与其他正式沟通方式一样，它不应随意进行，委派人必须明确告知被委派任务的员工。假装成委派，或者委派的内容传达不到位，都是许多困扰博物馆员工的沟通问题的产生根源。委派人和被委派人均应坚持将委派行为记录下来，以明确委派责任的范围和限制。

3.1.7.2 非正式沟通

除非博物馆的机构文化鼓励一种健康的非正式沟通氛围，否则以谨小慎微的方式进行通知、协商和委派可能是远远不够的。而这涉及对创造性倾听技巧的认识，人们应首先将倾听理解为一种主动的尝试，而非被动的努力。包括理事和志愿者在内的各级员工都应认识到，互相倾听是一项创造性的工作。人们可以采取一种验证倾听效果的方法，即询问对方"我刚刚听你说的是……"，以这种方式来验证自己是否理解了对方的意图。只有最开始说话的人证实对方所听到的就是他/她想要表达的内容，我们才能确认这种沟通是有效的。

即便通知、协商和委派等工作井然有序，机构内也形成了有效倾听的风气，对博物馆的管理来说也还不够。博物馆想要建立一个卓有成效的管理文化，更重要的是对激励的关注。博物馆管理者应该确定与某政策或程序有关的所有人员，在执行工作任务时是否受到足够的激励。尊重每一位相关人员，尊重具体的行动或程序与机构的长期目标之间的联系，对于激励那些积极的员工全心全意完成工作必不可少。

最重要的是，博物馆应充分激发个人的创造力，尤其应该尊重藏品研究员和其他策划展览、教育、出版物、媒体和专题活动的人员，以及参与这些项目的营销人员的创新需求。规划、政策和程序必须发挥促进创造力的作用，而不是扼杀它。有效的博物馆管理者应该确保博物馆的沟通文化对原创性的想法持欢迎态度，并努力找到实现这些原创性想法的途径，而不是探寻不能实现的理由。**鼓励创造力**是博物馆管理的第九大标准，也是最重要的一个标准。

标准9 有效的博物馆管理尊重并支持理事、员工和志愿者为博物馆存在的问题提供创造性的解决方案，并对博物馆的发展机会给予创造性的反馈。

3.1.7.3 电子邮箱

与其他领域一样，电子邮件彻底改变了博物馆行业正式和非正式的沟通方式。即使在同一间办公室里相邻而坐的工作人员也发现通过电子邮件记录他们之间的沟通情况很有用，特别是他们可以使用抄送功能将这些邮件转发给其他人。我们随时都可以查收邮件，工作时间也因此延长。无论我们身在何处，即便在地球的另一边度假或参加会议，都能立即收到邮件，这让人喜忧参半。在过去，若信件中出现了错误，需要发件人重新签署信件并邮寄出去才能纠正，如今在收件人还未察觉时，一封又一封的更正或证明信件早已发给了相关人员。

博物馆应将电子邮件协议作为其机构文化的一部分。在按下"回复所有人"的自动按钮之前，发件人应检查原发送列表中的每个人是否都需要知道回复的信息。如果某封电子邮件同时提到或与其他多人相关，而发件人仅向一个人发送或回复信件时，收件人就必须转发该信件，实际上发件人本可以将原信件同时发送给所有相关人员。

博物馆特有的版权、知识产权和法律问题，以及保存或删除邮件的要求应在电子邮件协议中进行说明。协议中还应明确发件人应根据何种方法判断哪些信件需要打印并保存纸质版。这些细节方面的考虑在藏品征集、合同谈判和对外事务方面尤为重要。

3.2 藏品管理

藏品是博物馆的决定性属性，藏品管理是所有博物馆运营工作的核心，以审慎的态度增加馆藏是发展博物馆最富有成效的方式。从长远来看，记录藏品的完整信息并给予妥善保管，是评估博物馆是否管理得当的基本标准，因为博物馆能否为当今和未来的公众提供有意义的体验取决于其是否对藏品及相关信息进行了有效保管。

本节将探讨藏品研究员（curator or keeper[1]）的职责，回顾藏品政策的组成部分以及藏品发展战略形成的步骤，随后将讨论藏品保管问题——藏品信息记录和藏品保护。

3.2.1 藏品研究员的职责

近年来，关于藏品研究员的职责时常会产生一些争论，最初是由博

---

[1] keeper直译为管理员、保管员，这一称谓最初是指收藏艺术品、文物的人，某些欧洲博物馆沿用至今，有时甚至指代高级藏品研究人员，在此处一并译为藏品研究员。——译注

物馆从以藏品研究员为领导的机构变为功能更广的管理机构所致，本书在第二章中对这一变化进行了描述。随着博物馆对公共项目和观众服务日益重视，展览和其他活动也需要其他专业学科和研究部门的员工提供意见，这一趋势变得愈加明显。

然而，由于展览和其他公共项目与服务更加强调以观众为中心，藏品研究员的职责不需要、也不应该被边缘化。相反，21世纪的博物馆想要成功地履行其公共使命，藏品研究员就必须充分发挥其职责。

鉴赏力是藏品研究员的主要任职要求，鉴赏工作也是该职位的主要业务活动。无论是软体动物、莫奈的画作还是木乃伊，想要对某类藏品深入了解，都离不开观察、辨别和鉴别的能力，特别是鉴别。在科学、军事或交通博物馆，鉴赏力的重要性并不亚于其对艺术或集邮收藏的意义。一位学者可能学识渊博，但不一定能成为一名好的藏品研究员。藏品研究员不仅仅是一名研究人员，这一职位并不像学者那样专注于书面证据，而是从艺术品、文物、标本或该学科的档案文件中寻求知识。

合格的藏品研究员会将鉴赏力应用于博物馆藏品征集的任务中。而这种活动会受到市场需求、博物馆征集预算以及藏品现状等限制。大部分情况下，藏品研究员都是从前辈手上接管藏品，他们若想要成功地征集藏品，不仅需要发挥巧思妙想，还应具有奉献精神、耐心、机遇以及对资源详细完备的了解。

为了提升藏品征集的工作能力，藏品研究员需花时间研究潜在的征集对象、计划展览的主题，以及博物馆想要开展的出版项目或用于媒体制作的知识库。藏品研究员可以在自己的办公室、博物馆下属的图书馆、私人美术馆或艺术家工作室开展研究，也可以实地考察或参观国外其他博物馆和私人收藏。藏品研究员总是在孜孜不倦地追求研究目标，最常见的抱怨就是时间不够用。

在案例研究3.2中，纽约国际摄影中心主任威利斯·E.哈茨霍恩提出，藏品研究员的职责是博物馆实现有效管理的关键因素。该案例研究清晰地展示了该博物馆将公共项目的重点放在学术、研究和出版物上，获得了长期的回报，他们对该展览项目实施了严格的要求，最终成就了高质量的展览，取得了成功。

案例研究3.2　藏品研究员在博物馆管理中的声音
威利斯·E. 哈茨霍恩

摄影师康奈尔·卡帕（Cornell Capa）于1974年创建了纽约国际摄影中心。卡帕是匈牙利移民，因第二次世界大战离开了家乡，随后成为《生活》杂志的一名成功的摄影师。在那里，他看到了建立一家致力于摄影的机构的必要性，并开始着手进行。他的目标是建立一个中心，而不是一座博物馆。他觉得博物馆是装满了发霉死物的地方，而他想要的是一个在当下充满活力的场所。作为著名的战争摄影家罗伯特·卡帕（Robert Capa）的兄弟，他一直从事新闻摄影和纪实摄影。他相信摄影可以影响社会变革，这一理念深刻地影响了国际摄影中心的展览和藏品政策。

图3.2A　纽约国际摄影中心内景
图片由诺曼·麦克格拉斯（Norman Mcgrath）和威利斯·E. 哈茨霍恩提供

国际摄影中心成立之初就遭遇了经济上的挑战，对项目产生了直接影响。理论上，轮换展览可以增加门票收入，而摄影中心的展览每六周轮换一次，每期通常举办两个展览。藏品研究员需要利用有限的资源和时间制作高质量的展览，对他们来说，这项工作任务繁重且充满挑战。随着机构不断发展成熟以及摄影史的学术标准不断完善，这种工作方式变得越来越不被人接受。

1994年卡帕退休后，我接任馆长。在国际摄影中心担任藏品研究员的十年中，我敏锐地意识到，为展览和藏品项目获取资助仍然是最大的

图3.2B 罗伯特·卡帕的装置作品《这是战争：工作中的罗伯特·卡帕》
图片由约翰·贝伦斯（John Berens）拍摄

挑战。与此同时，我们的工作也面临着越来越激烈的竞争，纽约市的其他机构也开始收藏和展出摄影作品，如惠特尼[1]和古根海姆，现代艺术博物馆和大都会艺术博物馆更是拓展业务范围，把摄影视为一项长期发展的业务。尽管我们只是一家小机构，也必须将摄影项目向那些规模更大、资金更充足的机构看齐。增大对研究的投入，提高项目质量，是我们保持与时俱进的唯一方法。如果我们不这样做，国际摄影中心将永远无法达到生存所需标准，更不用说进一步发展了。

为了应对这一挑战，我们需要加大对员工的投入，并确保他们获得学术研究和外出考察所需的资源，以及举办学术展览的准备时间。三年内，我们的全职藏品研究员数量翻了一番，增加至4人，还增加了3名助理藏品研究员以及适量的辅助员工。我们很幸运地聘请了业内享有盛誉的藏品研究员，他们多年来相互了解、彼此尊重，并且具有独立的观点，对当代和历史摄影实践的不同方面有着浓厚的兴趣。作为战略规划过程的一部分，我们展开了一系列对话，一个新的项目也逐渐成形。该项目既尊重创始人对新闻摄影的承诺，又涵盖了摄影的多重历史，它不仅从艺术史，还从文化史、商业、世界大事与政治的角度考察媒介。这个

---

1 惠特尼美国艺术博物馆——译注

项目明确了摄影中心的愿景和方向，其影响最终将辐射到机构的所有部门，尤其是我们的高等教育项目和与藏品研究员密切合作的教职员工。

作为馆长，我所做的最具野心的决定就是利用该项目吸引筹款。如果展览研究成果丰富，那么该项目自然会获得应有的资助，这仿佛是千锤百炼的真理。按照以往经验，外方资助对于展览是否举办并不能起决定性作用，我们不一定要筹措到必备的资金，有时也可以依赖其他机构或外部藏品研究员的展览。虽然在项目之初资金仍然是我们最大的挑战，但它对方案决策的影响有限。

为了给藏品研究员工提供展览研究的时间，同时给发展部员工提供寻求资助的时间，我们减少了展览的数量，延长了单个展览的展期，将过去常规的每年举办4个展览改为3个。我们曾担心参观人数、商店销售额和媒体报道量会出现下滑，但这些都没有发生。我们发起了每两周一次的会议，一次讨论筹款，另一次讨论项目的情况，这些会议促进了发展、研究、教育和市场部员工之间的交流。

随着展览研究的不断深入，评论越来越多，人们对展览表现出了持续的热情，理事会也为这些活动和员工深感自豪。这个项目随后也收到了私人捐助以及一些捐赠作品，展览与藏品委员会也参与了进来，同时吸引了越来越多的正规藏家，这也给理事会带来了更多的发展前景。

在此期间，由于机构搬迁，我们还开展了一项大型筹款宣传活动。

图3.2C 弗朗西斯科·托雷斯的装置作品《黑暗是我们的安眠处》
图片由约翰·贝伦斯拍摄

> 在机构转型期间，仍将重点放在这些项目上是一件较为困难的事情，但似乎又非常重要。有些机构因为搬迁和扩建的压力，新展陈的效果不尽如人意，也是常见的现象。我们可以同时处理好机构发展过程中两个方面的问题，两者相互助益，这是我们的巨大优势。
>
> 在理事们和藏品研究员的大力支持下，我们启动了一个出版项目，每年出版6本图书，确保每个大型展览都会出版一本图录。我们开始向公众出售以藏品为基础的出版物，以此拓展产品范围。更为重要的是，图录保存了藏品研究员和摄影师的作品，有助于我们了解摄影史的相关知识，让那些无法到场的观众也可以了解展览内容。出版物还有助于提升机构在国际上的影响力，这一点引起了理事会的关注。
>
> 项目的质量决定了机构的水准。展览和出版物尤其如此，因为它们面向最广大的公众，既可以让机构赢得声誉，也可以让机构名声尽失。不论之前举办了多少优秀展览，只要出现一个糟糕的展览就前功尽弃。国际摄影中心一直以来注重对藏品研究人员的投入，这关系着机构是否能够实现一个更大的战略目标——成为一家更具活力、影响力和国际知名度的机构。若所有工作人员都能意识到我们所开展的活动正在为行业做出巨大的贡献，将有助于增强员工和理事会的士气，同时也能提升机构的声誉。

研究可以为所有博物馆项目提供无形的动力。如果研究工作做得不充分，内容不准确，轻则误导其他工作，重则造成严重后果。征集藏品时研究不够深入，会导致博物馆购入不相关或不重要的藏品，或者更为糟糕，买到了复制品或赝品。最为复杂的高科技多媒体项目也取决于博物馆研究的质量和范围——其中有些项目只是将藏品数据库转换成了公众可以访问的形式而已。

尽管藏品研究员肩负的职责要求他们持续关注博物馆在研究方面的需求，但是为了完成工作任务，他们不得不想出了各种"挤时间"的办法：

■ 一种策略是重点关注某个相对狭窄、甚至艰深的研究项目，此项目和博物馆的项目没有关联，甚至和藏品也无关。藏品研究员可以利用这种办法在博物馆实现其公共功能方面发挥最小作用，他们有时会在与博物馆出版项目无关的学术期刊上发表研究成果。

■ 另一种相反的策略是深度参与博物馆的公共项目，为了给展览项目提供支持，藏品研究员不得不忙于应付一个又一个研究主题。对这些藏品研究员来说，为藏品征集相关研究工作找点时间都比较困难，而频繁变换展览主题，研究工作就只能敷衍了事。

上述两种极端做法都不可取，也不必如此。明智的博物馆管理解决方案可以通过制定研究政策和鼓励制定研究规划为藏品研究提供长期的支持。

博物馆研究政策应包含以下内容：

■ 研究政策应明确博物馆将致力于与其使命和任务相关的研究。

■ 博物馆应承诺提供与其预算和相关资源相匹配的人员、时间、图书馆、差旅费及其他资源，以开展有效的研究工作。

■ 研究政策可能会根据研究员是否获得相应资助来分配某些资源，如实地考察活动。政策应说明博物馆所承担责任的范围和限制，同时鼓励研究员发挥个人作用。

■ 研究政策不应仅关注藏品研究员的研究工作，还应要求其他员工（如藏品保护员、教育专员）从事相关研究工作。

■ 研究政策应说明博物馆向馆外研究人员开放使用馆内设施的规范，无论他们是研究藏品的访问学者还是准备撰写论文的中学生。

■ 研究政策应阐明博物馆在版权和知识产权方面的立场，应对在工作时间所做的研究和员工个人独立承担的研究成果进行区分。

■ 最为重要的一点，研究政策应坚持博物馆资助的所有研究，包括理论研究，最终都与博物馆的藏品或项目相关，并且这些研究必须被纳入每名研究员研究规划的执行内容。

由博物馆员工根据研究政策制定的研究规划应具有以下特点：

■ 研究规划应由所有想要申请博物馆研究项目资助的员工（不仅仅是藏品研究员）共同制定。

■ 研究规划应说明研究计划与博物馆藏品信息记录或公共项目之间的关系。

■ 研究规划应包含完成研究的时间框架。

■ 研究规划应每年制定一次，时间框架可以月或年为单位。

■ 研究规划应由研究员起草，再由分管事业部的副馆长审核，最后由博物馆首席执行官（通常为馆长）批准。

同时制定研究政策和研究规划的价值在于，博物馆管理层在考虑改变研究方向时，可适当考虑改变其限定的研究时限所带来的长期影响。例如，如果馆长决定明年策划一个新展览，建议某位藏品研究员承担相应内容的研究工作，那么这位藏品研究员应查看他/她的研究规划，思考研究方向的改变会给之前已商定的研究规划的目标和进度带来何种影响，判断这一改变是否有利于博物馆的长期利益，然后做出回应。又如，如果藏品研究员提出的研究规划与博物馆的藏品信息记录或公共项目的需求无甚关联，可能只是基于他/她的个人兴趣，那么负责藏品管理事业部的副馆长或馆长可以与该藏品研究员共同调整研究方向，从而给机构带来更大的利益。

由于藏品研究工作是博物馆其他运营业务的核心，建立一套健全的研究政策和研究规划体系作为藏品研究员在藏品管理和公共项目活动中的基础职责，显得尤为重要。忽视这一领域（很遗憾这一点相当普遍），等于浪费了博物馆最宝贵的人力资源，即员工的专业技能，将会导致博物馆的运营效率极其低下。一旦有了合适的政策和规划，就可以让藏品研究员在博物馆的各项运营工作中承担责任，发挥创新作用，使得机构可以充分利用他们的专业成果。

鉴于藏品发展的重要性，许多博物馆理事会任命其成员组建藏品征集委员会。征集委员会与相关藏品研究员的会谈，将有助于引导理事们根据博物馆的藏品发展战略对该馆进行捐赠或馈赠。由于藏品征集活动最终会导致运营成本增加，也会提高对场馆空间和设施的要求，因此对于那些超过一定采购金额的重大藏品征集活动，藏品征集委员会应提供推荐方案。藏品征集委员会应有权批准一定金额以内的藏品采购计划，但在这一金额以上，藏品征集委员会的建议必须提交给全体理事会进行审批。我们不推荐给予藏品委员会过多的权力，因为他们会不可避免地干扰到博物馆的日常运营工作，而这部分工作应是藏品研究员的职责。

3.2.2　藏品政策

博物馆藏品管理的主要工具应是其藏品政策，有时称为藏品管理政策。

藏品政策文件应解决以下问题：

■ 藏品政策应声明，博物馆承诺将藏品作为一种公共信托来保管，将无限期尽心尽责地保护藏品。藏品作为公共信托的地位意味着，公众将藏品托付给博物馆理事和员工保管，理事和员工有责任保管和展示藏品以供公众学习和欣赏。

■ 明确藏品与博物馆的使命和任务相关的范围和限制。通常情况下，藏品政策会明确藏品的起始日期（如果是历史类藏品）、地涉及的理范围（如果相关），以及材料（比如陶瓷或玻璃）。

■ 为收藏目标做定性的说明。比如，艺术类收藏仅限于杰出的作品，自然科学类收藏可能追求全面或系统，而历史类收藏主要针对特定时期的代表性样本。一些历史类收藏主要瞄准与重大事件或重要人物有关的特殊物品，另一些则重点收藏特定时代与地区的典型物品。以遗产建筑为馆址的博物馆的收藏可能仅限于那些在该建筑中实际使用过的物品，或者将范围扩大至那些曾被使用过的同类物品。藏品政策还可确定文物是否必须制作于特定的地区或时代，或仅在该地区或该时期使用过，或两者兼而有之。自然历史类收藏想要更加系统化，就必须进一步明确是否每个物种收藏一件样本，还是需要收藏明确的模式标本[1]或者物种每一发展阶段的样本。

■ 明确藏品收录的具体标准。除了上述关于藏品范围和品质的一般描述外，还应明确以下特定要求：

— 尺寸；
— 已证实原真性；
— 确定的来源；
— 无限制权利的法律问题；
— 该博物馆是否拥有修复和维护该藏品的资源，使其达到可以展示的条件。

■ 不同征集费用等级的藏品需要得到不同级别的研究员、藏品征集委员会的批准，有些甚至需要藏品征集委员会向理事会提交建议以获得批

---

[1] 模式标本（type specimens）指分类学家于新物种命名发表时，对其形态特征描述时所依据的标本，又称具名模式标本。——译注

准，这些内容都应在文件中予以明确。

■ 制定藏品分类标准。例如，与博物馆主题相关的原始文件、磁带和其他媒介可归入博物馆的档案，但是仅因为包含了其他藏品信息而被收藏的印刷材料或其他媒体材料可以存放在博物馆的图书馆，以备后续查询。

■ 明确经过批准的藏品征集方法，可包括赠与、遗赠、购买、田野考察、其他博物馆的寄存，以及政府项目或负责文化财产保护的机构进行的征集。

■ 明确博物馆对藏品所有权的立场，包括捐赠（赠与协议）和购买（提供收据）。通常，藏品政策不接受"带附加条件"的赠与，要求捐赠必须完成全部转让，捐赠人对博物馆使用藏品不应提出任何限制。

■ 阐明博物馆关于捐赠藏品的税收减免政策。政策应符合博物馆所在国家或省（州）的法律要求，明确由谁来确定评估结果（不是藏品研究员，而是独立的评估员），以及博物馆在何种情况下可以提供税收减免的收据（如果博物馆有资格提供）。

■ 博物馆及其理事会关于藏品征集的道德承诺。例如遵守国际公约、国家法律的承诺，包括关于原居民文化物品的政策和将有关物品归还原属地的相关政策。理事或员工在个人收藏活动（如第二章所述）出现潜在利益冲突时应遵循多项道德准则，这些准则也应该包含在藏品政策中。

■ 根据不同的收藏目的将藏品进行分类。收藏目的通常包括：

— 为展览和阐释目的而征集的展示藏品；

— 为比较或分析研究而征集的研究藏品（比如博物馆挖掘的考古碎片、灵神罐中的动物标本）；

— 储备藏品，包括待分配给前两类的藏品，用于实践教育活动的复制品或次品，以及即将被除藏的物品。

藏品政策应说明展示藏品和研究藏品将永久保存，而部分储备藏品可能不会永久保存。某些博物馆征集了未来可能成为文物的当代藏品，而这些藏品现今价格便宜且数量充足，博物馆可以长时间保存这些物件（比如 20 年），之后将它们移至展览或研究中，也可以除藏。储备藏品有时可能是博物馆暂时不需要但不得不接受的捐赠物品，而同批捐赠中还含有其他可以用于展示或研究的物品。如果可能的话，应说服捐赠者只提供博物馆所需；但是当捐赠者要求"要么全要，要么全不要"（all or nothing）时，博物馆将不需要的物品归入储备藏品这种做法更简易方便（只要就这一点向捐赠者做出解释，并写进捐赠协议即可），这样博物馆就不需要对不合要求的物品做出长期保管的承诺。实践教育活动中用到的物品，可被视为一种储备藏品，经过多次使用后会出现磨损，因此最终也难以长久保存。这就是为什么藏品政策既声明博物馆将长期保管展示和研究藏品，同时又允许储备藏品被除藏的原因。

■ 博物馆有关除藏的政策应作为藏品管理的一种方法纳入藏品政策。尽管有些人会反对将其纳入，但是制定完善的政策远比假装博物馆永远不需要处理无用之物要好得多。藏品政策中的除藏部分应清晰地阐明，除藏仅限于储备藏品中的物品。一般来说博物馆是为了无限期地保存而收藏物品，因此除藏应被视为特例。国际博物馆协会和许多国家的博物馆协会都发表了关于除藏的谨慎声明。例如，国际博物馆协会发布的《职业道德准则》中规定："业内应强烈反对那些对已获得正式所有权的标本进行除藏的行为。"

藏品政策应列出考虑除藏的标准，包括：
—— 与博物馆任务不匹配的物品；
—— 被发现是伪造的物品；
—— 通过非法或不道德手段获取的物品；
—— 应归还或退回原属地的物品；
—— 比近期获得的样本低劣的复制品；
—— 修复起来性价比不高的物品。

藏品政策应详细说明除藏步骤，并提出以下规范：
—— 只有藏品研究员可以发起除藏；
—— 必须完整记录除藏过程以及依据藏品政策进行除藏的原因；
—— 博物馆必须保留与除藏物品有关的信息；
—— 馆长应全程参与除藏的审批程序，同时理事会需要对此保持关注。

藏品政策应提出除藏物品的处理办法，备选方案如下：

——列出一系列的"优先决定权",好让该物品仍保留在公共领域,如果可以的话,保留在该国、省(州)、市或县内;

　　——藏品销毁只能由藏品研究员在馆长的见证下完成,并且记录下来;

　　——若出售藏品,除藏所获的收入仅能用于新的藏品征集或藏品保护项目,不得挪作他用。

■ 博物馆的借展政策应纳入藏品政策。博物馆会长期借展或寄存其他博物馆和收藏机构的藏品,也会为了临时展览进行短期的借展(包括借入和借出),应对这两种情况进行区别:

　　——长期借入展品的相关条款是为了将潜在的长期借展人发展为捐赠者,条款甚至可能进一步规定完全禁止向个人长期借展,同时承认为其他收藏机构或博物馆保存藏品的可能性(这些机构受其自身藏品政策的限制,只能长期寄存藏品)。

　　——短期向外借展通常需要明确采用何种审批程序(比如大部分物品由藏品登记员和藏品研究员审批,有些需要由馆长或理事会审批,还有一些永远不能出借),同时规定博物馆只能将藏品出借给能够提供同等环境、安保和保险条件的机构,要求借入机构填写达标的设施评估表格,并在所有装箱和拆箱节点提供藏品状况报告。这一政策还可能要求配备押运员护送借展品,以监管其布展与撤展。

■ 博物馆的估价政策通常对藏品研究员来说是一种保护,特别是涉及潜在捐赠的税收减免的情况下。藏品研究员偶尔会给出一定的市场参考价,但其他地方的出价可能会更高。

■ 藏品管理政策一般应包括藏品信息记录的程序,内容涵盖从藏品入馆(馆方在考量是否收藏某件物品时,可能出具一个临时收据)到为每件物品进行系统编号并编写信息字段的全部流程,以及捐赠协议或收据的要求,为多件物品同批登记入册的程序,登记员记录藏品移动、借展、从库房到展柜再运回库房等信息的职责。这些宽泛的内容足以证明制定单独的信息记录政策也是合理之举(见第 3.2.4 节)。

■ 藏品管理政策通常还涉及藏品保护的内容,每新入藏一件物品都需提交一份藏品状况报告。该物品被博物馆保管的整个生命周期内,博物馆都要对藏品状况报告进行保管，任何对该物品的处理都要记录下来。本节还提出，博物馆在征集该物品之前应听取藏品保护员的建议，以确保该物品满足博物馆的要求，可以达到展示的条件，或只需稍稍修复就可以达到展示的状态。该政策应说明博物馆藏品保护的短期目标，比如，其目标是仅以最佳方案延缓物品状况的恶化，还是将其恢复到之前某个特定的状态？与藏品信息记录政策类似，规模较大的博物馆可能会发现制定一项单独且相关联的藏品保护政策更为可取（见第 3.2.5 节）。

■ 博物馆对其藏品安全的承诺应该写入藏品管理政策。该政策的安保部分应包含风险管理策略，列出藏品可能会受到的威胁以及博物馆的应对措施。例如，承诺为藏品库房配备 2 小时防火墙和防火门，明确博物馆将其藏品置于喷洒器下的条件（在馆或借展期间），或规定可以进入藏品库房和处理藏品的员工级别。

■ 保险条款是藏品管理政策的重要组成部分。一些国家的政府博物馆对其藏品自主投保，另一些国家则提供保障计划。该计划规定，政府将承担所有损坏或损失费用，使得博物馆举办国际巡展的保险费用可以低于预先商定的价格，但前提是该机构具备参加计划的资格。更为常见的做法是，在政策中明确影响藏品的保险范围和条件，包括第三方责任、损失或损坏的赔偿减扣额度、库存要求，以及博物馆记录保险价值的程序，并定期对该程序进行评估和调整，与保险公司沟通当前的保险价值。

藏品政策应对外公开，馆长在与潜在的捐赠者或卖家进行商务谈判时可以引用该文件。该文件可以用来婉拒那些潜在的长期借展人、"要么全要，要么全不要"捐赠者，以及那些好心帮忙但提供的捐赠或馈赠不符合博物馆任务的理事。在博物馆内，该文件还可以作为组织原则加以利用。例如，博物馆利用该组织原则让所有的物品都物尽其用，将其合理划分为展示、研究或储备藏品。

3.2.3 藏品发展战略

藏品工作耗费了一座博物馆三分之二的运营预算，并使博物馆产生了对大型空间和设施的长期需求，这些最终会产生扩建和基础建设的成本。因此，博物馆藏品的发展是该机构管理中的一个重要问题，也是藏品发展战略所关注的问题。

藏品发展战略由藏品研究员咨询登录员和藏品保护员后起草，经馆长和理事会最终批准。藏品发展战略的开篇应对藏品进行定性分析。美学评估可能对艺术类的藏品具有价值，但是以博物馆规划和管理为目的的藏品定性分析并不会关注此类评估。相反，藏品定性分析应首先明确以下特征：

- 藏品的范围；
- 藏品的国际、国家或地区意义；
- 藏品中的优秀作品；
- 藏品的代表性或系统性；
- 藏品的独特性。

尽管藏品定性分析可能受到单纯的可用性（sheer availability）、博物馆征集预算和其他因素的制约，但博物馆进行分析时，还是应继续考虑通过藏品征集来增强藏品的潜力，因为藏品发展战略的定性分析是为了预测藏品预期的增长轨迹——我们要向哪儿发展，以及我们如何知道何时达成目标（如果能够达成目标的话）。例如，西格蒙德·弗洛伊德博物馆通过定性分析预测到，他们很难再征集到与其主题相关的文物了，而一座当代艺术博物馆可能认为其藏品发展轨迹可以无限增长，但为了更好地规划和管理，博物馆还是应对藏品进行定性分析。定性分析应设定博物馆的收藏范围，以及在迈向目标范围过程中需要重点关注的定性指标。

其后，藏品发展战略应展开定量分析，具体包括：

- 统计现有藏品的总数和所有相关分类的藏品数量，如藏品部门、文物类型、时代、材质（对规划保护需求很重要）、已登录和已编目物品的占比，以及使用目的（展示、研究和储备）等类别。
- 尽可能从博物馆建馆初期开始计算藏品数量的增长情况，而不仅仅是增加的数字，然后再计算相同类别的藏品数量增长情况，以及年均和近期的藏品增长率，不要以出错率较高的百分比计算，而是用入藏物品的实际数量进行计算。
- 计算当前展示藏品与库房藏品的数量比（由藏品部门提供），如果数值不是十分理想，藏品研究部门应提出一个更合适的比率。
- 计算当前库房藏品的密度，即库房内每平方米的藏品数，或者每件藏品所占的平方米，这些数值应考虑藏品（火车头或邮票）的相对尺寸。如果库房现在过于拥挤，应根据藏品的类型或材质以及登录员和藏品保护员的建议提出一个更合适的密度值。

■ 当前展示藏品的密度，也是指展厅内每平方米的藏品数，或者每件藏品所占的平方米，应根据该展厅的主要展示模式（如第 3.3.1.1 节所述，美学、主题、环境、系统性、互动类或实践类）来确定适用于常设展厅的密度值。

博物馆需要确定一个藏品发展战略实现的设计年，通常是未来的 20 年或 25 年，如果超出这个时间，预测结果往往不准。任何预计会影响藏品从现在到设计年之间增长的因素都应记录下来，例如预期的遗赠、聘请额外的藏品研究员或者成立一个新的藏品研究部门，同时还应量化这些因素对现有藏品增长率的影响。许多藏品研究员发现，此类数据的预测困难重重，但事实上，过去的增长率很可能预示着未来的平均水平，无论条件如何，都可根据过去的经验进行预测和评估。对过去的数据进行调整后，藏品研究员就可以预测设计年期间藏品总数以及每个类别的增长率（同样应计算实际的物品数量，而不是百分比）。

接下来需要确定的变量就是最优的展示藏品与库房藏品数量比以及二者的密度。为了预测这些数据，馆长和藏品研究员必须在咨询藏品保护员、展览部职员和设计师（有时是博物馆规划顾问）后，选择最适宜的展示模式（见第 3.3.1.1 节）：

■ 艺术类藏品的美学展示，一般密度较低，比如绘画和雕塑的展厅会给观众预留足够的欣赏距离。

■ 主题展示让藏品与情景交融，以整体展示的方式对藏品进行阐释，展示密度可能更大。

■ 环境展示（比如带有家具的历史展厅）会在每平方米的面积内布置更多的展品。

■ 系统性展示，如可视化库房，展示藏品的密度最高，通常只比储藏类似材质物品的封闭仓库的密度低三分之一。

由于博物馆的藏品规模和展览性质千差万别，每家博物馆都必须找到适合自身的展示密度，可以考虑为了让公众看到更多的藏品，增加部分密度更高的展示模式（如为合适的藏品建可视化库房）。总展示空间可以按百分比分配，比如百分之几的展厅用于美学展示，百分之几的展厅用于主题展示。

当下制定的藏品发展战略可以根据商定的增长率、展示藏品与库房藏品数量比以及展示模式对博物馆的空间和设施需求进行远期预测，甚至可以预测设计年阶段的情况。藏品发展战略还应预测藏品总量、库房藏品数量，以及每种展示模式下的展示藏品数量。预测的目标并不是为了得到完全正确的结果，而是要了解依照现有或预计的速度发展藏品会带来何种影响，衡量监控藏品数量有何重要意义，从而在量化指导方针的范围内实现博物馆定性的优先发展事项。如果在博物馆现有资源或预测的增长能力范围内，藏品发展战略的结果是能被接受的，那么这些结果可以作为总体规划的基础；如果不能接受，则有必要调整预期，或者改变藏品征集的速度，调整展览计划。例如，如果未来20年藏品数量预计会增长40%，而现在展出的藏品仅为5%，那么20年后，即便博物馆进行了扩建，其藏品展出率也很难保持在5%；当然，如果博物馆在20年内完成扩建，展出藏品比例也可能提高。

目前，许多博物馆都在考虑增强公众对藏品的可及性，因此对展览计划进行限制并不可取，恰恰相反，应通过使用现代技术而不是仅依靠增加展陈空间来增强可及性。不仅如此，藏品研究员也可以利用藏品发展战略的结果预测藏品发展存在的局限。

上述限制条件不应被视为不容违背的铁律，而应将其视为有用的指导方针，博物馆可以此为基础规划空间和设施的发展，预测未来的基础建设和运营资金需求。藏品发展战略应回顾其初始定性分析，并将这些指导方针转化为藏品发展的优先事项。博物馆还应鼓励藏品研究员在该战略制定的量化指导方针范围内关注商定的定性优先事项。

然而，博物馆必须保持对机会的开放态度。在面临藏品发展的重大机遇时，博物馆也可以允许甚至鼓励某个部门忽略指导方针的要求。藏品发展战略的目的并不是抑制这种创造性的增长，而是确保博物馆在相当了解并经过了深思熟虑的情况下，做出有关藏品征集项目的决策，让机构能够继续以专业的方式征集藏品。

3.2.4 信息管理

信息曾被定义为"减少不确定性的某种事物"。对博物馆来说，藏品的意义、状态或影响等信息存在不确定性会导致藏品价值的损失，博物馆必须对其了如指掌，才能以展览、出版等方式向公众传播。因此，信息的留存和管理是所有博物馆关注的中心议题。

在英国的博物馆中，博物馆藏品信息记录曾是藏品研究员的一项重要职责。在美国，登录员已经发展成为管理藏品信息数据库的专职人员，尽管这些信息可能来源于藏品研究员。近年来，一些大型的英国博物馆也发现聘请一名登录员是明智之举。这一变化反映了博物馆信息记录和管理工作的范围变广，也变得更加复杂。那些没有设置登录员职位的博物馆，可能会由藏品研究员或藏品研究助理承担上述任务，在本节中我们假定博物馆都有一名登录员。

考虑到博物馆向公众传播藏品信息的承诺，对博物馆来说，藏品信息的管理在很多方面和藏品本身的管理一样重要。不仅如此，某件藏品的信息记录除非可以和那件藏品的位置关联起来，否则这些信息的用途也十分有限。所以，博物馆藏品信息记录内容不仅仅包括登录或编目信息，还包括馆藏所有物品的位置和移动信息。除了通过编撰记录和为相关人士提供记录访问权限来管理藏品信息外，登录员还应负责博物馆库房、借展及借展期间的保险，并且必须参与所有展览的规划。

还有人甚至认为博物馆本质上就是信息传播的机构。虽然"物"在博物馆中的首要地位无可争辩，但一些新的现象逐渐出现：博物馆需要将过去的手写档案录入电脑，将自动数据（包括图像）进行数字化处理，向员工和公众开放数据访问，数据库与博物馆内的其他信息系统进行关联也变得可能，数据库作为博物馆内部和机构之间共享信息的重要手段被广泛应用……这些现象反映了博物馆需要一个更为综合的信息管理方法，而藏品信息记录是其中的一个重要方面。在一些博物馆，传播部门的主管负责博物馆所有形式的信息传播工作，包括口头传播、书面传播和数字传播。

表3.2列举了博物馆管理的信息内容以及直接负责的管理人员。

表3.2　信息管理

信息资源	管理人员
征集藏品的登录	登录员
藏品目录	登录员
藏品管理记录	登录员
摄影底片和数字化文件	摄影师
博物馆图书馆的目录	图书管理员
档案	档案管理员
藏品状况报告和处理记录	首席藏品保护员
建筑系统记录	建筑经理
票务记录	观众服务部主任
会员记录	会员经理
筹款和发展记录	发展部主任
现有账户和财务记录	财务部主任
展览发展时间表	展览部主任
学校团体参观	教育部主任
数字出版文件	出版经理
互动和多媒体项目	视听技术员
电脑展示控制	视听技术员
评估记录	评估干事
人事记录	人事经理
志愿者招募和评估记录	志愿者协调员
办公自动化	首席文员
办公室内部通信	首席文员

　　这份表格显示了信息规划的必要性，以及跨部门和小组统筹信息规划所带来的益处。比如，票务记录可以为会员项目、筹款活动和志愿者招募活动提供联系人邮箱列表，而负责多媒体的人可能需要将一组藏品的条目转录入为某个可视化库房展览准备的观众友好型数据库。除了负责管理的主管外，许多用户都需要使用这些信息系统，包括从事藏品编目研究的藏品研究员，以及为公众提供交互与多媒体项目访问的员工。博物馆意识到这一点后，很快便发现他们越来越需要利用信息管理来协调不同的参与人

员。显然，工作组（见第 2.3.2.3 节）也需要协调信息管理，登录员在关注藏品信息记录的同时，在这些团队中发挥着主导作用。同样，传播部门主管也可以发挥重要的领导和协调作用。

第一版《博物馆管理手册》中，我们重点关注了机构之间进行数字化合作的可能性，指出博物馆之间以及博物馆内部进行信息分享可以带来很多机遇。《史密森学会未来委员会 1995 年报告》号召博物馆界成为"建立此类全球计算机联动的领导者"。从此以后，世界各地的博物馆开始把所有藏品或者部分重要藏品的数据和图片发布在它们的网站上，让每个浏览网站的人都可以进行线上访问。

如今，博物馆数字工作强调为观众和全球用户提供数字化信息。观众用他们的手机拍摄博物馆展品及其说明牌的照片，而在几年前他们只能从印刷的图录中获得这些信息。博物馆会定期推出虚拟展览，作为大型实体展的一部分或者独立存在。博物馆数字活动也吸引了数百万的用户，与线下前来参观的成千上万的观众形成互补之势。

博物馆需要将阐释性材料进行改编并将其与新的媒介相结合，因此，博物馆工作人员必须具备技术素养。博物馆可以把这些媒介作为吸引观众参与、推广博物馆项目的重要平台。例如：

■ 为藏品研究员的电脑直接链接一些数字化的功能，以进行实时内容更新；

■ 通过先进的观众反应射频技术提供互动机会；

■ 泰特英国美术馆的导览详细介绍了常设展览的内容，目前该馆已开发了语音版本，可为视障人士提供服务；

■ 观众在参观中可以选择一些藏品图片，为其添加电子"书签"，参观之后他们可以通过下载、打印、给自己发送邮件的方式获取图片；

■ 下载带有阐释内容和访谈的播客节目。

这些技术的发展都在不断影响着博物馆的信息系统。一些博物馆的登录员可能几年前就已经将卡片目录和登记簿转为计算机数据库，而有些博物馆正准备这样做。无论处在信息自动化的哪种阶段，博物馆都需要制定完善的信息政策和信息系统规划。

博物馆的信息政策应包含以下内容：

- 信息政策首先应该关注机构内部和员工拥有的所有类型信息的知识产权，包括口语、书面、出版、数字和广播节目。

- 信息政策应说明博物馆管理层使用数据库，或以其他方式传播博物馆信息（尤其是图像）的方向。图像等信息的数字化已经改变了我们对"复制品"（reproduction）或"仿制品"（replication）概念的理解。该政策应解决博物馆开放部分数据库所带来的一系列实际问题，以及明确如何对此类数据的开放进行管理。扩大公众的接触面可以带来机遇，也存在许多风险，比如误用图片、版权问题、当下或未来潜在的收入，这些问题也都应在政策中予以解决。在世的艺术家可能对某些信息或图片提出权益要求，这给当代艺术博物馆带来了非常严峻的挑战。

- 信息政策应声明博物馆将致力于准确全面地记录其藏品的信息，以容易读取的形式永久保留所有相关信息，并在适当情况下供观众获取。价格和保险价值类特定信息应予以保密，但其他大部分信息应为学者以及感兴趣的普通公众提供访问渠道，包括非观众进行线上访问的渠道。藏品知识的性质发生了改变，它们不再是藏品研究员和登录员的专利，而应面向所有公众，藏品知识出版和传播的性质也因此发生了根本性的改变。

- 随着技术、立法和国际信息流趋势的发展，信息政策也可能需要随之进行调整。

在制定了令人满意（至少现阶段满意）的信息政策后，博物馆应制定一项信息系统规划，这项工作可能需要该领域专家的协助。在完成战略规划或总体规划活动，并明确博物馆的所有功能和优先事项后，博物馆才可以制定一项最有效的信息系统规划：

- 制定信息系统规划应从列出所有与信息相关的功能开始（如表3.2中所列清单，但应按优先顺序排列）。

- 然后确定系统在短期内可以有效整合哪些部分，以确保系统尽可能地实现必要的兼容，使其在未来搭建更多的链接。设计信息系统模型时，应以图表的形式显示当前的任务和随后的信息流，以及对这些模式的改进要求。此处可能会涉及软件程序的合并。

- 接下来，可在一些专家顾问的支持下，列出信息系统的功能要求，以这些要求为指南制定硬件和软件说明。

■ 培训、发展和资金的成本也必须计算，尽管我们不应低估硬件或软件公司的赞助潜力，但规划还是必须根据实际参数进行调整。

有了合适的信息政策和信息系统规划后，登录员需要升级藏品信息记录程序手册，以确保手册与整个系统兼容。一般来说，程序手册对登录和编目都非常重要。除了为新入藏物品制定完善的记录所涉及的步骤外，这些手册必须为负责编目的员工和数据录入员等使用人员提供非常明确的指引。藏品信息记录程序手册中应至少包含以下步骤：

■ 在一个安全、可以永久保存的文件夹中录入物品的身份信息、来源和历史条目；

■ 为物品及其档案进行编号；

■ 对入藏物品的来源进行确认；

■ 有捐赠协议或收据作为依据的正式产权转让；

■ 将该物品纳入博物馆的保险范围；

■ 藏品保护员提供初始藏品状况报告；

■ 记录该物品的初始存放位置。

尽管博物馆界采用了多种多样的登录系统，但如今大部分的博物馆在登录新入藏物品时都采用所谓的"三段式"编号系统（每段以点隔开）。这一系统包括：

■ 第一段用三位数来表示入藏年份，比如 2009 年为 009；

■ 第二段用一个数字表示该藏品当年入藏的批次，所以 009.13 表示在 2009 年入藏的第 13 批物品；

■ 第三段再用一个数字表示该藏品是那一批入藏物品中的第几件，所以 009.13.4 表示 2009 年第 13 批入藏的第 4 件物品；

■ 如有需要的话，用一个小写字母表示物品的某个部件，所以如果 009.13.4a 表示某个茶壶的壶身，那么 009.13.4b 可能指的是这个茶壶的盖子。

人们发现，这种与任何物品类别无关的编号系统在应对各种不同类型的藏品管理方面最为方便。但有些藏品类别需要参考其他约定俗成的做法。比如，邮票有专门的国际登录系统，而考古类藏品需要将考古发现与通用的地理位置坐标参考系统进行关联。许多自然历史类藏品的收藏机构认为，最好按照属和种对自然类藏品进行记录和组织。硬币则最好按照国家、统治者、材质、面额和日期进行分类。各种物品分类的基础概念仍在不断发展，任何系统都应包容不断更新的变化。虽然还有一些类型的物品沿用着一套现在仍旧可行的旧系统，但事实证明，基于艺术史分期的信息管理系统并不好用，因为这一分期的依据不断受到学科本身的质疑和修订。

可以用标签将编号贴在一些非常小的物品，或者那些所有外表面都具有同等美学欣赏价值的物品上。还可以将没有漂白过的棉质标签隐蔽地缝制在服装上。对大多数物品来说，可以在底座或类似不显眼的地方用丙酮涂层打底的变色墨水写上编号。藏品保护员建议打底涂层应包含20%的丙烯酸树酯（Paraloid B72）溶液，因此涂写编号的场地必须有足够的通风设施，以确保工作人员的安全。藏品信息记录程序手册应详细说明编号的步骤，并根据馆藏物品的类型推荐合适的标注位置，使编号位置统一。条形码是一种更为持久的标记物品的方法，如今在博物馆得到了越来越多的应用。

藏品信息记录程序手册也应参考博物馆的位置跟踪法。这一过程应从藏品入库登录时开始，并且每件物品不管何时编目或是否会被编目，它在博物馆储藏期间的全部记录都应被保留。手册须确定谁可以在库房中移动物品，这些人员移动物品时必须依照哪些程序，以确保其他人后续能够找到这些物品。为了便于查询，所有储藏和展示地点都应编码。手册应为借展提供一个经批准的物品出库信息记录程序，这项程序必须经过安保人员和藏品管理人员的核准。

坚持位置跟踪的良好做法是成功完成藏品清点工作的重要保障，这项工作同样对安保和藏品管理至关重要。隶属政府垂直管理部门的博物馆可能需要满足审计师对其馆藏清点的要求。但是所有博物馆都应对全部馆藏进行定期、轮流的清点工作，即便是大型物品也应该至少每隔几年检查一次。保险政策也可要求定期清点馆藏。

编目是一项比登录涵盖范围更广的记录程序，许多不断更新登录信息的博物馆积压了大量编目工作。登录一般仅记录有限的几个数据字段，比如物品的名字和功能、来源和出处、出土地点和日期、材质以及一段简短的描述，而编目是为了记录该物品与本馆、其他馆以及全世界收藏的物品相关联的完整意义。虽然登录员和数据录入员在登录某件物品时会听取藏品研究员的意见，但从根本上来说，编撰条目应是藏品研究员的工作。编目还应包括对相关文献和复制品的引用，对于相同类别的物品来说，大部分参考资料可能已经形成了标准化的内容。编制一份完整的藏品目录是博物馆的主要责任，这项工作不应由于赶制临时展览或有了更多征集新藏品的机会而就此搁置下来。

藏品记录的数字化常能使人发现博物馆目录中鲜为人知的缺陷。早期人们录入数据时曾尝试将完整的目录输入电脑，试图记录有限数量物品的完整信息。他们的经验表明，只要系统允许后续继续添加信息，为大批量物品仅录入几个关键字段的登录做法效率更高。登录记录和最终完整的目录可以通过这种方式整合在一个自动化系统中。

用来记录博物馆物品的命名法（nomeclature）本身已成为一门重要的学科，特别是当计算机词语搜索程序为包括藏品研究员、访问学者、学龄儿童在内的每个人带来了资源获取的便利后，这一趋势愈加明显。例如，从国际范围内对术语进行标准化管理将帮助全球用户顺畅地访问全世界数量日渐庞大的藏品数据库，这些术语不仅包括技术术语，还包括类似颜色参考标准的其他术语。一些学科（如自然科学）已经沿袭了按属和种分类等惯例，而其他学科仍处于发展阶段。英国谢菲尔德大学1983年出版的《社会历史与工业分类》可能对此类藏品有所帮助。在美国，由美国州和地方历史协会在1988年出版的《博物馆编目命名法（修订版）》（以琴霍尔的早期版本为基础）几乎被广泛用于文物藏品的编目，但是有些澳大利亚博物馆认为有必要为其历史藏品制定自己的定名标准。

许多博物馆为登录员设计了软件程序。一些博物馆继续沿用了多年前开发的系统，后来在获取图像能力或为公众提供访问方面遇到困难，不得不重新转换。虽然不能依靠等待理想的软件或系统升级来解决问题，但是登录员或藏品研究员应在专家顾问的建议下，系统性地制定信息系统规划，尽可能将所有规范都被考虑在内，还应承诺提供最好的系统，或者倾向于开发一个满足博物馆需求且能与尽可能多的其他软件相兼容的特别程序。比如，对亚洲的艺术与考古类藏品来说，计算机程序对非字母语言的兼容能力也非常重要。

将手写的藏品记录输入计算机里曾是一项劳动密集型工作。一家大型英国博物馆的报告称，一名经过培训的工作人员每小时仅能录入1000字的卡片或账簿条目。此类数据条目的录入几乎总需要将原始记录转为计算机所要求的格式。如今，将数据从一个计算机程序合并或转移至另一个程序已没有太多阻碍，至少不需要那么多工时。尽管许多大型机构已经基本完成了这项工作，但仍有数量众多的小型博物馆和发展中国家的博物馆仍未完成。

将影像进行数字化是博物馆档案升级的又一个重要步骤。在很多情况下，这项工作需要对所有藏品进行重新拍摄，但博物馆的藏品信息记录系统和向博物馆公众进行藏品阐释等工作往往会因此受益，这充分证明了此项举措的合理性。数字摄像技术的发展使得博物馆图像处理工作更为高效，为博物馆各项工作带来了便利。为了优化文字和图像数据的使用，博物馆需要开发数字资产管理程序。

为公众访问藏品信息记录而开发的应用软件数量不断增长。可视化库房也变得更具吸引力，一个简易版的键盘或触摸屏显示器就可以让感兴趣的观众访问博物馆展品的全部（或者说几乎是全部的）编目信息。在那些情境化或纯艺术性展览中，相比说明牌或说明图表，这种方式为观众提供的信息量要大得多。多媒体应用可以让编目数据"活起来"，让对主题了解程度深浅不一的各类观众都能有不错的体验。虚拟展览为全世界成千上万的用户提供了访问数字图像和信息的机会，他们之中的许多人可能从未亲身参观过博物馆。

博物馆藏品信息记录和信息系统有着光明的前景。近年来，博物馆在这一领域发生了广泛和迅速的改变，预计变化的步伐还将持续下去。信息系统为博物馆的知识库及其用户提供了一个令人兴奋的接口。一些观众用手机将展览中的语音解说、音乐或图片带回了家，另一些人则用手机在展厅中抓拍了无数的个人记忆。博物馆正在定期策划并推出虚拟展览，以作为部分大型展览项目的补充。博物馆作为公共机构的本质正在发生改变，人们想要看见"真实事物"的渴望也在迅速增长。随着数字信息时代进一步发展，博物馆管理者必须充分了解并意识到多重机遇正在出现。

3.2.5 藏品管理

博物馆藏品的保存需要为藏品无限期地提供安全保障（见第 3.4.2.3 节）和保护，本节将主要探讨保护这一主题。博物馆完整的保护工作应包含：

- 预防性保护；
- 调查和处理；
- 修复；
- 保护研究。

此外，为博物馆举办展览准备展品及布展，是博物馆展览准备员的工作，应与藏品保护员的工作紧密结合起来。

3.2.5.1 预防性保护

作为公共文化机构的博物馆希望让藏品更多地与公众见面，因此藏品保护员的职责就是保护博物馆的藏品，并尽可能延缓其原始材质的任何变化。藏品保护员的理想就是将藏品一直存放在一个恒温恒湿且没有光线的黑色盒子里，但是为了满足观众和想要不时研究藏品的员工的需求，藏品保护员必须做出让步。藏品保护政策应为实现这一目标建立长期的定性标准，特别是在预防性保护措施方面。

在过去的几十年里，藏品保护员越来越多地将工作重点从对物品的处理转移到，通过尽可能长期地维持良好的保存条件防止物品状况恶化上来。预防性保护是一门应用科学，旨在提供一种可以最大限度地预防公共博物馆藏品恶化的环境。它主要关注以下几个关键因素：

- 温度和相对湿度；
- 空气过滤；
- 光线；
- 虫害；
- 操作方法；
- 应急处理。

温度与相对湿度：这两个气候因素密切相关。相对湿度（RH）是指在相同温度条件下样本空气与水饱和空气的绝对湿度的比率，以百分比表示。有机材料会响应温度和相对湿度的波动，特别是后者。持续的波动会导致有机材料性能下降。纺织品、纸张、皮革和木材这些博物馆藏品中常见的物品材质，极易受到这种影响，有机和无机材料混合材质的物品更是会因此受损。如果相对湿度较高，持续时间又较长，还会产生金属腐蚀和霉菌滋生的危害。

如第3.4.2.1节所述，温带地区许多博物馆收藏的有机或混合材料藏品的环境条件标准通常是白天室内相对湿度50%，波动幅度5%，全年温度为20℃或21℃（68—70°F），冬季温度波动幅度0.5℃，夏季温度可每月上调0.5℃，达到22℃或24℃（72—75°F）。对于为经受此类环境，特别是温带海洋性气候而新建的建筑来说，上述标准可能不会带来较大的问题；对于历史建筑或其他并不是为了维持上述标准而修建的建筑物而言，特别是那些处在大陆气候中的建筑，55%的相对湿度可能是它们可维持的最佳值，或者有必要将湿度从夏季的55%调至冬季的40%，每年春季和秋季将相对湿度的设定值按照每月5%的变化幅度进行调节，分3个月完成。如果工程师认为此类标准过于严格，或者博物馆认为维护成本过高，那么可以稍微放宽要求，比如一年中5%—10%的运营时间里可以允许更大的波动范围，剩下的时间则维持原有的标准。金属和纸质藏品要求较低的相对湿度，在40%左右；而来自热带地区的藏品可能具有较强的吸湿性能，其要求的相对湿度可以达到65%。

一旦博物馆就这些标准达成了一致，藏品保护员就有义务密切监测这些影响环境的因素，过去他们使用湿度计或温湿度计，但如今更常见的是通过计算机化的建筑管理系统以数字化的方式记录相对湿度和温度。博物馆应在所有楼层的展厅、商店以及大型展柜中安装监控器，以记录这些场地的环境变化数据，还应同期记录建筑外部以及那些采暖、通风和空调（HVAC）控制设备未覆盖的内部区域的环境变化数据，这些系统原本是为维持藏品环境而设计。在没有存放藏品的区域，应以工作人员的舒适为宜对温湿度进行调节。

博物馆的温湿度控制通常由管道式空气处理系统维护，该系统根据需要提供加热或冷却、加湿或除湿的空气。未经调节的置换空气通常保持在最低限度，建筑工程师必须设置隔热层，以及0.04—0.08伯姆（perms）的蒸汽屏障，防止水蒸气润湿隔热材料，同时还应设置空气屏障以阻止空气从内部泄漏到建筑物的结构中去。建筑结构如果有开窗，则应该安装三层玻璃，玻璃窗格之间的距离至少为 1.3 厘米；如果有天窗，则可在室外和展厅或库房之间设置一个缓冲区域。第 3.4 节说明了预防性保护的温湿度控制要求对建筑带来的一些挑战。

空气过滤：灰尘和空气污染是影响藏品状况的其他环境因素，位于工业区或交通拥堵区域的博物馆对此尤其深恶痛绝。幸运的是，我们可以通过合适的过滤器系统来解决这一问题。根据美国采暖、制冷与空调工程师协会比色效率测试章节（ASHRAE 测试 52—76）介绍，较为理想的情况是，首先采用效率为 25%—30% 的前置过滤器，然后采用效率为 40%—85% 的中效过滤器，以及 90%—95% 的后置过滤器。博物馆应将这组过滤器设置在合适的位置，使外部和再循环的内部空气都能通过它们过滤。不建议使用电子空气过滤器，因为它们产生的臭氧可能对藏品有害。对于气态污染物，标准测试的做法是将抛光的金属试片长时间放置在博物馆周围，然后对金属试片上形成的腐蚀物进行分析。活性炭过滤器是消除或减少空气污染的最佳选择。

光线：自然光或人造光导致的颜色劣变是藏品保护员关心的另一个问题。对于有素描和水彩画以及羽毛等光敏有机材料作品的展览，博物馆必须将光照强度调整为 50 勒克斯（lux）。对于油画、丙烯画以及其他对光中等敏感的藏品，推荐使用 150—200 勒克斯的光照强度，而陶瓷、玻璃、石材和大部分金属制品这种对光不大敏感的藏品的光照强度可放宽到 300 勒克斯，这就导致展陈中物体照明从最亮到最暗的对比度达到了 6∶1。建筑师和灯光设计师所面临的挑战不仅在于为某一材质的专门展厅保持上述照度值（如摄影展厅的照度值为 50 勒克斯），而且在许多情况下，有些展厅展出了多种材质的作品，他们还必须为这些展厅中并排放置的物品同时设定不同的照度。

光照时长是需要重点关注的问题之一。藏品保护员建议必要时将光敏物品撤下展线，以降低勒克斯小时数；针对那些展出纸质或纺织品的展览，应做好定期轮换展品的计划，并且仔细控制展品的光照时间。对于如纸质和纺织品等对光敏感度高、光照强度不超过 50 勒克斯的物品，藏品保护员建议将照度时数标准设置为最高 12 万勒克斯小时到最低 5 万勒克斯小时不等。泰特英国美术馆在其克洛尔馆展出特纳画作时，计划将年度光照时长限制在每年50万勒克斯小时，恒定光照强度为100勒克斯。

紫外线是另一个值得我们关注的问题。内置于荧光灯管或用作窗玻璃薄膜和薄片的紫外线滤光片，由于技术得到改进，最新的标准从之前的75微瓦每流明（μW/lm）降至10微瓦每流明以下。荧光灯管和白炽灯以及现在可选的光纤，为藏品保护员、藏品研究员和展览设计师提供了丰富的照明选择，尽管博物馆还需要考虑很多美学因素（如显色指数最低为85），但控制勒克斯和紫外线的预防性保护要求必须放在最重要的位置。

虫害：啮齿动物和昆虫类害虫也是藏品保护员的眼中钉。良好的内务管理是对抗它们的最佳措施。毒药和化学处理也很有效，但必须考虑它们可能会对藏品造成的影响，减少使用。过去，对新入藏物品进行熏蒸的做法在博物馆中很普遍，但由于存在操作风险，熏蒸的问题逐渐暴露，以致于后来许多地方要求操作员必须持证上岗。使用一氧化二氮等物质的缺氧隔离室是一种消除害虫的有效方法，并且毒性较小。

操作方法：负责预防性保护的藏品保护员应对所有会经手文物的员工进行培训。他们应制定操作规范手册，规定搬运、移动和安装的安全做法。比如，应规定除了少数类别的物品（如雕刻工艺复杂的漆器），处理其他所有文物时，都应使用未漂白的棉布或白手套；为了让物品支架保持完好，在设计处理和安装支架的相关技术方案时都应考虑到每件藏品及其内部材料的需求。手册应详细说明除尘或清洁程序以及负责此类工作的人员，还应明确博物馆车辆、货车和手推车的要求，确保在必要的时候铺上衬垫，以保护运输中的艺术品、文物、标本或档案材料。如果博物馆收藏了服装，那么手册应对这类藏品的储藏、展示和处理的程序进行具体且详细的说明。

应急处理：藏品保护员应与安保主管紧密协商，确保博物馆充分考量了藏品紧急程序所造成的影响。比如，藏品保护员应确认安装了合适型号的自动喷水灭火系统，且所有与藏品相关的人员充分理解并掌握操作方法。藏品保护员同样要关心的问题还有火灾、洪水、地震、飓风或龙卷风等。首席藏品保护员应是应急处理小组的成员。

3.2.5.2 调查和处理

尽管预防性保护获得了越来越多的关注，但是以保存为目的对博物馆藏品进行调查和处理仍然是博物馆藏品保护部门的一项重要工作。一般来说，藏品保护工作室是这项工作的主要场所，除非某些藏品体积太大，无法搬至此处。

调查和处理工作可从编写藏品状况报告开始。藏品出借或从库房搬至展厅前，必须提供状况报告。此外，藏品保护员会对藏品进行日常清洁、全面检查以及无害检测以确定合适的处理方法，有时处理的工序会延长。这些工作使用了多样化的技术手段，包括在"加热台"上更换衬布，以及把浸水的木材放入装有聚乙二醇的桶中浸泡数月乃至数年以达到保护目的。为了完成此类的检查和处理工作，保护实验室配置了非常专业的设备，并不断地进行技术升级，因此设备预算的分配是一个长期存在的问题。

一些大型的博物馆可能需要专业的实验室用于保管纸制品、绘画、金属制品、考古材料、浸水木材或其他类型的物品与材料。藏品储藏室也应按照材质进行管理，这样所有的纸制品都储藏在一起，所有的纺织品和金属制品都可以享有专门的相对湿度和温度的储存环境。

对上述检查和处理工作进行规划和管理是一项艰巨的任务，它需要在保持项目正常运转的同时对任务的优先级进行分配，而博物馆常常又面临着举办临时展览或借展的紧急需求。藏品保护处理规划应由首席藏品保护员起草，若要修改，则须与负责藏品管理的副馆长以及馆长或藏品研究员协商。只有这样，博物馆才能在举办展览和借展的压力与藏品处理的需求之间实现平衡。

有些藏品处理手段可能会给工作人员带来伤害。因此，实验室必须配备排气装置，以消除空气中的有害化学物质，而且博物馆的急救中心应毗邻实验室，并配备眼部清洗和淋浴设施，为有害物质喷溅或其他事故的发生做好相应准备。

3.2.5.3 修复

藏品保护处理重点关注藏品的保存，或者说至少延缓藏品的劣化，而博物馆藏品的修复则是为了将藏品恢复如初（或是人们想要的其他状态）。

修复工作通常是以展示为目的。博物馆需要制定修复策略，并精心设计修复程序手册以实现对修复活动的管理。

博物馆的修复策略应阐明其修复藏品的哲学意图。该策略还应明确说明，博物馆理当让观众可以看到原物品上的缺陷（可用中性颜色进行描绘），而不是试图遮掩或伪造缺失部位，让物品看起来似乎完整无缺。这一策略对保持藏品的完整性和赢得观众的信任来说非常重要，观众可以从中体会到博物馆修复这些器物时的良苦用心，让他们能够区分哪些部分是物品原有的，哪些部分是在藏品保护员的实验室修复过的。

当然，也存在一些特例和限定条件。如果该物品是一件正在重新组装的史前陶罐，未上漆的部分可表明博物馆在此处使用了一些黏合材料，这种修复策略很容易被人了解。但是如果一幅画作仅修复了相对较小的区域，其目的一般是尽可能地接近艺术家的本意和色调；如果一幅油画需要修复的面积较大，博物馆又想要观众发现画家原作上哪些部分已经无法辨认，只有在这种情况下藏品保护员才可以对这部分不做任何处理。如果是修复机器或修复沉船用于展示，修复策略可能会变得更加复杂。博物馆想要向观众清晰地传达哪一部分是物品原来的样子，哪一部分经过了修复，这时博物馆可以在负责任的基础上发挥一些想象力，具体问题具体分析。

大多数保护处理和修复策略共享的一个重要原则就是不做任何不可逆转的事情。这就要求博物馆对所有的处理操作进行详细的书面和拍摄记录，并提前了解必要时撤销或恢复操作的办法。

在交通博物馆、军事博物馆、农业博物馆与文化遗产村落中，志愿者经常参与修复工作。对这些机构来说，修复策略和程序手册尤为重要。这些志愿者有时会出于好意将车辆或机器"修复"成它们从来没有过的"干净"状态。修复程序手册应要求他们只能在专业人员的指导下，按照负责此事的藏品研究员或藏品保护员拟定的计划步骤实施此项工作。在志愿者参与的情况下，通过拍摄和文字记录修复过程中的每个步骤也是极为重要的。

3.2.5.4 保护研究

本书附录中的职位说明包含了藏品保护员和藏品保护科学家。一般只有大一点的博物馆才会设置藏品保护科学家这一职位专门负责藏品的保护研究。然而，藏品保护员可能也认为有必要将研究写入他们的职位说明。

在关于研究规划的讨论中（见第 3.2.1 节），我们发现藏品研究员、藏品保护员以及在博物馆从事研究工作的其他人都需要研究规划。因此，博物馆有必要要求藏品保护员或藏品保护科学家起草此类规划，并为每个项目设置完成时限。和藏品研究员一样，馆长或首席藏品保护员在安排展览日程或征集藏品时会因为不可避免的压力考虑调整工作方向，研究规划应在这种时候发挥重要的作用。规划会让所有相关人员注意到调整工作方向带来的影响，并就这种调整是否最符合博物馆的利益而共同做出决策。

藏品保护的研究，无论其方向是为展陈试验新材料，还是关注现代保护和修复技术，或是就藏品的材料和制作工艺展开调查，都是博物馆运营特别重要的方面之一。博物馆管理层应致力于确保藏品保护员有足够的时间、空间、设施和设备展开上述研究，并且将他们研究的成果公布，同时分享给其他博物馆和收藏机构。

博物馆应仔细规划研究需求，并咨询学术机构或其他博物馆从事相关工作的专家的意见。博物馆藏品保护员需要积极参与多个国际会议，订阅所有相关期刊，以确保他们能了解本学科最前沿的发展情况，而不是闭门造车。计算机国际藏品保护网络（ICN）和国际博物馆协会旗下的国际藏品保护专委会（ICC）是藏品保护科学家了解最新行业动态和与其他专业人士进行交流的两个重要平台。

3.2.5.5 展览制作

展览准备员（有时称为技术员）属于博物馆中相对而言被低估的专业群体之一。他们负责博物馆藏品的展览和出借，以及布展、撤展、将藏品归还库房等工作。他们的工作将藏品保护与相关公众业务连接了起来。博物馆应鼓励他们与藏品保护员密切合作，特别是确保展览或库房中使用的所有支架材料经过提前测试，或者是大家了解的安全材料。如果他们具备制作支架的能力，可为文物、标本或艺术品制作支架，同时博物馆给予他们时间来做这项高度专业化且十分重要的工作，他们就可以为博物馆节省不少的时间和资金。

3.3 公共项目管理

所有促进公众了解藏品并与藏品互动的活动都属于公共项目范畴，这些活动既丰富了观众的体验，提升了参观的趣味性并增进了观众对藏品的理解，也吸引了不少新观众和回头客。21世纪成功的公共项目管理有两个特点：观众响应度（visitor responsiveness）和创新性（creativity）。

观众响应度指出了博物馆项目的主要目的是服务大众这一基本事实。不同于教育机构通过提供课程认证或授予学位，博物馆的项目是为了响应公众自主学习上的兴趣，这也常被称为"终身学习"。从学术研讨会到周六下午的寻宝游戏，从网站到天文馆的激光表演秀，博物馆的项目一直在响应公众的兴趣。

这是否意味着博物馆会根据观众调查的结果设计项目？答案是否定的，这些项目往往是由深谙博物馆使命、了解公众兴趣和需求的专家所设计。而包括调查在内的持续评估，是确保项目在内容、质量、形式和交付手段方面能够响应观众需求（而不是响应员工需求）的唯一方法。这些项目必须从博物馆的使命出发。

创新可以带来令人惊奇的效果。它是讲解员的灵感源泉，是在同一个展厅中从未见过的两幅并排展出的画作，是以剧场化的展示方式为那些日常生活用品所注入的新意，是观众创造的如电光石火般的智慧弧光，是观众站在博物馆精美陈列的物品前可以感受到的神奇魔力，是咨询台员工面对观众的热忱。只有懂得激发员工的创造力、尊重观众的创新精神的博物馆管理者才能设计出极富创意的公共项目。

本节介绍了公共项目及相关观众服务和活动的管理方法，管理的目的在于激发和维护观众响应度的积极性和他们的创造力，具体内容如下：

- 展览；
- 阐释；
- 学习；
- 延伸活动与拓展活动；
- 出版物；

- 营销与品牌构建；
- 观众服务。

正如第 2.3.1 节所述，在较大型的博物馆中，观众服务是运营部门的职责，而出版物和营销工作由对外事务事业部管理，但本书将从公共项目的角度介绍这些工作，不仅是因为在拥有三大部门员工组织结构的博物馆中，这几项工作经常结合在一起，更为重要的是，只有在以观众为导向的公共项目背景下，它们才能得到最好的管理。

3.3.1 展览

展览是博物馆与公众互动的主要场所。实际上，公众往往会根据展览的优劣判断博物馆的运营是否成功。为了使展览具备创新性并且能响应观众需求，博物馆管理者需要同时利用展览政策和展览策划流程这两个重要的管理工具。

3.3.1.1 展览政策

由博物馆领导层制定的展览政策作为主要的管理工具，可以用来确立：

- 展览项目的目标；
- 展示的理念；
- 临时展览的数量、频率、规模和范围。

对于博物馆的工作人员和支持者来说，理解展览项目的短期目标具有同样重要的意义。博物馆要正确把握学术研究和吸引观众之间的平衡，在具有地方、区域、国家和国际影响的展览之间明确对应的重点，重视研究在展览项目中的作用，以及通过轮换展览和举办特展增进公众对其藏品的了解。在案例研究 3.3 中，大卫·爱德华兹提出了巴黎"实验室"科学博物馆的目标，即在艺术与科学之间实现高度创造性的平衡。

案例研究3.3　创新是一种文化
大卫·爱德华兹

实验室是一种体验场所，我们为了探索而走进实验室。在某个正常运转的实验室，每停留一分钟就像在阅读一本深奥小说中的某一页，如果不

了解小说的前后故事，就不能完全理解正在阅读的这一页的意义。

艺术和科学一样，也是类似的体验，然而我们在博物馆里与艺术和科学的相遇更应被视为创新思想与观众参与之间进行相互作用的神秘过程，是一种经过挖掘、雕琢和精心编辑的结果和产品。

当然，这种过程难以被定义、分类或策划，看起来似乎无关紧要，但实际却不是这样。探索、发现和创新的过程有时比这些过程所产生的结果更为重要。文化领域和工业、社会领域一样，这一趋势愈加明显。在"后谷歌时代"，一切瞬息万变，艺术品、工业、研究和社会企业[1]的更新换代周期变得非常短暂，其成果或产品仿佛是权威实验室发布的某条意义重大的曲线上分布的一个个小点。这条曲线就像一出引人入胜的戏剧，已成为主要的价值参考，而那些组成曲线的小点、单词以及精妙绝伦的句子早已被取而代之，即便是权威意见，只要背离了这条曲线，也变得令人怀疑。

什么是创新的过程？正如我在《艺术科学：后谷歌一代的创造力》（2008）这本书中所探讨的那样，文化、工业、教育和社会的理念发展可被视为一种实验，我们将之视为艺术与科学的创新性过程，二者融合起来就可以推动上述领域产生变革、发展与创新。我把这一融合的过程称为艺术科学（artscience），我们在巴黎市中心开设的一家新型的文化中心便以此为基础。

"实验室"科学博物馆位于巴黎第一区，它邀请公众体验一种艺术与科学相结合的创新过程，这种过程将推动文化、工业、社会和教育领域的创新与价值实现，并创造出实实在在的艺术与设计成果，即便这些成果可能马上就会被取代。国际顶尖的艺术家与前沿科学家共同合作为博物馆提出一些构想并提供指导，由此诞生了众多实验成果或"正在创造的作品"。"实验室"科学博物馆采用了外百老汇[2]或者说是前博物馆式的模式，致力于与合作伙伴共同推动文化、工业、社会和教育领域的变革，参与的合作伙伴更多的是执着于探索的过程，对过程可能产生的结果反倒没那么关注。

---

[1] 社会企业（social enterprise），起源于英国，目前无统一的定义，社会企业从事的是公益性事业，通过社会创新以及市场机制调动社会力量。——译注

[2] 外百老汇（off-broadway）意指百老汇以外的地区，泛指百老汇以外、纽约的其他地区上演的戏剧。20世纪50年代以来，外百老汇的一些剧院推出了各种引人注目的剧目，既包括经典剧目，也包括现代的严肃戏剧、音乐剧、喜剧，甚至有杂艺和讽刺歌舞表演，在外百老汇的剧场首演的节目随后会在百老汇制作。——译注

艺术科学实验

今天的艺术与科学博物馆到处可见与科学（或者是与技术）存在冲突的艺术和设计作品。文化实验室经过实验产生的艺术和设计作品定义较为狭窄。在"实验室"科学博物馆，我们着力追求艺术与设计的新创意，然而如果缺少对科学前沿的持续关注，这些创意想法就难以产生。因此，我们积极促成艺术家和科学家之间的交流，进一步推动具体想法的诞生。一旦有了想法，我们就会投入资金用于实验项目的开发。因此，艺术科学，这一融合美学和分析方法的创造性思维过程成为创新的催化剂和合作的基础。

图3.3A 法布里斯·伊贝尔的装置作品《用于思考的食物》
图片由布鲁诺·科格兹（Bruno Cogez）拍摄

创新可以发生在文化、工业和人道主义的领域。举例来说：

- "实验室"科学博物馆推出的第一个文化实验中，法国造型艺术家法布里斯·伊贝尔（Fabrice Hyber）与麻省理工学院的科学家罗伯特·兰格（Robert Langer）合作，探索将干细胞产生神经细胞的体验进行分享的可能性。伊贝尔想到了一个好办法，让人们从一个巨大的沙漏中滑下来，这种体验说不定可以反映神经元产生的核心过程——细胞分裂的感觉。他设计了几个大型的可充气沙漏式物体，观众可以从其中一个物体中滑下来，落在底下的垫子上。旁边还有几桶正在发酵的葡萄和苹果，为观众提供另外一种细胞转化的感官体验，观众还可以触摸一个巨大的泡胶轴突（见图3.3A）。

- 法国设计师马修·雷汉尼尔（Mathieu Lehanneur）与我合作设计了一件物品，它可以把植物变成一台更加"聪明"的空气净化器，这台空气净化器被命名为"贝莱尔"（Bel Air），比以前尝试用植物进行空气净化的任何设备都有效。后来，这台空气净化器在纽约现代艺术博物馆的"设计与弹性思维展"展出。2008年春季，《大众科学》杂志将雷汉尼尔的净化器评选为"年度创新"奖（见图3.3B）。

图3.3B "贝莱尔"空气净化器展览现场
图片由布鲁诺·科格兹拍摄

- 安妮·戈德费尔德（Anne Goldfeld）是柬埔寨一家大型的艾滋病和结核病诊所的创始人。她与摄影师詹姆斯·纳赫特韦（James Nachtwey）以及许多发展中国家的医学家一起合作，举办了一场盛大的摄影展，70位来自世界各地的科学家齐聚一堂，在比尔和梅琳达·盖茨基金会的资助下共同寻求新的合作制药模式，以解决贫困国家的医疗健康危机（见图3.3C）。
- 米其林星级厨师蒂埃里·马克思（Thierry Marx）与胶体物理学家杰罗姆·比贝特（Jerome Bibette）合作，发明了一种新的香精包埋形式，而我与哈佛大学的艺术和科学学生合作，发明了一种利用喷雾器进食的方式。

在这些案例中，艺术和科学一样，都是一种过程和结果，无论是当代艺术装置还是工业设计物品，在结束之前都不可预测。结果并非完全无关，但如果不参考其诞生的实验过程，结果就没有什么意义。我与巴黎国立高等美术学院共同出版的"塞吉耶系列小说"探索了这个实验过程，其中包括《微小生境》（Niche，2007）和《气味饮食》（Whiff，2008）。

图3.3C 詹姆斯·纳赫特韦在巴黎"实验室"科学博物馆举办的展览"注意!"
图片由布鲁诺·科格兹提供

为什么需要合作伙伴的投资和参与?

此类实验项目有可能会给文化、社会、工业和研究带来潜在的影响,同样也能带来惊喜和知识。就像在大多数科学实验室那样,这两方面的可能性推动了文化实验室与其他机构的合作。"实验室"科学博物馆现有的合作伙伴包括:

- 一家国际银行,每个季度召集来自世界各地的25—30位投资银行家思考艺术与科学之间的创意实验,以及这些实验对银行的意义;
- 一家致力于寻找创新方式解决全球健康问题的国际非政府组织;
- 多所致力于提供创新实验教育的大学;
- 一家想要制作创新文化项目的大型亚洲博物馆。

合作伙伴投资参与文化实验室的实验,就如同为未来的潜力投入现值。这种价值源于他们创造性的参与过程。这一过程拓宽了我们通常所认定的文化界限,它兼具直观性、分析性、归纳性和演绎性,既能适应不确定性,又能在摸索中发展,而且还能提出问题并提供具有重要意义的实际解决方案。

展览中使用的展示模式决定了该博物馆通过展览媒介与公众进行沟通的方式。如今,展览的展示模式有多种选择。一些博物馆使用了所有模式，而有些博物馆，比如科学中心或许多儿童博物馆，主要关注某种单一的模式。还有一些博物馆在永久陈列中采用某种模式，同时在适当的时候利用临时展览试验不同的模式：

- 沉思或美学模式：在这种展示模式中，博物馆的标本、文物或艺术品被以美学的方式单独展示，供人们沉思，以强化观众对该物品的情感体验。这种方法在艺术博物馆和美术馆中最为常见，许多其他类型的博物馆也利用这种展示模式激发人们的惊奇感或敬畏感，取得了良好的效果，例如科学博物馆对月球岩石的展示就采用这种模式。

- 主题或情境模式：在这种模式中，物品被组合在一起，以显示它们之间的关系，进而使用图表或其他阐释手段将这些物品置于其社会、历史、文化或科学情境之下。这种模式有时也被称为说教式展览，在考古、历史和自然历史博物馆中很常见。

- 环境场景模式：原状展示或大型步入式的自然环境实现情景再现，让人想起其中展示的文物、标本最初被发现的时代和场所。这种模式几乎普遍存在于历史民居、装饰艺术博物馆以及许多自然历史博物馆中。

- 系统化模式：这是维多利亚时期博物馆展览的主要形式，博物馆全方位地展示博物馆的展品，从而有序直观地说明物品类型的变化，或者系统地陈列一系列相似的标本。今天，许多可视化库房仍然采用了这种模式，将博物馆收藏中的某种材质或类型的全部或大部分物品进行系统化展示，同时还设有计算机终端，只需要通过一个简单的数字指向柜架和特定藏品，就可以显示该藏品的整个目录条目（见案例研究 3.8）。

- 互动式展览：在这种展示模式中，观众可以与展品展开对话。借助多媒体触屏，观众可以在科学中心探索科学原理，或者在设计博物馆了解设计原理，还可以让了解如今很多艺术博物馆收藏的全部图录。

- 动手操作模式：这种展示模式鼓励观众通过实际操作来学习。利用好机械和物理设备，任何一家博物馆的儿童或家庭馆都可以从中受益，例如，艺术博物馆使用设备展示颜色混合的过程，科学博物馆使用设备演示杠杆的原理，海洋历史博物馆使用设备演示如何扬帆。触摸屏或发现盒曾经是科学中心和儿童博物馆的专属模式，如今许多其他类型的博物馆也开始采用这些方法。他们使用一些复制品、次品或仿制品，让所有年龄段的观众都可以感受到一件古代青铜器的重量，亲手触摸一件韩国陶瓷的釉面。

博物馆代表其领域的绝对权威的观点已经有所改变，人们开始认为博物馆展示和阐释的事实、概念或理论有时也会存在争议，甚至是矛盾的，它们可能体现了不同的专家以及藏品研究员的理念。这种观念的转变为当代博物馆展示手段的改变提供了基础。新的展示手段致力于通过呈现物证使观众理解其他的阐释或理论，从而获得更加明智的观点。比如，泰特英国美术馆每年都会对其伦敦的永久陈列进行改陈，不仅改变展厅的主题，而且还通过语音导览和出版物让观众可以实实在在地体验艺术博物馆所带来的智识愉悦感，不同的观念会刷新观众对展品的认知，带来新的理解。同样，科学博物馆也在尝试以开放的方式展示进化论的证据，让对这一主题有宗教顾虑的观众可以自己思考，得出更为明智的结论。

另一个根本性的变化是，人们曾把博物馆看作是一种封闭机构，如今博物馆也开始邀请专家和大众一起贡献他们的知识和信息。这一变化给展览规划带来了很大影响，也使展厅内部和博物馆网站发生了明显的改变，博物馆开始邀请观众在其官网上以图画或文字形式留下对展览的意见。博物馆的展览政策应制定相关指南，为员工在展览制作和设计过程中处理复杂问题时就如何把握权威与开放的程度提供依据。

一直以来，各博物馆对临时展览的来源、数量、持续时间、频率、规模和范围意见不一。每家博物馆应举办几个具有地方意义的展览，几个具有地区意义的展览，几个具有全国意义的展览，以及几个具有全球意义的展览，这些都会因博物馆的类型和具体情况而有所不同。对于一家本地的艺术博物馆来说，为地区的艺术家协会举办年度展览，还是举办影响力范围更大的展览，或彼此相互替代，都是难以权衡的决策。

许多博物馆的展览轮换过于频繁，员工几乎没有时间准备其他活动，公众甚至来不及口口相传展览的消息，而如果时间足够，口碑相传是最有力的宣传方式之一。由于借展方的限制，巡展往往时间很短，但是博物馆自己组织的临时展览应该计划更长的时间，以便进行有效地宣传。关于展览规模和范围的争议更大，尽管不时有人发出疾呼"超大型特展已经没落了"，但这种大型展览还在持续。支持者认为大型展览可以给学术研究和观众发展带来更大的机遇，反对者则抱怨大展费时费力，让博物馆无法将重点放在与其使命相关的工作上。同时，此类大型的展览仍是博物馆最能吸引公众的活动之一。许多新建博物馆和扩建项目的诞生都是因为一些利益相关者希望筹办大型的国际展览。以下列举的五条准则可用来评估某个大型展览是否值得举办：

■ 根据新的研究成果对文物和/或艺术品进行重新展示。这可能会让人们看到与以往不一样的物品组合方式；新发表的关于某个艺术家、团体或主题的论文；或通过法国人称之为"场面调度"[1]的方式对展品进行重新布置。

■ 一次转化体验。换句话说，可以给观众带来惊喜，让他们发现新的态度、价值或欣赏意义。这都是展览所能提供的重要体验。

■ 带来自我引导的体验。观众可以选择语音或人工导览，但展览为观众提供了随时进行自我引导的机会。

■ 可以吸引各种类型的观众，如学者、学习者、艺术家、从事艺术事业的人、寻求放松的人、逃离现实的人、文化旅游者、第一次来参观的观众，以及勤奋好学的学生。

■ 展览观点来源的透明性。作为一种展示媒介，展览实际上不适合做全知全能的"发言人"，尽管我们过去已经习惯了这种方法，展览更适合多元化的声音。

展览政策应给所有相关事项提供一般性的指导，以便博物馆的展览计划表可以与博物馆的使命和展览项目的目标保持一致。政策应考虑博物馆可举办的各种不同类型的展览，并为每种类型设定一系列的频率和范围，具体包括以下事项：

■ 出于藏品保护的原因，对敏感脆弱的物品进行轮换；

■ 举办小型的特展，让公众参观新入藏的物品，了解当前藏品研究的成果和库房的藏品资源。其中还包括一件物品的特展，这种展览仅展示单件艺术品或文物，并对该物品的制作工艺与意义进行广泛而深入的阐释；

---

1 场面调度一词来自法语mise-en-scène，原指在戏剧舞台上处理演员表演活动位置的一种技巧。——译注

- 以博物馆馆藏为基础的大型专题展览，可能还会辅以一些借展品，可以进行巡展或仅在该博物馆展出；
- 从其他的博物馆、博物馆集团、私营机构或政府机构引进各种规模的借展，只要这些展览符合该馆的使命；
- 备受瞩目的大型展览光彩夺目，能够吸引大批观众，这些超级大展不仅有艺术展，还有考古和自然历史的展览。博物馆为这类展览制定政策时应关注如何维系会员，以及如何将这些被大展吸引而来的观众变成博物馆的常客。

表3.3两年展览计划表是一个有用的工具，可以确保展览政策在这些众多的可能性中保持适当的平衡。左边一栏表示展览内容的影响力范围，最上面一栏列举了该区域博物馆的展览类型。

表3.3列举的是一家具有强大的区域历史使命、任务和收藏的博物馆。该馆计划在两年的时间内举办19个展览，其中4个展览将轮流展出博物馆收藏的该地区重要的纺织品和纸质品，6个小型展览将关注新征集物品、现阶段的研究成果、具有地方或区域意义的物品。在两年内，博物馆还将围绕比较广泛的主题举办4个较大型的展览，其中2个为本地主题，2个为区域主题。同时，博物馆将通过借展的方式引进5个较大型的展览，其中3个具有全国乃至国际意义，为社区开启一扇了解"世界的窗口"。在两年期结束时，员工应评估该项目的成效，如果评估结果认为需要调整展览次数，或者推出更多面向国际或全国的展览，那么馆长应对展览政策提出修改建议。

表3.3 某区域博物馆两年展览计划表

范围	轮换展	小型展览	主题展览	借展
本地		3	2	
区域	4	3	2	2
全国				2
国际				1

在此值得强调的是，理事会在展览政策方面的职责不是参与展览项目的讨论，而是就项目目标、展示模式和展览计划展开讨论并制定政策，然后进行监督，以确保馆长和员工在创造性地执行机构的展览政策。

3.3.1.2　展览策划流程的组织结构

展览是一种传播媒介，也是博物馆与公众进行交流的主要手段。为了利用这一社交媒介实现有效传播，博物馆需要利用所有资源，往往也包括一些外部的资源。展览策划流程就是博物馆使用预算范围内的经费，协调所有资源使展览以预期的质量水准按时开幕的方法。

3.3.1.2.1　展览委员会

在第 2.3 节中，我们提到了两种类型的展览委员会。对于有些展览来说，可以考虑第三种，即"顾问委员会"。三种选择如下：

■　一些博物馆赞成理事会下属的展览委员会与馆长和藏品研究员一起开会讨论展览政策，但这些会议有时会带来反作用，因为理事们经常会被邀请参与展览内容的决策而非关注政策方面的事情。

■　由各个部门代表所组成的展览常设委员会每月或至少每个季度召开一次会议，审议接下来的计划表和近期展览的成效。该委员会向馆长报告工作，并为正在规划的大展推荐展览工作组的成员。馆长或资深藏品研究员可主持该委员会的工作，但在任何时候都应由馆长最终决定是否举办某个具体的展览。

■　有些展览可能还需要一个顾问委员会。顾问委员会可以由展览领域的学术界人士、收藏家和学者组成，他们的专业知识将提高展览的质量，也可以由当地或国际与展览利益相关的社区群体成员组成，他们可以确保展览响应了社区的敏感问题。例如，关于某个特定民族文化的展览可能需要源自该文化的现有社区成员参与。社区成员参与展览的意义重大，此举可以使他们（无论是作为观众还是捐赠者）能够全身心地投入进来，同时也使展览与社区产生了特别的联结，这一点通过其他方式难以实现。然而，这些委员会往往对某一文化的重要意义持有不同的看法，或对历史的叙述存在争议，让博物馆难以抉择。顾问委员会成功的关键在于馆长亲自参与并积极投入这项工作，馆长不仅应真诚地倾听意见，还应积极提建议，在不能执行时给予解释，并就其他解决方案促成共识。

3.3.1.2.2 展览工作组

第 2.3.2.3 节指出了工作组对博物馆管理的重要意义。在本节中，我们将这一方法用于展览的策划。从某个机构引进的某些"打包式"的展览，与新征集藏品或新研究成果有关的小型展览往往不需要一个完整的工作团队。但是，博物馆原创的大型展览应成立专门的项目小组，将展览项目中负责各项工作的人才纳入进来。

每个工作组应包含博物馆以下职能部门的代表：

藏品管理
- 藏品研究
- 藏品保护
- 信息记录

公共项目
- 展览
- 设计
- 教育
- 出版
- 网站

行政管理
- 财务
- 发展
- 安保
- 观众服务
- 营销

展览工作组的理念在于，他们是以项目为目标，工作人员之间没有等级之分。因此，在为某一个特别工作组挑选人员时，部门主管应考虑每一位员工的知识背景和能力水平，而不是他们的职位或头衔。另外，如果外部承包商参与了展览的设计，他们也应参加展览工作的会议。

部门主管应为每个展览工作组推荐代表，但是馆长对工作组的人员构成具有最终的审批权，同时应任命小组的组长和项目经理。尽管相关藏品研究员可能是领导其专业领域展览的最佳选择，但在某些情况下，展览部门代表、教育员或藏品保护员才是最合适的人选。虽然组长可以把控展览的内容，但许多大型展览仍需要一个单独的项目经理，博物馆可以从馆外聘请一名经验丰富的顾问担任此职。馆长委派工作组就预算和计划表做出决策，再交由馆长进行终审。组长和项目经理向展览常设委员会和馆长报告工作，馆长是工作组的当然成员，可以随时参加会议，审查项目最新进展。

根据展览的时间安排，团队可能每月召开一次会议，但是随着开幕日期临近，会议的频次需要增加。所有成员应定期在会议上报告工作情况，这样安保等问题就不会等到最后一刻才被发现。工作组为员工分享理念和创意提供了平台，欢迎所有员工为展览提出自己的想法和建议。在展览出版物和展厅展板上标注团队成员的姓名是一个不错的方法，可以激励人们为达到卓越的成果而努力奉献。

展览工作组面临着巨大的挑战：小组成员不仅需要贡献自己的专业知识，还应善于跨部门协作，并了解其他所有学科的需求，而这些工作同时又面临着时间和预算的压力。团队领导应是一名有经验的引导者，也是一位意志坚定的项目经理，他/她不一定要获得艺术史或古生物学博士学位，也不一定要成为一名才华横溢的展览设计师。项目经理通常需要接受有关团队合作的培训，而博物馆从外部聘请一名经验丰富的项目经理可能是实现共同目标的最佳途径。

3.3.1.3　展览流程的各个阶段

展览创意从何而来？博物馆内部的创意常常来自馆长的领导决策、藏品研究员的研究成果和教育员给出的建议。如果该博物馆想要提升安保人员的素质和参与度，那么可以在他们的更衣室设置一个意见箱，因为服务人员有机会观察观众对什么感兴趣，又对什么提不起兴趣。在大厅或博物馆的官方网站上设置观众意见箱，邀请观众为展览提建议，是一个值得推荐的做法。当然，许多展览的创意来自博物馆的外部，来自当前社会的流行风尚和时代精神[1]。

展览如何从一个模糊的想法成为最终向公众开放的作品，其中的过程取决于机构规模、内部工作和外包服务之间的平衡，以及博物馆的机构文化。本节我们将介绍许多博物馆所遵循的一些基本步骤。

3.3.1.3.1 展览概念规划

在这个阶段，博物馆领导层对某个展览的创意已经有了初步兴趣，因此，展览的提议者可以将其发展为一个概念规划。概念规划可以阐明：

- 与展览政策有关的展览短期目标；
- 展览的学术价值，以及所需的研究或信息记录；
- 展览对观众的吸引力；
- 展览的面貌（可以口头描述）和所需的展厅空间；
- 简要说明博物馆藏品类型，以及藏品现在的状况，是否需要保护；
- 潜在的借展来源，以及借展的可行性；
- 是否使用媒体，以及在博物馆官网上同时举办虚拟展的可能性；
- 初期成本预测；
- 潜在的资金或赞助来源；
- 初步的计划表。

展览的提议者应将概念规划提交给展览常设委员会，常设委会员再向馆长提出建议，由馆长决定是否举办。如果初期预计的成本非常昂贵，但展览仍有可取之处，则应将概念规划提交给发展部主任，以寻求全部或部分费用的赞助。发展部主任有可能要求提供初步的效果图，甚至在早期阶段就要求提供呈现展览面貌的模型，以引起潜在赞助商的兴趣。

形成性评估可以从这一阶段开始，并贯穿至接下来的所有阶段。形成性评估，简而言之，是指展览正在形成时进行的评估，其目的是确保展览能从观众的角度出发。另一个有用的方法是召集代表进行焦点小组访谈，探讨展览概念及其后续阶段的方案以及更详细的设计方案。焦点小组可以从展览的目标观众中挑选代表，如教师、学生、博物馆会员或

---

1 原文为zeitgeist，德语词，指一个时代的总体知识、道德和文化氛围。——译注

随机挑选的观众，请他们完成一份调查问卷，或者随着规划的进展请他们预览一下规划、文本和故事板，找出容易误解或混淆的部分。如果该项目是新推出的一个大规模的永久陈列展览，那么博物馆最好从外部聘请一位评估员。

3.3.1.3.2 阐释规划（设计概要）

一旦展览常设委员会和馆长批准了展览概念，并将其列入展览计划表和预算，展览工作组就此成立，便可以开始工作了。首先第一步就是撰写阐释规划，有时又称为设计概要。这份重要的文件将指导展览直至开展的整个策划过程。

阐释规划或设计概要应明确：

■ 展览的目标；

■ 预期的观众体验；

■ 阐释的不同级别（如分为儿童、成人和专家）；

■ 展览各部分的描述，包括主要的文物、标本或艺术品，展柜，互动展品演示和剧场化的展示；

■ 为了实现上述目标所采用的表现方式（每个目标可以用到多种方式），以及适合的展示模式（见第 3.3.1.1 节）；

■ 在展厅平面布局图上绘制的观众动线图；

■ 提供展览大概情况的初始概念图或效果图。

如果博物馆的网站上推出同步的虚拟展览，那么阐释规划还应对虚拟展览进行简要介绍。

尽管某些大型的博物馆有专门的阐释规划师，一般来说，阐释规划由藏品研究员或教育员撰写，博物馆可以从外部聘请阐释规划方面经验丰富的专业顾问。在挑选合适的人选时，可将展览的概念规划作为资格证明或招标文件的参考条款。阐释规划顾问可能是某个展览规划公司或展览设计工作室的人员。

无论由谁来完成，阐释规划应征求展览工作组每位成员的意见，直到整个团队和馆长对其达成一致，并且应咨询其他项目涉及人员的意见，如安保主管、首席藏品保护员、观众服务部主任、营销经理和零售经理，获得藏品研究部门的签字验收同样重要。

　　一旦阐释规划得到了馆长的签字批准，工作组的每位成员就可以开始制定各自专业领域的计划了：藏品研究员挑选文物、艺术品或标本；藏品保护员制定这些藏品的状况报告计划；登录员制定必要的借展表格计划；传播部门制定营销计划；安保主管负责制定特殊的安全事务安排等。如果博物馆内部有展览设计师，阐释规划就是他们设计的基础；如果没有，那么它将成为挑选展览设计师竞赛的设计概要（除非阐释规划师是已被选中的设计团队的成员）。此类竞赛可能仅针对展览的设计，也可能是最终胜者与博物馆签订的包含设计和施工的交钥匙合约。

3.3.1.3.3　方案设计

　　方案设计是指设计师为实现阐释规划绘制平面布局图和设计展览的阶段，展示图通常包括展览每个部分的楼层平面图、剖面图、立面图和三维视图。设计师（无论是本馆设计还是外部承包）提交的方案得到展览工作组组长认可之前，一般会组织多次的评审会。一旦得到这一层级的批准，这些图纸不仅对展览设计过程有用，而且对营销和发展部门也非常有价值，特别是当他们正在为该展览寻求赞助时。设计师还可以在这一阶段准备一份说明展览体验的初步"透视"（fly-through）图，这对营销、发展和教育等所有相关人员来说更有帮助。

　　如果展览包含一个剧场化的展示，那么方案设计阶段就应该完成剧本及相关的处理手法，不仅要提供阐释规划中的表达方式，还应该撰写故事线，并提出某些具体主题的处理手法。这份文件通常由电影或戏剧技术方面的专家撰写，作为方案设计的附件，同时应与方案设计一起经过审议和最终的批准。如果博物馆网站还准备同步推出虚拟展览，相关的文字和图片也应在这一阶段准备好。

　　初步阐释规划的价值在这里变得更加明显。阐释规划越准确，设计团队就能在越短的时间内找到合适的解决方案，展览工作组认可和批准的时间也就越快。这是确保展览按计划和预算实施的一个重要因素，因为方案设计也应该是博物馆规划师或具有博物馆展陈经验的成本顾问进行更高级的成本核算的基础。

这也是团队中所有专业人员的"草图阶段"（sketch stage）。例如，教育员现在就可以起草一份展览的教育计划，确保为想要参观的学生或成年人团体提供了足够的空间，并在展厅附近规划了动手操作的实验室或教室，以及在展览中规划了学习区（如展示员的表演区域）。安保主管可以在设计完成之前就发现监控系统的问题。零售经理可以开始规划特展商店，并开始订购货物。观众服务部可以考虑观众排队的空间是否足够，以及是否需要特殊的票务安排。根据项目的规模，方案设计一般需要 3 个月至 1 年的时间，最终成品经过工作组和馆长的批准后，才能开展细节的设计开发。

3.3.1.3.4 设计开发

方案设计一经批准，就应该开始设计开发，将方案图的细节进一步完善，完成可建造展品、特殊物品的玻璃橱窗（展柜）以及绘画作品或图表展板位置的完整设计方案。一些设计实践将设计开发与大型项目的后续细节设计阶段进行了区分，而另一些人则认为两者应紧密结合在一起，特别是在一些小型项目中。这一阶段应把剧场化展示的脚本和处理方法细化为故事板（storyboards），详细展示观众将在屏幕或舞台上看到的一幕幕场景。

在这一阶段，应完成所有展览文本材料以及视听脚本的撰写，以便后续根据空间进行调整，并将其提交给形成性评估工作组测试文本表述是否清晰。提问往往比直接下结论更有说服力，传播的效果也更好，每个展板上的字数应限制在 60 个单词以内，使大部分观众都有足够的时间阅读这些文字。除此以外，要避免学术或技术的专业术语"悄悄"出现在博物馆的语言中，这些艰深的术语除了给观众带来神秘感外别无用处。文本草案一般由藏品研究员撰写，但阐释规划师和/或教育员会从文字量和清晰度方面考虑，对文本进行多次润色，然后将最终版本提交给藏品研究员，以审查文本的准确性。如果博物馆有传播或出版部的主管，那么请他们从该馆自身风格的角度对文本进行编辑也很有价值。平面设计师（无论是本馆还是外包聘请）根据根据阐释规划中明确的各级别传播资料有关的所有内容对文本进行设计，为各种印刷传播资料提供一份全面的格式和尺寸指南，包括展览标题和展厅名称、图形展板、说明牌、显示器屏幕字幕、出版物。如果同步推出了虚拟展览，还应准备好虚拟同步展览的最终版本的文字和图片。

由于这些活动都会与教育员和营销部员工制定规划同步进行，因此，在方案设计批准后，设计开发阶段根据项目的规模需要 3 个月至 1 年的时间，也就不足为奇了。

3.3.1.3.5 施工和布展

对深化设计方案的签字批准程序实际上是展览工作组或博物馆馆长可以进行修改的最后一个节点，然后施工图将在此基础上完成。最终的录制计划或拍摄脚本将在批准的故事板的基础上完成视听和剧场化的部分。

在这之后，馆方将施工图与其他对承包商的要求结合起来，做成一份招标文件或方案，并向展览制作商发出招标书。一般情况下，这是一个整体招标项目，但馆方也应该理解展览制作商将会聘请不同的分包商，或者博物馆可能更愿意将其拆分成若干份单独的合同，比如展柜的施工、计算机硬件和软件程序、模型和人体模型制作、视听文件的制作等。支架制作是指为文物或标本制作支架，其对象五花八门，可能从一枚金戒指到一件修复过的酒器，从一枚三叶虫化石到一具鲸鱼骨架，非常专业的支架可由馆内的专业技术人员完成，或由馆方承包给外部有过良好记录的公司。为博物馆剧场或展厅内展览制作的视听产品通常会签订单独的合同，这部分制作有独立的时间计划，尽可能与其他的展览建造和布展工作相互配合，以便在展览开幕前顺利完工。

承包商的选择流程，应由博物馆采购部或财务部主任根据博物馆的采购政策，并与展览部和工作组密切协商后进行管理。博物馆不应在事先接受最低的报价，往往较低的报价意味着对方对于项目的复杂性缺乏了解，缺少博物馆所期望的高品质经验，抑或是承包商想要以较低的价格获取该项目，指望后续为了满足项目所需更改订单以增加实际支出。这一点同样适用于视听产品以及其他独立部分的供应商，只要他们不是总承包商聘请的分包商。

一旦施工和布展流程开启，展览工作组就只能在先前协商一致的时间节点上对质量控制进行干预，如制作方提交模型等待批准时，或事先约定的某特定检查阶段。在此阶段，控制预算和保持进度非常重要，同时展览工作组还需要做一些艰难的决定。例如，如果某些材料数量不足，是否换成其他材料；如果博物馆或承包商提出变更的订单价格昂贵，是否同意。由于博物馆在安全方面具有特别的考量，安保人员应对承包商聘请的人员出入情况进行密切监控。

教育团队在此期间的工作重点应是教育活动、专题活动、宣传、筹资和展览开幕计划。虚拟展览应在实体展开幕之前发布在博物馆网站上，除了展览本身的价值，它还可以极大地激发观众对实体展览的兴趣。

对大多数展览项目来说，施工和布展阶段可能需要9至18个月的时间。

3.3.1.3.6　委托制作

布展是展览策划一个相对短暂但非常关键的阶段。在施工和布展得到最终批准之前，工作组应在组长和项目经理的带领下参观展览，并起草一份要求承包商对不足之处进行调整的"缺陷清单"（snag list）。有时候双方需要进行协商，确定哪些缺陷属于原合同规定的合理范围，哪些是客户提出的变更要求所致，但是在任何情况下，缺陷清单上明确的所有问题都必须在移交完成前得到解决。在将视听部件安装在合适的位置之前，工作组还需要对这些部件进行检查。

在对文物、艺术品或标本进行布展之前，展厅应保持油漆干燥、室内没有灰尘、承包商撤离现场，这是藏品研究员和藏品保护员的职责。博物馆还可以预留一个"试开放"时间，让学校团体或其他参观群体对展览进行预览，如有需要，可以在计划表中分配调整时间。然后，展览交由观众服务和运营的员工接管，为开幕做准备。

3.3.1.3.7　评估

展览工作组虽然此时已经疲惫不堪，但还需要完成一项工作——评估展览流程。回顾整个展览项目，总结成果经验，发现不足并提出修改建议，以提高未来成功的概率，这项工作对博物馆和整个行业来说都十分重要。工作组自身也应该多做一些总结评估。

此外，博物馆评估专家或从外部聘请的承包商应对展览的观众体验进行总结性评估。依据当初制定的阐释规划来评估展览的传播目的是否已经实现，这种观众评估效果最佳。展览工作组应将评估结果提交给馆长和展览部，展览部可以利用这些数据完善博物馆的展览程序手册。该手册积累了多年来多个展览项目团队的经验，可以成为推动未来展览项目团队创新力发展的重要文件。

3.3.2 阐释

阐释一词被用来描述博物馆就其藏品和研究活动与公众进行交流的方式。阐释这个词也有可能会产生误导，因为它暗示着博物馆中物品的"语言"从某种程度上是"外来的"，需要进行"翻译"，而翻译的本质上是一种单向的传播，但21世纪的博物馆应该是博物馆与公众之间的双向交流。不过，阐释一词已在博物馆专业人员之间得到普遍使用，其内容包括：

- 引导；
- 说明牌和文本；
- 信息供应。

与其他公共项目领域一样，博物馆应制定一项政策来介绍自己的阐释或传播手段。比如，大多数艺术博物馆过去都有一个很普遍的做法——让艺术作品自己说话，将展厅中的说明牌数量降至最低。如今，许多艺术博物馆走上了一条完全相反的路，因为他们相信观众了解得越多，从艺术品中获得的知识就越多。在这两种方法之间存在着多种可能性。实际上，一些博物馆的某些展厅遵循了"为艺术而艺术"的理念，而其他展厅则过分"重阐释"。

在科学和工业类博物馆中，有些馆遵循这样的理念，即"每件展品都应该可以按照某种方式进行动手操作"，而另一些馆更喜欢采用情境化的阐释手段，将物品置身于展柜中，并辅以详细的图形说明。也有很多博物馆对这两种理念进行了调整。科学中心几乎都会从以下几个方面介绍它们的互动展品：眼下正在发生什么？为什么？它是如何工作的？

阐释政策（还应制定语言政策）为员工撰写博物馆多种形式的阐释

内容提供了一个有用的框架。显然，它为博物馆起草阐释规划（见第3.3.1.3.2节）提供了基础。

3.3.2.1 引导

观众引导有两种形式，遗憾的是，博物馆往往低估了这两者的重要性：

■ 实体引导：告知观众他们所处的位置，可以获得的服务，提供了哪些语言，馆内可以参观的展览和参加的活动，以及参与活动的方法和地点等。

■ 知识引导：向观众阐明博物馆的内涵，以及探索博物馆的多种方式，让观众可以在参观时做出合适的选择。比如，他们是否应该遵循规定的观众参观路线，博物馆是否提供了重点展品的快速游览路线？有没有专门的家庭展厅？有些观众想要围绕几个主题进行深度了解，是否有资源中心供他们使用？

观众研究及常识表明，那些大部分时间都在迷路或者找厕所，不了解不同的展厅里有哪些展览的观众，从展览中得到的收获远没有那些熟悉周围环境的观众得到的多。迷路或者不确定性会强化观众"我不属于这里"的感受，并阻碍他们再次到访。博物馆应从刚开始就提醒观众馆内提供的服务，包括衣帽间、休息区、餐厅、商店、卫生间、母婴室、急救室、轮椅和婴儿车出租处，并告知他们安保人员和咨询台员工的职责就是帮助初次来馆的观众，让他们感到宾至如归。

引导的质量也会影响博物馆的收入。如果观众在参观之初并不了解馆内屋顶有一家体验不错的咖啡馆，他们可能不会抽时间光顾。如果观众不能了解博物馆的全部展览和活动，他们可能会错误地以为"我们已经看完了"，而不是"还有很多展览和活动我们没有参与，必须下次再来参观"。

只有博物馆的领导层和员工理解了引导对观众体验质量提升的重要意义，才能把观众引导工作做好：

■ 如果大厅没有足够的空间，可以考虑在建筑物的外部张贴海报以传播博物馆的理念，并宣传正在举办的展览和活动；

■ 利用一切可能的方式告知观众可以做的选择，比如信息指示牌、互动亭、咨询台、宣传册和楼层地图；

■ 开发一套完整的道路指引系统，从馆外就开始为观众指引，在整个博物馆公共空间内设置方向指示牌，并将指示牌与文字和视听提示结合起来使用；

■ 对所有一线员工进行培训，让他们了解帮助观众指路的重要意义，鼓励员工向管理层报告他们从观众那里了解到的问题，然后采取措施去解决问题；

■ 利用剧场进行知识引导，10—12分钟的视频就可以讲述博物馆的核心故事，这对于历史或人物传记类博物馆尤为重要。

3.3.2.2 说明牌和文本

"说明牌是博物馆战争中的步兵"，在本书作者组织的一次员工工作坊上，一位藏品研究员如此描述说明牌的重要性。"战争"一词恰当地描述了许多博物馆说明牌撰写过程。与展览策划一样（见第3.3.1节），每家博物馆都会制定自己的说明牌和展板文本撰写程序。博物馆的阐释政策应对以下内容提供指导：

■ 展厅的名字或主题；

■ 说明牌或文字展板的尺寸；

■ 准备提供的信息类型（数据、艺术家/发明者、出处、入藏号、描述、用途、捐赠者等）；

■ 语气语调（权威的，问答式还是客观的）；

■ 语言风格（日常语言还是专业术语）。

博物馆的说明牌撰写程序规定了以下内容：

■ 字数限制；

■ 字体大小和颜色；

■ 摆放位置；

■ 编写和批准程序。

说明牌文本通常先由负责某个特定展厅或展览的具体负责人撰写，接着教育部门从观众的视角对其进行审查，之后出版部门对语言风格进行编辑，最后由撰写人对文本进行最终的签字认可，而馆长通常具有最终决定权。阐释政策和程序手册应对整个流程予以规范，如在程序手册上规定文本的长度、风格、语气、颜色和位置。原本引人入胜的展览常常会因为说明牌的问题大打折扣，比如印刷字体太小，颜色对比度不够，或者摆放的位置不利于阅读，甚至需要观众弯腰才能看得到。

泰特美术馆、维多利亚与阿尔伯特博物馆等机构专门任命了一名传播总监，负责与藏品研究员和教育员一起制作各种阐释资料，包括说明牌、文字展板、大幅印刷品、展厅导览和音频导览。人们发现博物馆虽然从事传播事业，但对传播工作缺乏足够的重视，所以上述博物馆的做法非常值得推荐。

3.3.2.3 信息供应

我们生活在信息时代，这意味着观众似乎永远渴求博物馆提供更多的信息，几乎每一次观众调查都会证明这一点。博物馆提供信息的渠道可能包括：

■ 咨询台，这是获取信息的第一线。咨询台的员工或志愿者应随时准备好回答观众的问题，如从哪里可以乘车，某件绘画作品在哪里可以找到。较大型的博物馆在馆内多处设有咨询台。

■ 信息工作人员（员工或志愿者）。他们可以坐在桌子前，或者身着"有问题找我"（Ask Me）的T恤在展厅内漫步。科学中心在提供这类信息方面做得最好，馆方可以为这些阐释工作人员提供白大褂作为工作服。但是无论这些工作人员在哪里工作，穿什么样的T恤或夹克，他们都具有难以估量的价值。对于训练有素的志愿者来说，这是一个很棒的岗位。

■ 互动信息中心。许多博物馆都建立了互动信息中心，为观众提供了涵盖广泛的深度信息，方便观众参观展览。将此类信息中心设置在展厅内会对观众的观展体验造成干扰，而设置在展厅附近则会带来诸多方便。例如纽约的鲁宾艺术博物馆在每个展厅楼层背面设置了学习室，观众通过学习室的显示屏了解喜马拉雅艺术的精妙之处。有些机构，如伦敦的英国国家美术馆，为观众提供了在显示屏上探索所有藏品的机会，观众还可以在上面规划个人的参观路线。

■ 图书馆。有些完全向公众开放或在某些时段开放，有些通过预约对外开放。博物馆的图书馆不应该仅限员工使用，因为图书馆对于希望更加深入探索博物馆主题的少数观众来说具有重要的价值。如今，将图书馆与咖啡厅结合起来十分流行，如曼谷的泰国创意与设计中心，吸引了大量前来参观的年轻人。尽管有些图书会被沾上咖啡污渍，但与在观众服务方面获得的巨大收益相比，这种做法也是值得的。

■ 计算机和多媒体终端。这些设施通常安装在展厅内或展厅附近，用来提供相关展品的背景信息，查询藏品的电子目录，或是通过模拟练习和游戏来解释流程、概念和原理。这些终端是可视化库房展厅的重要组成部分，与柜架上显示的数字代码相连，观众可以快速获取密集展示中单件物品的所有博物馆目录信息（保险和安全数据除外），从而能够访问博物馆藏品的大部分信息。

■ 语音导览，针对特展和永久陈列。在许多博物馆中仍然可以看到可租赁的导览"魔杖"，如今这种导览棒得到进一步的升级，已经成为可以与移动电话实现连接的语音导览系统。这一系统对于那些非常受欢迎的展品来说尤其重要，比如某幅著名的绘画，因为它可以让大量人群都能欣赏到展品，而不必为了阅读说明牌挤在展品周围。这些导览文字的内容和语气应与说明牌和展板设计保持一致，体现博物馆的阐释政策。

■ 导览、讲座和演示。这些经久不衰的方法由于具有互动的属性，仍然是许多观众和博物馆阐释人员最喜欢的沟通方式。除了偶尔由专家举办讲座外，很多博物馆都提供了一系列由讲解员带领的导览和讲座（付费或志愿者提供）。在历史、科学和儿童博物馆中，可能有展示员（偶尔身着特色服装）和阐释人员在现场为观众讲解展览。

3.3.2.4 语言和"通用设计"

阐释可以提供多少种语言和针对视听障碍者的"通用设计"是阐释政策中的重要考量。在全球化的世界中，博物馆不仅应该使用其所在社区的主要语言，无论该语言是官方的还是非官方的，还应考虑主要游客的语言。在瑞士、比利时、加拿大等有多种官方语言的国家，许多博物馆都被要求提供所有展品的多语种阐释，包括指示牌、说明牌、出版物和导览。在多元文化但只有一种官方语言的地区和社区，当地博物馆应提供主要少数族裔语言的小册页、参观指南、信息牌和方向标识，可在大幅印刷品上提供多种语言版本的说明牌文本，同时为视障人士和老年人提供大号字体的文字信息。方向标识和楼层平面图如果包含紧急出口说明，那么还应使用少数族裔的语言进行说明和标识，这一点对公共安全尤为重要。博物馆应确保至少有一名能够使用社区主要语言进行交流的信息服务人员时刻在岗。

旅游业，特别是文化旅游业，对博物馆和政府来说都非常重要，因此那些吸引或希望能吸引大量游客的博物馆都应考虑提供 4—5 种主要语言服务。重要的引导、方向标识和宣传小册页都应将这些语言放在显眼的位置，并在商店出售多语种的说明牌文字、参观指南和图录，在咨询台、学习和休息区域提供上述多语种材料。博物馆应提供多语种导览，并为视障人士在内的具有特殊需求的群体提供导览服务；可对数字语音导览进行调整，以满足听障人士的需求，同时也可以提供多种语言版本。

针对残障人士所做的规划应包含在博物馆整体设计内，而不是仅考虑到设计无障碍的厕所和流通路线。人们利用通用设计这一术语要求博物馆或展览的各项工作都能鼓励所有观众前来参观，无论观众有何种不便。博物馆的阐释政策应包含对这些原则的承诺。

3.3.2.5 阐释管理

我们很少见到对博物馆阐释服务进行集中管理的情况。一般来说，咨询台由观众服务部或传播部门管理，而导览和讲座由教育部门组织，图书馆则是单独一个部门，说明牌撰写、语音导览和多媒体内容的制作会涉及多个部门。由多个部门提供信息的做法是否可取，是否应该在公共项目或运营大部门下设置一个"阐释"或"传播"部？由于许多部门会与公众进行交流，那么建立一个跨部门的阐释或传播团队可能更有意义，团队成员包括来自各个部门的代表，其任务是实施博物馆的阐释政策，协调日益增多的传播活动。只要博物馆员工能够积极并富有创造性地响应观众的需求，身边就不乏好点子。

3.3.3 学习

博物馆正在重新定义其作为公共教育机构的角色。这种调整的一个重要标志就是术语发生了改变，从通用的"教育"变为更加直截了当的"学习"，这不仅表明博物馆的兴趣集中在学习者（而不是教育者）身上，同时表明博物馆还是一个学习机构，员工和观众都可以在博物馆学习。

克利夫兰艺术博物馆教育部门的使命宣言深受约翰·杜威的学习哲学的影响，结合了当今许多博物馆教育部门的目标：

> 教育部门的员工可以充当博物馆收藏的艺术品和观众之间的催化剂，无论这些观众是来自克利夫兰还是其他社区，无论他们是年轻还是年长。艺术品体现了审美品质、文化与历史积淀，对艺术品的热爱与欣赏是实现这一使命的核心。通过项目和教学活动，教育部门的员工努力让观众理解艺术和博物馆并不是精英阶层的专属，并强化博物馆对其社区的承诺，使博物馆尽可能向广泛的观众开放。

为了完成这一使命，教育员必须记住博物馆学习的四个关键因素：
- 与正式教育相比，博物馆作为非正式教育机构的表现最佳；
- 非正式教育在情感学习方面最为成功，尽管总会涉及一些认知方面的学习；
- 情感学习的结果反映在态度、评价或兴趣的改变，而不是对信息或数据的正式认知；
- 当体验充满乐趣时，情感学习的效果最好。

3.3.3.1 为学校团体提供的服务

学校团体通常占博物馆参观人数的15%—25%，它们为博物馆带来了很多年轻人，并为学校提供了宝贵的服务。人们越来越重视将博物馆参观与课程学习、认知学习和教育程度目标联系起来。学校预算的削减使博物馆参观之旅变得更加难以实现。博物馆的教育部门有义务与教师和课程顾问展开越来越密切的合作，将教育项目与学校的需求结合起来。

主要手段包括：

- 设立咨询委员会。在某些地区，博物馆教育员与教师、社区咨询委员会合作，确保博物馆提供的主题、课程和工作坊与学校课程具有相关性并紧跟时代，能够满足博物馆所在社区特定背景下儿童的需求。这对于弱势社区来说尤其重要。

- 建立教师资源中心。许多博物馆都建立了教师资源中心，教师可以在课堂上使用从资源中心借阅的资料，以便为学生的参观和后续活动做好充足的准备。资源中心还可以为教师提供培训工作坊，有些博物馆培训项目可授予教师国家认证。

- 从学校借调员工到博物馆。这是促进双方密切合作与相互理解的好方法。让一名教师一半时间在博物馆，另一半时间协调学校的参观，这种交叉任职的方式也是馆校合作的理想选择。

- 聘请学校与博物馆的联络干事。如果某位教师已经在他/她的课堂上积极尝试利用博物馆来教学，那么博物馆可以聘请他/她成为所在学校其他教师的联络干事。联络干事负责将教师们可能会感兴趣的新展览或其他活动信息告诉大家，每个学期初博物馆召开一次联络干事见面会，可以确保他们不会错过博物馆提供的学习机会。

- 设立青年咨询委员会。博物馆为学生志愿者、实习生和参加合作社或勤工俭学项目的学生提供了宝贵的培训机会，让博物馆可以和年轻人保持联系。

- 利用互联网。博物馆的网站可以促进博物馆和学校之间的联系。学生可以在网站上访问藏品及其相关信息，甚至在教室里咨询博物馆的藏品研究员。合理地使用网络可以激发学生在参观博物馆时对实物的兴趣。事实证明，在参观博物馆之前研究过文物、标本或艺术品图像的学生在实际参观过程中学得更快。

- 建立博物馆学校。一些博物馆与学校建立了合作伙伴关系，可以在展厅中教授某些课程，通常是科学、艺术或与博物馆相关的主题。

许多博物馆依靠志愿者来引导学校团体的参观和活动，这样馆内的教育员就可以专注于项目的开发、培训和评估工作，以确保项目质量不断得到提升。虽然乐于奉献的志愿者队伍是博物馆的一笔巨大的财富，但挑战在于博物馆所吸引的志愿者是否能够回应多元化人口，特别是城市学校人口的兴趣。许多博物馆教育部门正在与社区咨询委员会合作制定策略以应对这一挑战。

为了支付学校项目的费用，博物馆可以与学校系统签订合约，以获得针对特定服务的年度拨款。有些博物馆会对每个参与的学生收取费用，但费用会根据不同的项目有所不同，区别在于是否需要教育员陪同上课。还有一些博物馆为了感谢地方或国家政府的资助，提供免费的学校项目。许多博物馆正在与私营部门建立合作伙伴关系，特别是在一些学校和家庭无力承担全部费用的地区组织免费或低价的学校参观活动。

3.3.3.2 成人和家庭学习项目

博物馆提供的非正式教育，除了导览外，还包括自主学习。博物馆学习的目标应该是基于情感的学习，而不是认知学习，旨在影响观众的兴趣、态度或评价，而不是传授信息。这意味着博物馆组织的教育活动应满足观众的兴趣和能力，因此活动形式多种多样。博物馆的活动包括工作坊、课程、讲座、电影沙龙、音乐会、家庭活动、导览、研讨会、座谈会和艺术家进驻项目等，其中如音乐会或电影沙龙等项目的主要目的是娱乐而不是教育，这些活动的目标同样是非正式的情感学习，只有当学习体验十分有趣时，这种学习才最有效果。面向成人或家庭观众的项目可按照报告厅举办的研讨会一样，要求提前进行预约，也可以在展厅中设置一个可以顺便参观的小型展演，面向正在参观的所有观众开放。

还有一些很特别的项目，比如在英国和美国的科学中心或博物馆非常流行的"过夜活动"，参加学习项目的儿童可以在馆里过夜，第二天早上在馆里的咖啡厅享用早餐。有小孩的家庭非常渴求在家附近的学习机会，进入 21 世纪人们对这些学习机会的需求不断增长。满足这部分群体的需求显得尤为重要，因为研究发现，与家人一起参与文化活动的儿童更有可能在成年后继续参与文化活动。博物馆"周六上午课堂"（Saturday Morning Classes）是一个很好的案例，这项活动的历史可以追溯至 20 世纪早期，这项活动现在仍然受到很多社区的欢迎，一些博物馆以此为基础组织了夏令营和假日活动。

如今，博物馆的教育部门推出了专门的教育展厅，为周中的学校团体、周末与假日的家庭观众提供了多种多样的展览和动手活动，以吸引更广泛的家庭观众群体。成功的例子包括多伦多皇家安大略博物馆创办的具有开创意义的探索室，纳什维尔视觉艺术第一中心的亲子活动展厅，以及伦敦科学博物馆的发射台。

无论是否向学校收取象征性的费用，公共教育活动的成本通常由使用者、企业赞助与来自政府机构和私人基金会的项目拨款共同承担。博物馆通常难以收回在学习项目中的所有支出，然而这些项目在大多数博物馆的使命宣言中占据核心地位。

3.3.4 延伸活动与拓展活动

延伸活动（extension）是指博物馆在其馆舍建筑之外为传统观众提供的活动，而拓展活动（outreach）是博物馆为那些新的或非传统的观众所设计的活动，拓展活动的地点既有可能在馆内，也有可能在馆外某个地方。正如博物馆教育一词正在被博物馆学习这一更具包容性的理念所取代，拓展活动也被认为是一个具有限制性的理念，暗含着"我们和他们有所区分"的意味。越来越多的博物馆员工寻求同时吸引传统和非传统观众参与活动的有效方法。

特别是当博物馆理解它们在公民社会中所扮演的角色（见第2.5节）后，延伸活动和观众参与活动有助于博物馆在社区中发挥更强大的作用，而提供此类活动通常需要更多员工的参与。近年来，许多博物馆加入了受大众欢迎的社交媒体网站，在吸引如年轻人等非传统观众方面取得了巨大的成功。博物馆项目工作也需要精通技术的年轻人，而这些年轻人也需要获得管理层的支持，以帮助他们设定短期目标并在博物馆使命框架内推动倡议。古根海姆博物馆的埃莉诺·古德哈和她年轻的同事们在案例研究3.4中介绍了他们的做法。

有些观众由于受教育水平有限、经济能力不足或社会阶层的限制而不敢踏入博物馆，博物馆可以利用网络和更加传统的方式吸引这些观众，为他们提供服务，这不仅有利于博物馆完成其使命，同时也有助于博物馆在社会中实现可持续发展。

无论是邀请本地家庭观众参加博物馆专门为社区举办的晚会和其他民族节日的庆典活动，为观众提供的课后自习室，还是每月为单身人士举办的活动，这些公众参与活动的目标都难以在一次活动中或一年内实现。负责博物馆项目和营销的员工要让整个博物馆都参与展览和活动的策划，不断吸引新的观众群体。

案例研究3.4　　社交网络——古根海姆博物馆如何启动社交媒体计划？
埃莉诺·古德哈、弗朗西丝卡·梅里诺、阿什莉·普瑞马斯和劳拉·米勒

　　万维网技术和网页设计得到广泛应用的趋势推动了创新，增进了信息互享，最为重要的一点，促进了用户之间的协作。这些理念进一步带动了基于网络的社区和托管服务的发展，如社交网站、博客等社交媒体平台推动博物馆与新的潜在会员、观众或捐赠者之间产生有意义的互动，创造了令人兴奋的参与机会。

　　社交网络爆炸式的流行吸纳了不少观众，其中还包括博物馆青睐有加的群体：那些年轻、受过教育、精通技术、了解文化的青少年和成年人。社交网络注册用户达1.3亿，人均注册2—3种社交平台，这些新的传播渠道迎来了观众发展和维护的一个绝佳机遇，比传统的营销技术更为省钱，也更有效。

　　Web 2.0最吸引人的一点就是用户可以免费注册使用和交互，与传统营销的运作理念截然不同。它提供了沟通民主化的环境，用户从被动的观察者转变为作者或创造者、参与者和舆论引导者，消费者成为指挥者。用户可以毫无障碍地接触全球观众，并可以像TiVo和iPods一样定制产品。

　　2006年，所罗门·R.古根海姆博物馆在"聚友网"（MySpace）[1]上首次低调露面，开始探索社交网络渠道的潜力。纽约市一些颇具竞争力的文化机构已经成功地建立了积极的形象。2007年8月，几位二三十岁的年轻营销部门员工意识到了这一机遇，提议将古根海姆引入社交网络的世界。机构开始尝试他们的提议，并没有通过委员会及相关流程进行评审，而是从一句简单的"好吧，让我们试一下"开始了探索，这给内部的员工群体带来了积极的影响，并吸引了新的线上观众。

　　线上运营方案重点关注5个主要的社交网站，包括聚友网、脸书（Facebook）、网络相册（Flickr）、油管（YouTube）和社交书签网站

---

1 成立于2003年9月，曾是全球第二大社交网站。——译注

（Delicious），计划在这几个重要的网站上投放最多的内容，从而吸引目标观众。无论是创建脸书活动，让用户可以在Flickr上查看幕后照片，还是在聚友网上发布展览新闻，古根海姆博物馆都通过社交网站获得了不少益处，提升了品牌知名度和在线参与度，增加了网站流量和"病毒式"的口碑宣传。

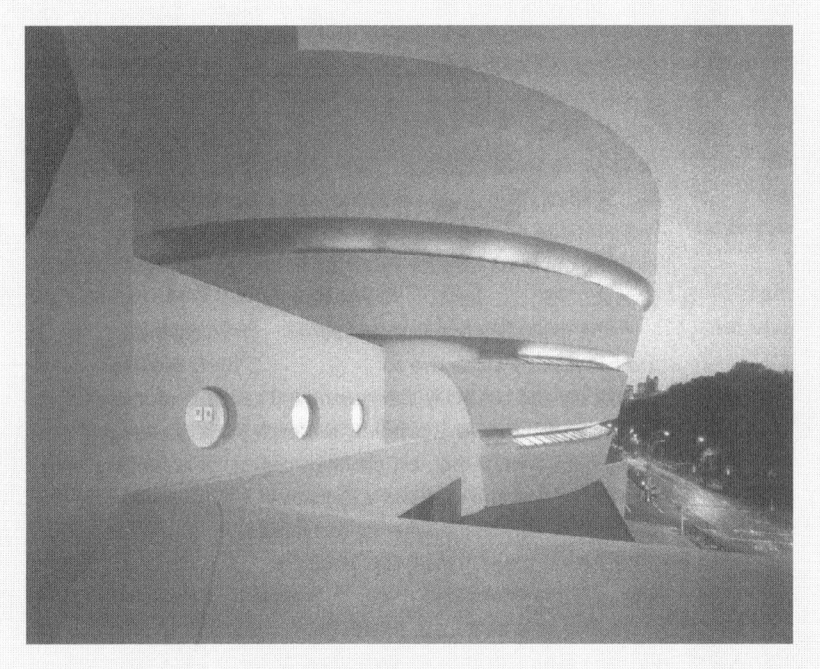

图3.4 纽约所罗门·R.古根海姆博物馆
图片由大卫·希尔德（David Heald）拍摄

最佳做法

在开始社交网络之前，博物馆的营销部门浏览了关于Web 2.0最佳做法的现有媒体报道，调查了其他艺术机构网站，还与纽约市其他文化机构具有相关丰富经验的同行进行了交谈，了解了应该做什么和不该做什么。

应该做什么：
- 维护品牌形象，并与古根海姆的官方网站内容保持一致；
- 利用资源——与员工协作，管理数字资产，并利用免费的Web 2.0应用程序；
- 构筑网络关系——扩展线上观众；
- 吸引、告知和交互——制作短小的"病毒式"内容，加入并创建群组；
· 鼓励网友撰写评论、发表意见，并与线上观众进行讨论；
· 合理安排发布内容——开发与博物馆展览、项目和活动相一致的内容，从而吸引目标观众，例如社交活动或有新闻价值的事件；
· 尽可能地进行标签、分类，并链接至官方网站；让任何人在任何地方都可以轻松找到并访问相关内容；
· 跟踪结果——计算网页浏览量、好友和粉丝数、订阅和点击率。

不应该做的事情：
· 发广告或销售；
· 审查评论，除非它们违反了既定的界限。

时间线

2007年1月，信息服务部（仅1位员工）在聚友网上创建了古根海姆的官方账号。

2007年8月，营销部（2位员工）开始与出版/网络部（2位员工）一起，配合"理查德·普林斯展"开发新的内容。

2007年12月，营销部在聚友网上重新发布了古根海姆的官方网页，并更新了内容。

2008年1月，营销部在脸书推出了古根海姆的官方网页。

2008年3月，包括网站、出版、教育、发展、藏品研究和法律部员工在内的社交网络团队举行了第一次头脑风暴会议；一些自愿参与的员工组建了团队。

2008年4月，向全体员工发送备忘录，介绍社交网络的目标，邀请员工加入聚友网和脸书，并成为官方账户的好友。

2008年5月，创建了"布尔乔亚万维网"Flickr小组，为"路易丝·布尔乔亚回顾展"的开幕提前预热。

2008年6月，聚友网之友宣传活动开启；在聚友网账号添加了Flickr和RSS的播客应用。

社交网络目标

· 增加博物馆的参观人数和古根海姆官方网站的流量。
· 吸引新观众，并与现有的观众建立联系。
· 当新网站在2008年秋季发布时，加入同行之间的互动，并允许用户通过与人社交、分享图像和视频、订阅新闻推送、撰写播客等方式参与古根海姆的网站空间。
· 注重品牌认知与价值传递，并在社交网络中保持审美一致，与官方网站共享链接。

古根海姆社交媒体举措

我们的举措不仅包含了社交网络，还包含了社交多媒体。

（1）社交网络

社交网站允许用户共享信息，与朋友进行互动并吸引新观众。古根海姆的脸书和聚友网页面提供了信息和动态内容，包括活动以及布展的照片。利用免费的网络应用和RSS源，用户可以在Delicious和播客添加最新的博物馆新闻书签，并且在Flickr上挑选照片。油管视频可以直接上传到古根海姆的社交网站。更为重要的是，用户可以参与评论，也可以邀请博物馆加入他们自己的社交空间。为了发布内容通过批准，古根海姆的社交内容由营销部门密切监控，每日进行审查和过滤。账号内容每周更新一次，或根据需要经常更新。

具体方案如下：

脸书：用户想要在脸书上互动，都必须注册脸书账户。脸书会员可以通过古根海姆博物馆或景点的脸书页面成为古根海姆的粉丝。古根海姆员工利用脸书精准营销数据分析工具（Facebook Insights，给注册用户提供的一种免费服务），可以追踪粉丝的使用情况、行为和人口信息。古根海姆博物馆的脸书账户从2007年1月下旬开始创建，到2008年夏季，5400多名独立用户成了博物馆的粉丝，其中61%的用户为女性，70%的用户年龄为18—34岁，平均每月新增新粉丝1000多名。

聚友网：任何人都可以通过访问聚友网查看古根海姆的聚友网页面。为了查看聚友网相册、视频和日历列表，或者给古根海姆博物馆发送消息，人们就必须成为聚友网会员，并通过申请或邀请成为古根海姆博物馆的粉丝。尽管聚友网并没有提供用户追踪应用程序，但是提供了总体的统计数据。从2007年1月至2008年夏季，古根海姆博物馆在聚友网的好友数量已经超过7800个，账户浏览量超过25000次，点评1300多条。6个月内，博物馆的好友数量翻了一番。

（2）社交多媒体

音频、照片和视频分享网站允许用户发布、查看、收听和讨论共享的内容。古根海姆博物馆开始尝试利用存档和个性化的资料在社交多媒体网站上吸引用户。营销部门会挑选一批多媒体内容，在合适的时机对外发布。除了以下专门的网站外，古根海姆的播客内容还可在脸书和聚友网收听。

网络相册：2008年4月，古根海姆博物馆在Flickr上发布了第一个相册，这些照片拍摄于蔡国强展览中举办的"夜间艺术：每月第一个周五"月度派对活动。3个月内，博物馆的Flickr照片流（photostream）收到了一千多张其他人拍摄的这次派对的照片，如今还包括博物馆珠宝制作演示的照片，以及为"路易丝·布尔乔亚展"举办的会员开幕招待会的照片。Flickr用户受邀订阅博物馆的照片流，评论"最喜欢"的照片，以及通过Flickr邮箱发送消息。2008年5月，古根海姆创建了第一个Flickr小组，起名为"布尔乔亚万维网"，旨在充分利用艺术家具有标志性的蜘蛛雕塑和绘画作品为"路易丝·布尔乔亚的回顾展"进行开幕预热。脸书粉丝、聚友网好友以及Flickr的精选用户受邀加入该小组，并提交了他们最喜爱的路易丝·布尔乔亚的户外雕塑作品。几个月后，该小组的23名成员发布了56张照片。吸取了这次活动的成功经验，博物馆又为"凯瑟琳·奥佩展"推出了社区照片共享项目。

油管：考虑到公众已经创建并发布了300多个古根海姆的视频，博物馆非常期待通过推出其非营利性油管频道来对相关内容实现管理。受到MoMAvideos[1]、亚洲协会（the Asia Society）和布鲁克林博物馆等油管平台上的优秀案例的启发，古根海姆博物馆开始制作一系列引人入胜的视频，展示蔡国强和路易丝·布尔乔亚的艺术作品，以及由当代顶尖艺术家进行讲解的"心有灵犀"展览导赏活动。

（3）其他的社交媒体应用程序

社交书签网站：这一社交书签网站允许用户将他们最喜爱的网站保存到某一个网站，用户可以在任一台计算机上访问。如果两个或多个用户保存同样的网站，他们就可以相互"谈论"共同感兴趣的网站或文章。用户可以记录和跟踪书签。公众可以在古根海姆的社交书签网页上查看与博物馆相关的新闻评论和其他媒体信息。每个发布的信息都带有关键字标签，用于搜索优化。古根海姆博物馆在脸书和聚友网推出了80多件带标签的展品与用户共享，用户可以通过订阅获取。

未来目标

截至2008年夏季，我们制定了以下的未来目标：
- 增加人力以支持社交媒体的创建、撰写、发布、管理和跟踪。
- 通过与其他部门展开更密切的合作构建博物馆的数字资产。
- 探索与外部合作伙伴创建和存储数字资产的机会。
- 鼓励员工撰写博客，为社交网络提供越来越多的内部支持。
- 在古根海姆官网创建社交媒体版块，以展示机构的支持，增加同行之间的互动，创造国际化的品牌资产。
- 举办员工介绍会，让内部人员了解社交网络计划的价值和影响以及所取得的成果。

社交网络为博物馆提供了观众发展的广泛选择，并可以产生立竿见影的效果，而这一点我们才刚刚开始探索。

---

1 纽约现代艺术博物馆在脸书推出的频道。——译注

3.3.5　出版物

博物馆的出版物项目为观众提供了博物馆藏品、服务和研究的信息，有些观众虽然无法来到博物馆参观，但他们可以在图书室查阅博物馆的出版物，或在书店或网上购买这些书籍。博物馆出版物的范围包括展览图录、旅游指南、藏品图录、书籍、儿童读物和游戏、教师工具包、宣传册页、明信片、海报和其他印刷品。博物馆还会出版学术期刊、杂志、会员通讯，以及不定期出版研究论文。

如今，博物馆的出版已进入富有想象力和创造力的多媒体时代。各大博物馆都提供了视频、CD、DVD 和其他媒介，在某些情况下还提供了整个展览或藏品的图像以及相关信息。高质量出版物所需的高昂成本让博物馆与私营企业开启了印刷和电子媒介方面的合作。虽然一些博物馆有自己的出版社，但许多博物馆还是选择和学术出版社一起出版书籍和图录。法国的博物馆经常与商业艺术和文化杂志达成协议，共同推出专题展览的特刊。

数字资产管理对许多博物馆来说是一个重大挑战，一些博物馆实际上拥有数以万计的图像，如果这些图像可以通过系统搜索，那么它们不仅对博物馆自己的出版物和媒体很重要，而且对电影制片人、广告导演或杂志编辑也具有宝贵的价值。有些博物馆已将其图像的版权出售给私营企业，而那些更倾向于将控制权掌握在自己手中的博物馆还没有在其图像数据库中使用复杂的数字资产管理程序。一旦博物馆开始尝试，这些数字资产有望成为它们新的收入来源，并促进这些宝贵的博物馆资产得到创造性的利用。

3.3.6　营销与品牌构建

博物馆营销与观众参与密切相关，其目标是在与博物馆常客建立更紧密关系的同时，培育更广泛的观众基础。因此，营销是博物馆与公众进行交流的一个不可或缺的环节，实际工作可能由传播部门负责。由于营销工作的重点是公众，所以博物馆的营销工作应与公共项目事业部紧密结合，但它却经常被分到行政管理事业部。有趣的是，许多博物馆虽然推出了很多高效的营销项目,却根本没有专门负责这些项目的"营销部门",这是因为传播或发展部门承担了这部分职能。

无论营销职能分属于博物馆组织架构图的哪个部分,营销管理对整个机构而言都十分重要:藏品研究员想要了解展览的参观人数;观众服务部的员工会在馆门口欢迎观众的到来;发展部主任知道随着会员和捐赠的增加,观众的公共意识也会快速提升;财务部主任清楚参观人数的增长会带来净利润的大幅提高。这意味着营销项目是跨部门工作组的重要应用场景,特别是大型展览和专题活动的营销工作。本节案例研究3.5中,伊莎贝尔·郑有力地阐述了这一观点。

博物馆营销管理重点关注以下内容:

■ 明确博物馆现在和潜在的市场,并向目标人群进行有效传播;

■ 在博物馆内部号召各部门持续提升博物馆的服务质量,以满足细分市场人群的需求,从而吸引他们再次参观博物馆(因为一个不断改进的产品就是一种最有效的营销形式);

■ 增加观众数量以及因此带来的收入。

案例研究3.5　　新加坡动物园如何融入营销的团队工作
伊莎贝尔·郑

新加坡动物园以其开放的运营理念而闻名。这里看不见笼子,动物与观众之间仅以护城河隔开,河水时而丰沛时而干涸,人们可以在自然的环境下了解动物。它坐落于新加坡这个城市国家所在的次生雨林中,因此,它把自己定位为一座雨林博物馆。

2005—2008年的四年间,该动物园成功地从一座观赏型动物园转型为学习型的动物园,每年吸引了超过15万名学生和150万名观众。在观众构成上,本地居民多于游客,两者的比例多年来维持在8:2。动物园随后采用强大的广告和营销宣传攻势吸引了更多的游客,因此这一比例提高至7:3。如今,这一战略也发生了转变,动物园开始重点关注三大"支柱"使命,即保护、教育和娱乐。

与其他动物园相比,新加坡动物园采取了非传统的营销方式。虽然预算有限,动物园仍然致力于给观众普及动物保护教育,同时努力使园区实现自给自足。如何确保园区具有足够的吸引力，从而吸引更多的观众，这是营销团队所持续面临的挑战。

在这四年里，动物园采取了各种营销举措，使观众人数年年攀升。动物园的一个基本策略就是，既然本地居民是核心的观众群体，因此有必要持续吸引他们多次来园，同时在各个旅游热门景点加大宣传力度，吸引高利润的旅游团体，他们极有可能带来参观人数的增长。

为了充分利用营销投入并获取最大的回报，动物园仍将新加坡境内的游客设为目标观众群体，在一些所谓的游客"接触点"[1]开展宣传工作。这意味着无论游客去任何地方，如观众中心、机场和颇受欢迎的旅游胜地，都可以看到新加坡动物园的广告。吸引这些已经身在新加坡的游客就像摘"触手可得的水果"，而如果在他们本国进行宣传，成本会非常昂贵，并且不够集中，缺少针对性。我们还与入境旅行社密切合作，以确保动物园被纳入他们的旅行计划。

如何持续吸引本地居民来园是另一个挑战。首先，我们需要了解当地的观众概况，他们大多数是有13岁以下儿童的家庭。本地观众参观的高峰期就是学校假期和公共假期间。在这些假期，我们会在动物园组织活动。而团队组织活动最基本的一个策略就是重点关注动物园本身的吸引力，这样在活动和广告宣传结束后，此前为动物园创造的品牌资产也不会丢失，特别是如果吸引公众的是园区内永久展出的某个专门展览或动物时，品牌也将从宣传中受益。

为了确保所有传播渠道保持同步，同时获得其他部

图3.5A 新加坡动物园广告牌前的红毛猩猩
图片由新加坡动物园惠允

---

1 接触点（touchpoints）指营销传播中的接触点是品牌与潜在客户和当前客户进行互动并向其展示信息的不同方式。——译注

门的支持，以便所有人都从各自的领域贡献力量，从而扩大宣传活动的影响，营销团队必须确保各个部门，如动物学研究、运营、教育、餐饮、零售，甚至园艺，从最开始就参与了讨论。团队还应召开头脑风暴会议，鼓励各部门开展相关活动，为某一选定的主题提供丰富的内容。

例如，去年的主题是红毛猩猩，动物园在宣传期推出了关于红毛猩猩的拓展项目，以及专门的喂食课程和现场解说。教育部门决定将他们即将出版的一期面向学校发售的内部刊物以红毛猩猩作为封面，刊物的部分内容还将介绍红毛猩猩所面临的困境，另外还为学龄儿童举办了有关红毛猩猩保护的专题讲座；园艺部门在动物园入口处修建了红毛猩猩的林木造型装饰；零售部以雨林为主题，将红毛猩猩的毛绒玩偶作为重点零售产品；而餐饮部研发出一种特别的芒果饮料，并以新加坡动物园著名的红毛猩猩偶像"阿明"的名字来命名，叫作"阿明果"。营销团队还引入红毛猩猩吉祥物，邀请艺术家创作脸部绘画和红毛猩猩纹身，以此吸引观众。在此期间，动物园还向所有观众发放红毛猩猩的书签，书签上印有动物保护的相关信息。

这些活动都通过报纸广告、电子邮件、园区内的海报和横幅向观众进行宣传，报纸投放的具体位置也经过仔细考量和设计。企业传播部门与多家出版公司合作，为在幸运抽奖活动中获奖的读者赠送入馆门票，以获得为相关活动发表免费社论的机会。最终，所有部门都齐心协力，共同关注学校假期推广活动的关键信息和主题。大家的共同努力使得这种推广活动

图3.5B 新加坡动物园前门入口处
图片由新加坡动物园惠允

> 的规模远远超过以往那些由营销部门自己组织和规划的活动。
>
> 几年前，随着动物园由观赏型机构向学习型机构转变，动物园推出了各种举措，以提高对观众的吸引力，特别是动物园最重要的一部分目标观众——那些带儿童的家庭观众。其中一项举措是在出口处向所有与父母一起离开动物园的儿童赠送一份小小的纪念品。无论是书签还是贴纸，纪念品上都印有简短的关于某个动物的保护信息。这一做法是为了让我们最重要的顾客——孩子们在获得免费礼物后带着微笑离开，同时也获得动物保护相关的知识。
>
> 其他举措包括为了让阐释性展品更具互动性，他们将展品的高度调至成年人的膝盖处，让儿童可以轻易接触，而这些展品的说明信息被拆分成较短的段落，使儿童更容易理解。
>
> 动物园用再生纸印刷地图，并在地图上添加了更多的信息，运用了更为丰富的色彩，内容编写也更为有趣。这项投入非常值得，观众把地图当作纪念品带回家向家人和朋友展示，不再像过去那样用完就丢弃了。
>
> 这些只是动物园已启动的部分举措。全方位整体的营销工作离不开所有部门的通力合作。截至目前，动物园四年来的参观人数同比增长了10万人次。

3.3.6.1 目前市场和潜在市场

我们通过对多个国家的文化参与情况和博物馆参观人数的研究发现，27%—35%的成年人通常会在某个时间参观博物馆，但参观的频率有很大不同，有些人可能每年参观10次以上，他们很可能是会员或赞助者，还有人可能偶尔到访，其中大部分是游客。博物馆常客比一般人群拥有更高的教育程度和收入（尽管教育是比收入更重要的决定因素），而且女性参观频率高于男性。参观人群的主要年龄段根据博物馆的类型有所不同。例如，科学中心和儿童博物馆吸引的是年轻的家庭观众，而美术馆对年轻的单身人士或45岁以上的成年人更有吸引力。在过去，60岁以上的参观者人数会有所下降，但随着人口年龄不断增长，博物馆更加注意改善老年人和残疾人的参观设施，这一情况正在有所改变。

在观众和非观众的广泛群体中，还存在很多特定的细分市场，具有共同的人口特征、地理信息、行为和生活方式的人形成了较为同质化的细分群体。博物馆可以利用营销策略影响他们的参观模式。

■ 博物馆营销的第一步就是了解当前的观众所代表的细分市场、参观频率以及动机。博物馆可以通过观察和观众调查（见第 3.3.6.2 节）对每日的参观情况进行研究，以获得上述信息。对于一个新的博物馆项目来说，针对在同一个城市或地区的博物馆，或具有相似收藏或主题的博物馆展开此类研究工作很有价值。

■ 下一步是将了解到的实际情况与本地居民的人口统计数据（查询人口普查数据）以及到访该地区的游客人口统计数据（可以从当地旅游局或商会获取）进行对比，若其他地区的博物馆或旅游景点愿意分享它们的信息，也可以将这些实际情况与它们的观众调查结果进行比较。这些数据可以让分析师确定哪些细分市场在博物馆的观众基础中所占的比重过低。

■ 第三步极具挑战性，就是分析所有数据背后的含义，围绕"目标细分市场"确定营销重点，并明确营销策略以提高这些细分市场的参观人数，该营销策略应与博物馆的使命、长期目标和短期目标保持一致。博物馆可在这一阶段制定营销规划，开展广告、宣传、公共关系等任务，以及开发专题活动和项目。这些任务可由博物馆的员工执行，比如教育部门负责开发学习项目，设计部门负责制作海报，也可以由公共关系公司和广告代理公司等外部顾问完成。无论由谁来负责上述任务，博物馆都应该注意到这一点：虽然分析的数据相同，但机构可能采取截然不同的营销策略，有的机构会致力于开发占比较少的群体的市场，而有的机构则选择为现有的细分市场提供更好的服务。并且，最终应由博物馆的高级管理层应根据博物馆的长期目标和短期目标做出决策，而不应仅靠营销人员。

■ 第四步就是实施营销规划。营销经理的职责是有效地监督规划或概要的实施,努力协调所有任务在规定预算内以商定的质量水准按时完成。

■ 最后一步是评估结果，记录需要改进的地方，并为后续持续的营销工作制作一份程序手册。

3.3.6.2 观众研究

观众研究不仅对营销经理很有价值，而且在观众研究中收集的最新且可靠的观众信息，使博物馆能够：

■ 提升其履行公共职责的质量；

■ 将重点放在满足公众的需求和期望上，并取得与观众和公众普遍利益相关的成果；

■ 向现有和潜在的公私部门资助者和赞助者展示博物馆服务公众的程度，以及哪些公众正在使用博物馆。

为了实现这些目标，博物馆需要在人口和行为数据的定量分析与关注观众情感、态度和动机的定性方法之间取得平衡。这一点尤其重要，原因如下：

■ 作为公民社会机构而蓬勃发展的博物馆才是对社区具有真正价值的博物馆。

■ 观众数据显示，"口碑"往往是博物馆参观动机中提及最频繁的动机，这意味着观众满意度有可能是吸引观众前来博物馆的最重要的因素。

■ 博物馆变得更加依赖门票收入以及观众在博物馆和餐厅的消费收入。

■ 将观众发展为博物馆会员和支持者的可能性与他们博物馆体验的满意度密切相关。

博物馆可利用观众人数统计数据和观众调查结果制作一个参观人数、人口情况、生活方式信息的数据库，采用展厅内访谈、观察、工作坊和焦点小组访谈等方法来了解观众的动机、期望以及观众体验的质量。此类研究对于关注有色少数族裔和低收入群体观众的需求特别重要，因为这类群体在传统的博物馆调查中占比较少，因此博物馆对他们的态度、期望和博物馆体验情况知之甚少。因此，从占比较少的某一社会经济阶层中抽取代表组成的焦点小组可能会引起博物馆极大的兴趣，即使其成员仅到访过博物馆一次，或从未参观过。

在做观众调查时，博物馆必须注意围绕真正有价值的信息提出相关问题。例如，如果职业群体的变化对营销策略没有影响，那么在题目中列出 20 个职业群体的选项，然后让观众指出哪一个与他们最为相关，这一问题就缺少价值；如果职业分类可为决策提供依据，那么更广泛的分类将具有更大的价值。

观众研究效果最为显著、效率最高的方法就是制定一个 3—5 年的全面滚动计划，在某些年份侧重于定量研究，而其他年份侧重于定性研究。这项工作的关键是吸纳与公众有关的所有部门代表加入观众研究项目组团队，从而确保博物馆的所有评估活动（无论是教育项目还是观众意见簿）都能对观众研究数据库的建设有所贡献。博物馆可安排一名员工（该员工是全职还是兼职，取决于博物馆的规模）任评估员，负责设计和实施研究，或者聘请外部的顾问完成这项工作，再由项目团队对结果进行分析和传达，在必要时向馆长提出建议，再由馆长提交至理事会。博物馆是追求占比较小的市场，还是重点关注提升现有市场的服务，应由博物馆的领导层进行决策，并且其决策必须与博物馆的长期使命、长期目标和当前目标保持一致。

3.3.6.3　目标市场

博物馆可以尝试去吸引细分市场的许多潜在观众。选择目标市场意味着博物馆从多个细分市场中挑选出重点市场。挑选哪些市场作为目标市场，这一决定需要从多个方面考量，包括负担能力（如果已经吸引到了某一类群体，除非市场饱和，那么以吸引更多这一类群体为目标成本更低，风险更小），吸引更广泛人群参与创新的职责，以及认识到新的观众群体会给博物馆带来新视角和新活力。在挑选目标市场以及确定重点市场时，需要考虑以下五个主要因素：

■　市场的规模及其增长潜力。

■　市场对于博物馆使命和任务的重要性。这尤其适用于在文化和经济多元化的社会中博物馆作为一个公共教育机构的职责。

■　市场对增加博物馆收入的贡献能力。

■　某个细分市场对该城市或地区旅游业或经济发展目标的贡献。人们逐渐认识到，博物馆在吸引高收入文化游客，增加所有游客的停留时间和消费方面具有核心作用。社区也非常重视博物馆，因为它们是品质生活的象征，吸引了新的产业以及服务业企业搬迁至该地区。博物馆和其他文化机构在吸引和挽留知识产业工人方面做出了重要的贡献。经济学家理查德·佛罗里达（Richard Florida）将这一群体称为"创意阶层"，他认为这一群体对于当今城市经济的繁荣发展至关重要。

■ 吸引每个细分市场的相关成本的负面因素。

这些政策的决定应有高级管理层的参与。馆长应根据营销经理的建议向理事会提交这些内容，从而在对未来3—5年观众人数预测的基础上，为每个细分市场设定量化目标。

3.3.6.4 营销策略

为了提升观众人数并促进消费，博物馆可以采用多种方式改善其对目标观众的传播与服务，这些不同的方式就是营销策略。博物馆还希望利用营销策略与观众建立更为紧密的关系，从而吸引观众多次参观、加入会员和进行捐赠。这是一个持续的过程，博物馆营销活动经理应与评估、藏品研究、公共项目部、发展和观众服务部门的员工紧密合作，最理想的情况是成立一个工作组。

一旦确定了总体营销策略，接下来就需要制定具体的营销策略，有时可能多达50个。比如，为了吸引本地家庭观众制定新的门票价格；为了吸引夏季游客与当地的酒店一起联合进行广告宣传；针对单身人士推出的夜场活动；为吸引收藏家而举办的当代艺术研讨会。博物馆想要制定正确的策略离不开专业的营销知识和成功经验。一些具有同等规模和类似运营范围的博物馆也有一些成功和失败的营销案例，可以从它们的经验中受益，还可以对同类机构的员工进行访谈，这种方法被称为对比分析法。此方法对最佳做法案例的研究同样很有帮助。博物馆从那些或大或小的机构中找到杰出的案例，并仔细分析如何将其方法应用于本馆。为了避免从同类机构中吸取错误的教训，或者对那些看起来成功实际却是失败的案例进行模仿，这两种类型的研究都应该由在博物馆营销和管理组织变革方面拥有丰富工作经验的员工或外部顾问来推动。

营销策略的实施应经过深度考量，并将评估作为该工作的组成部分。向跨部门工作组定期报告实施进展情况，同时评估过程中的每个步骤，这一点非常必要。

3.3.6.5 品牌构建

正如俗语所言："如果你不去定义自己的品牌，别人就会替你定义。"每一个机构和组织都有品牌，无论它们是否有意识地进行管理。博物馆的品牌是所有了解博物馆的人对博物馆的看法。通过对博物馆的品牌给予更加详细的定义，博物馆的管理层可以深化人们对博物馆的认知，将品牌提升为博物馆的优势，并提高博物馆在公共领域的美誉度。当然，这最终取决于博物馆提供的产品，即博物馆的服务质量。一座博物馆是否卓越？公众的认识仍然存在差异和不确定性，如果博物馆能够更加重视品牌构建，那么公众、政府和私营部门也会形成更加统一的认识，深入了解博物馆的价值，也会对博物馆更有兴趣。

过去十几年，一些世界领先的博物馆为构建自身的品牌开展了一系列精彩的活动。所罗门·R.古根海姆基金会开启先河，将博物馆的品牌从其位于纽约由弗兰克·劳埃德·赖特（Frank Lloyd Wright）设计的地标式建筑带到毕尔巴鄂由弗兰克·盖里（Frank Gehry）设计的同样卓越的建筑，随后又扩展至世界各地，目前古根海姆又准备在阿布扎比修建另一座盖里大楼。卢浮宫作为后起之秀虽然起步较晚，但已迎头赶上，在其品牌发展了200多年悠久历史的基础上进行了扩展，不但与位于亚特兰大的海伊艺术博物馆签订多个借展协议，而且在法国北部城市朗斯建立了分馆，同时带领法国的博物馆联盟与阿布扎比卢浮宫签订了长期的借展协议。在英国，"泰特"这一品牌不仅属于大获成功的伦敦泰特现代美术馆和泰特英国美术馆，以及位于利物浦和圣艾夫斯的分馆，共享这一品牌的还有一本艺术杂志、泰晤士河上的一艘游轮和一家电视服务公司。

这些大型博物馆已经学会了提升品牌的价值，虽然它们的部分动机是为了提高营收和吸引捐赠收入的能力。如果博物馆在捐赠、赞助、年度捐赠协议，甚至政府补贴等项目谈判之前就已经构建了一个强大而积极的品牌意识，其目标会更容易实现，并且品牌传播越广泛，博物馆越容易获得捐助。

品牌构建实际上是为了提高公众的认知，让公众了解机构为社会所做的贡献。机构可以通过多种方式提高公众认知，例如：

- 营销活动，特别是"认知宣传活动"；
- 网站——在博物馆官方网站以外的网站上进行展示；
- 广告；
- 公共关系；
- 节日和活动。

在关注如动物权利或扫除地雷等问题的非政府组织中，举办认知宣传活动是很常见的做法，其目的并不是让观众或听众去做什么，仅是为了提高观众对相关问题的认知。他们甚至不会尝试说服观众相信其原因，而是激发人们去了解。对于一家博物馆来说，品牌认知宣传活动旨在引导人们了解博物馆为社会做出的贡献。在此类活动中，付费广告相对而言不是那么重要，但不错的公共关系项目、网络上强大的品牌口碑以及特别活动或节日可以激发公众对博物馆的良好认知。

当然，归根结底，博物馆实际提供服务的质量以及在国内外推出的展览、教育项目和活动背后所体现的价值观才是推动其品牌的真正动力。博物馆的logo、文字商标、标语设计与对其表现形式的管理、相关的图像，以及在各种媒体和活动中使用它们的方式都是对品牌的支持，但它们不是品牌。21世纪各种类别和规模的博物馆管理者想要取得成功，就需要增强品牌的建设，提高博物馆品牌管理的意识。

3.3.7 观众服务

观众服务，包括观众入馆、零售、餐饮、租赁以及普通观众医疗保险，极大地影响着观众体验的质量，并展现了博物馆对待公众的态度。观众服务通常属于运营部门或管理部门的工作，与营销的内容一起放在本节进行阐述是因为这两部分都与公众密切相关。无论是全职员工、兼职员工、带薪员工、合同员工还是志愿者，他们提供的服务通常都由行政部门管理。相比其他博物馆员工，他们与观众有更多的接触和沟通的机会，他们掌握着大量关于博物馆观众及其需求的未经处理的信息。为了做好这些工作，他们需要接受广泛的培训、监督和评估。

真正响应观众需求的博物馆已经重新定义一线员工的职责，从模糊的"行政人员"到明确主张的"观众服务"，创造了一种将观众服务员工完全融入博物馆工作的新工作环境。许多大型的博物馆已经做出改变，观众的满意度在这些馆得到了大幅提升。在尚未改变的博物馆中，观众常常发现前台接待人员回答不了问题，安保人员无精打采，餐厅服务乏善可陈。本节艾米·考夫曼撰写的案例研究3.6展示了将观众服务纳入运营部门的重要性，以及博物馆所有部门共同努力提升公众服务的力量。

案例研究3.6　　以运营工作为重点提升观众服务
艾米·考夫曼

1998年，纽约所罗门·R.古根海姆博物馆推出了一个具有开创意义且颇具争议的展览"摩托车的艺术"。新展开幕后，博物馆参观人数激增，观众从平均每周15 000人左右增加至近24 000人。尽管博物馆一直希望吸引更多的观众，但实际上并没有做好服务如此多观众的准备。随后，观众服务、内部系统以及建筑物本身的问题都开始——浮现。

观众满意度低于预期，进一步反映了诸多问题：博物馆所在街区排满了长队；老人在雨中等待；博物馆那著名的坡道上飞扬的尘土欢迎着熙熙攘攘的人群；卫生间物品短缺，卫生状况糟糕；博物馆观众跟踪系统老旧，工作人员甚至还在使用10磅重的3孔活页夹，许多博物馆会员的待遇也没好多少。

因此，当观众投诉意见激增，逐一指出不足之处，批评不留情面时，也就不足为怪了。展厅过于拥挤，给所有人带来了糟糕的体验。即便有人足够幸运，回到一楼还带着不错的心情，但他还得面对坡道上和单人卫生间外的拥挤人群。

我们做了一个偶然的决定，计划强化观众服务部的职能，将多年来一直属于营销部的职责拆分出来，成立单独的观众服务部。在此之前，观众服务主要被视为博物馆的一张公共名片和客户服务提供者，因此将其视为营销部的工作也合乎情理。然而现实情况却是，观众服务和安保部门一起负责博物馆的日常运营。正是这两个部门每天开门迎客，管控人流，随时处理出现的问题，保护着艺术品，他们是观众与其他部门进行联系的主要桥梁。这两个部门还负责接收和处理成年人和学校团体，以及运营闭馆后的公共项目。尽管当时"运营"一词并不存在于博物馆的词汇中，但是将所有运营事务集中管理开始显得必要起来。

提升运营水平需要在各运营部门（观众服务、安保、设施、餐饮、剧院、零售）和教育、展览、特别活动、营销和会员等重要部门之间建立更紧密的联系。首先应全面了解一线员工想要推广与提供的项目和宣传活动，这意味着需要建立工作组团队、开发综合工具来完成沟通工作以及协调规划。

观众服务部首先行动起来，改造了大厅的运营和票务系统，让人员流动更为快速，同时确保有特殊需求的会员和观众获得了他们所需的服务。观众服务部还负责与教育部门进行运营工作的对接，包括团队售票和调度、公共项目的票务和人流量控制。这几块工作历来职责分属不清，一直运转混乱。随着项目变得越来越受欢迎，多场门票被销售一空，甚至超售，导致了"博物馆大道"上异常混乱。教育部一致认为他们是内容和活动的原创者，观众服务部应承担所有的运营工作。这意味着教育部需要对观众服务部的员工进行培训，让他们了解如何推广面向学校团体的参观活动和成年人项目。然而，与调度、安保和导游进行协调、票务和收费有关的工作，应由观众服务部负责。最为重要的是，观众服务部的业务集中了调度、检票以及统计观众人数和收入等，这些工作都需要一个复杂的协调系统，然而这种系统经常容易出问题。

其他一些举措包括：

· 与营销和发展部合作，确保为某个宣传和倡议活动提供准确的出席人数；

· 与安保、餐饮和零售部门协调运营政策和培训项目，以确保一线员工之间保持工作步调一致；

· 与负责维护工作的员工和清洁员讨论优先事项；

· 确保观众服务员工能够通过培训和参考资料向观众提供更多的藏品和展览信息。

最后，博物馆成立了运营委员会，这也是长期以来展览策划工作所采用的沟通方式。该委员会向负责财务和行政管理的副馆长汇报，每两周召开一次会议，为即将举办的展览和值得关注的活动制定计划。该委员会由观众服务、安保、设施、剧院、零售和人事部门的负责人组成，并根据需要邀请展览和专题活动等其他部门的人员加入。委员会的中心目标是改善观众体验、员工体验以及保证建筑物和藏品的安全。随后，博物馆启用了新的系统和管理手段以促进纯运营部门和不以运营为中心的业务部门之间展开更好地协作，以推动各项运营业务。不久，委员会发现观众满意度显著提高，全馆内部的效率得到极大的提升，员工的士气也空前高涨。

最终，负责运营的人员获得了发言权，承担了新的职责，同时推动机构实现了重大变革。观众的体验因此得到提升，博物馆的内部改革取得了成功。

3.3.7.1 入馆

观众在博物馆见到的第一个员工通常是安保员、咨询台的工作人员或售票员（如果收门票的话）。售票处是建立博物馆对公众态度的关键地点：每次观众向售票处的员工询问有关门票费用、自愿付费政策、特展收费、团体折扣、会员免费入场以及各种优惠等问题时，员工就有机会向观众"推销"博物馆。门票销售现场人群拥挤，时有冲突发生，情况较为复杂，在这种情况下想要塑造博物馆的积极形象，需要对员工进行培训并不断改进方法，这意味着需要对参与观众服务的接待员工进行管理和引导，而不是把他们视为票务系统的附属人员。

员工如果接受了相关培训，在检票的同时可以仅通过观察（无需询问）来获得有价值的信息，他们在岗位上就可以很好地记录参与活动的观众人数、日期和时间、性别分布、儿童的数量等观众数据。因此，他们是宝贵的信息来源，在向公众介绍博物馆方面可以发挥重要作用。

3.3.7.2 观众响应度

除了安保职能外，安保员还需要不断满足观众的需求，如为使用轮椅和婴儿车的观众提供帮助，实施急救、为观众指路、回答博物馆的相关问题，有时还需要管理衣帽间。从观众的留言薄可以看出，观众与安保员的相处经历好坏参半。观众体验的许多糟糕经历，如观众感到自己因为年龄或肤色而受到异样的目光，都是由于博物馆对文化多样性缺乏敏感造成的，而安保员和其他一线员工很少接受这方面的培训。当他们接受了相关培训后，他们对观众的响应就会得到提高，所有观众在博物馆的体验就会改善。开明的博物馆管理应确保所有的博物馆工作人员，特别是每天与公众接触的员工，除了参与日常工作任务的培训外，还应就观众响应度和文化敏感性方面进行培训。

3.3.7.3 零售服务

零售服务是博物馆的一种收入来源，我们在第 3.5.2.1.2 节中对此进行了讨论，但零售服务其实也是一项能够增进观众与博物馆关系的重要的观众服务。事实上，由于商店没有满足观众的期望而产生的抱怨也是留言簿上一种最常见的负面评论。观众期待如今任何一家博物馆都能有一个不错的博物馆商店。

观众看重产品的品质和独特性，以及商店员工和志愿者所提供的个性化服务。同时，观众也很在乎这种感觉：在博物馆商店购物也是支持博物馆的一种方式。观众带回家或作为礼物购买的产品中应附有一张小卡片或说明牌，解释这件产品与博物馆藏品之间的关系，以及观众的购买行为对于博物馆的意义，这样购买博物馆的产品就好像把博物馆带回了家，时刻提醒着观众回想起在博物馆的参观之旅。如果购买产品是为了赠送他人，那会产生更好的效果。

博物馆的商店也与其服务一样，产品是零售运营成功的关键。开发标志性的"商标"或"目的地"的产品不仅可以强化博物馆的品牌，还可以向观众介绍一些有趣的艺术品、文物或标本，因为博物馆经常制作一些复制品或仿制品。为新推出的大型展览制作专门的产品尤其重要，如果零售经理也及时加入了展览工作组，并组织了产品的设计和生产，那么就可为新展制作专门的产品。公众期待为特展开设更多的商店，这通常比在博物馆的主要商店中增添新库存效果要好得多。当然，线上销售市场也在不断增长，一些博物馆在增加收入来源方面远远领先于其他博物馆，他们也通过这种方式将博物馆的品牌传播至一些距离较远的社区。

3.3.7.4 租赁服务

为特别活动提供租赁博物馆设施的服务可以拉近博物馆与实际和潜在观众、潜在赞助商和捐赠者的距离。当人们在博物馆举办重要的家庭活动时，如在博物馆庭院举办婚礼，或在教育教室中为孩子庆祝生日，博物馆会成为他们的生命中一个特别的地方，他们将客人带到了博物馆，其中有部分人还是第一次走进博物馆。如会议和招待会之类的商务、政治和专业活动也扩展了博物馆与社区之间的关系。博物馆的空间和成本难以满足租赁服务的巨大需求，因此某些租赁服务作为一种福利仅对最高级别的会员和支持者提供。答复观众的问题、洽谈租赁协议以及活动本身所体现的服务质量，可以体现出博物馆致力于观众服务的导向。博物馆管理层也应意识到，博物馆的声誉才是对顾客最好的吸引力。因此，博物馆应为客户提供卓越的餐饮服务和顾客服务，而租赁的成本也应是该城市最高的。租用博物馆场地举办特别活动应被视为其品牌认知度宣传活动的一部分，因为它反映了参与活动的人们如何看待博物馆的品牌。在举办租赁活动时，博物馆还需要对常规观众保持敏感度。这也是为何许多博物馆都会精心规划出专门的租赁场所。

3.3.7.5 餐饮服务

博物馆在其场馆内设置餐厅或咖啡厅主要是为了提升观众的参观体验，为他们提供休息、饮用茶点、结交朋友的社交场所。良好的餐饮服务可以延长观众在展厅停留的时间，并吸引他们再次参观。较差的食品或服务质量则会产生相反的效果。当餐饮服务由私人承包后，博物馆对餐饮服务的标准和要求也应写入与餐厅经营者签订的合同中。

博物馆需要在了解观众及其需求的基础上制定这些标准和要求，同时也需要考虑餐厅或咖啡厅经营者能够获得足够的收入（见第 3.5.2.1.3 节）。年轻的家庭观众想要简单、健康和便宜的餐饮，并且希望餐厅的氛围较为包容，如果儿童不小心打翻了食物或哭闹，也不会引起尴尬；而年长的观众更喜欢安静的环境，可以在餐桌上享用物美价廉的点心；那种铺上白色桌布、环境优雅的高档餐厅或休闲的卡布奇诺酒吧在博物馆里可能受欢迎，也可能没有市场。

只要参观的学校团体有需要，博物馆就应为学校团体的午餐提供单独的设施，一群精力充沛的学龄儿童正在为博物馆的参观之旅和午餐的休闲时光兴奋不已，此时最好不要让他们破坏了其他观众的博物馆体验。自动售货机足以满足学生的需求。

许多博物馆的餐饮服务和零售商店需要重点考虑的一个因素就是合理的选址，以便它们能够为普通公众和博物馆观众提供服务。商店应设置在出入口的必经之路上。咖啡厅可能希望利用屋顶的景观，并且许多较大型的博物馆都提供多种层次的餐饮服务，一种是为满足快速餐饮需要而设计的，另一种则是针对晚餐或全套餐饮服务而设计的。对于较小的博物馆和美术馆来说，最好是开一家吸引人的小餐厅，供应各种健康食品与品种齐全的咖啡和茶饮。博物馆应根据市场的需求对商店的选址和服务层次进行审慎考量再明确下来，同时邀请经验丰富的餐厅运营商制定经营计划。

在大多数情况下，获得授权的运营商可能还会要求博物馆同意由他们负责租赁场地的餐饮服务。为了提高他们成功的概率，博物馆的管理者应为承租方提供这种服务选项，但也应该允许承租方选择引入自己的餐饮服务商，这可能需要支付少量的额外费用，因为有些承租方希望为活动配备专门的餐厅。

在餐厅或咖啡厅工作的员工就像在商店工作的员工一样，有机会为观众提供服务，并与他们进行面对面的交流。重要的是，他们要明白自己的工作是服务观众，而不仅仅是提供食物。这意味着博物馆需要对他们进行培训、监督和评估。博物馆与食品服务供应商签署的管理合同必须包含如下条款：如果食物或服务的质量不再合乎要求，博物馆管理层可以采取警告、暂停或终止服务等措施。

3.3.7.6　观众服务是所有博物馆员工的职责

为了实现响应观众的目标，博物馆管理层和公共项目员工除了通过调查、报告和留言簿了解观众，还需要更进一步与观众建立联系。节假日和周末是大部分观众选择参观博物馆的时间，如果博物馆的管理层、藏品研究员、教育员和活动组织者在这些时间不上班，那么该博物馆就很难实现以观众服务为导向的目标。部分的机构变革需要博物馆将重点放在其公共职责上，这需要管理层重新思考博物馆的职责，此项工作可以从安排值勤表这种简单的任务开始，以确保所有员工周末在展厅内轮班。这是许多一流博物馆采用的优秀做法。

3.4　设施规划与管理

博物馆选址范围包括大学校园、城市公园、繁忙的市中心街道、历史上的著名战场或遗产村落。博物馆的建筑中既有当代顶尖建筑师的作品，也有精心保存下来的文化遗产建筑。人们常常认为，古老的建筑可以成就优秀的博物馆，而伟大的建筑师则能够打造出伟大的博物馆。尽管这两种观点不一定正确，但它们都可以通过谨慎的规划来实现。本节将主要讨论博物馆空间和设施的发展规划及管理。

3.4.1 设施规划

博物馆的发展往往是因为收藏这项重要活动而超出了界限。观众对博物馆的期望越来越高，游客与社区居民一样，对博物馆体验抱有更高的期待，他们通过电视、其他媒体平台以及国际旅行经历了解了许多世界著名的旅游景点，对博物馆的期待也随之水涨船高。随着技术不断变革，博物馆建筑也在不断扩张或升级。和许多突破性的技术一样，多媒体成像技术影响了博物馆的体验及其背后的研究和知识基础。

所有这些因素都使得世界各地博物馆的数量和规模出现了持续增长，其复杂程度与日俱增。事实上，博物馆的建筑是最复杂、最昂贵的建筑类型之一。有限的预算和技术方面的限制使它们不可避免地成为妥协的产物。放眼世界，许多博物馆建设项目并没有达到主管部门的期望。博物馆建筑太小或是过大，连接电梯的走廊存在天花板过低或转弯空间不足的问题，博物馆由于条件的限制无法为观众提供更丰富的参观体验，这些情况在世界各地都很常见。

博物馆应谨慎地实施建筑的规划、扩建、搬迁或翻新，以确保建筑满足专业人士对藏品的保管需求，最大程度地为观众提供创意服务并满足社区的要求。确定设计年是刚开始制定设施规划就会遇到的一个基本问题，设计年可以定义为规划中设施充足的最后一年。先确定设计年乍看可能有些自相矛盾，但事实上，博物馆很有必要对藏品、展陈空间、观众人数等方面的增长幅度划定界限或进行限制，因为这些因素会影响博物馆所需额外空间的规模和特征。许多项目的设计年定为 20 年或 25 年，因为新设施或扩建设施的启用日通常是自规划起 5 年以后了，而且若想预测更长时限的藏品和其他资源的增长态势，其结果往往不准确。

3.4.1.1 建筑师的角色

博物馆的设施规划涉及多个学科领域。但许多博物馆专业人士和理事们认为规划博物馆属于"一个建筑问题",只能由建筑师来解决。毫无疑问,建筑师在其中扮演着重要角色,但问题在于建筑师不了解博物馆如何运营。因此在建筑师开始工作之前,最好先由博物馆专业人员来确定博物馆的功能需求。过早任用建筑师是博物馆设施规划过程中最常见的错误。

建筑师最钟爱的六个字,大多数参与过博物馆规划项目的馆长和藏品研究员都有所耳闻,前三个字是"还早呢"。也就是说,建筑师可能在某次会上向博物馆的馆长或藏品研究员展示博物馆的建筑概念,但馆长和藏品研究员在概念方案中却找不到一座成功的博物馆所需的某些重要特征,这些特征在博物馆的专业人士看来不可或缺。当馆长或藏品研究员询问此事时,建筑师则向所有人保证,目前展示的是概念草图,现在讨论这些问题背后的细节还为时过早。

于是馆长或藏品研究员便开始耐心等待。几个月甚至几年后,等待时间根据项目的进展速度而定,他们再次受邀参加会议,建筑师在会上展示更详细的计划,而博物馆的要求仍被置若罔闻。当馆长或藏品研究员再次表达担忧时,就会听到建筑师最喜欢说的另外三个字"太迟了"。建筑师继而向馆方保证,现阶段也可以满足博物馆的要求,只是需要花一大笔钱,博物馆应该早点阐明这些要求。

这种令人沮丧的经历绝不仅是建筑师单方面的过错,究其原因,往往是因为博物馆的专业人员没有或者不能按照建筑师可以理解的方式表达需求。

对于展览设计师、市场分析师、管理顾问或者博物馆在制定规划过程中需要咨询的其他人来说也是如此。他们只有在博物馆规划师的帮助下了解了博物馆的需求后,才能给出有用的建议。因此,博物馆在咨询建筑师、设计师或其他人之前,花点时间对设施进行规划是成功建造、扩建、翻新或搬迁博物馆的第一步。此类规划过程通常被称为策划(briefing)或制定计划(programming),其成果被称为功能概述(在英国称为 functional brief)或功能简介(在美国称为 functional program)。在制定规划的过程中,最先拟定且极具价值的文件就是设施策略。

在本节案例研究 3.7 中,项目资深专家彼得·威尔逊讲述了如何对位于伦敦班克赛德地区的泰特现代美术馆进行成功规划和设计的故事。为了容纳自开馆后到访的大量观众，泰特现代美术馆实施了大规模的扩建项目。彼得介绍，他们精心准备了一场比赛，其目的是挑选一名合适的建筑师而不是设计方案，这场比赛随后开启了美术馆全面制定规划的过程。包括彼得在内的泰特美术馆高级职员在这一过程中向建筑师们详细阐述了他们的需求，最终形成了一份功能概述。

案例研究 3.7　　为泰特现代美术馆制定规划的过程
彼得·威尔逊

　　泰特美术馆[1]是英国的一座国家博物馆。为了存放亨利·泰特爵士收藏的英国绘画作品，它于1897年在伦敦米尔班克建立，建立之初是英国国家美术馆的一个分馆。几年之内，它就发展成了一座现代艺术的宝库，英国国家美术馆希望将泰特从特拉法尔加广场搬离。几十年间，它一直在英国艺术的国家收藏机构和英国国家级的"现代艺术博物馆"两个身份之间徘徊挣扎。

　　到了20世纪80年代，为充分展示当代艺术作品，泰特在原馆址上进行了一次较大的扩建并于1979年开放，尽管如此，人们还是认为只有分别为两个大型收藏机构提供风格各异的独立"容器"，这一问题才能得到解决。因此，泰特美术馆在其原址附近收购了足够多的土地，对现有博物馆进行大规模的扩建，并制定了实现这一目标的总体规划。之后泰特在扩建的场地上修建了一个延伸建筑，即克洛尔馆（收藏特纳画作）。有人认为，进一步的开发需要分阶段筹集资金，总体规划要求在馆址上建一组单独的博物馆，包括一个雕塑博物馆、一个当代艺术博物馆，以及一个图书馆和档案中心。然而，这一方案既没有获得公共资金，也没有得到私人资助。1988年，尼古拉斯·塞罗塔就任馆长，借此机会重新评估泰特战略。彼时，泰特美术馆刚刚在利物浦成功地开设了一个致力于现代艺术的北部分馆，这对在伦敦开设一家单独的现代艺术博物馆的计划来说，是一个不错的时机。

　　泰特工作人员的首要任务是向建筑师演示，充分展示泰特所收藏的现当代艺术品需要多大的空间。当时，他们采用了一种非常简单的空间规划

---

[1] 泰特美术馆现已将其馆藏拆分，成立了四家美术馆：位于伦敦的泰特英国美术馆（在泰特美术馆原址）和泰特现代美术馆、泰特利物浦美术馆、泰特圣艾夫斯美术馆。——编注

方法，以泰特美术馆1979年扩建的9×9平方米的正方形展室模块为基础进行测算。这些模块化空间可以组合起来，将战前泰特的单个、两个和三个正方形的展室平面图复制出来。这种方法的优点是让藏品研究人员能够根据熟悉的空间形状和大小进行规划，他们可以建造一系列假设的"展室"来展示全部的现代藏品。他们在米尔班克的可用空间上规划博物馆建筑概念图，并将这些展室也纳入进来。图3.6A清楚地表明此处无法容纳一座国家现代艺术博物馆。

泰特美术馆　　　　　　　　　　泰特现代艺术
　　　　　　　　　　　　　　　博物馆所需空间

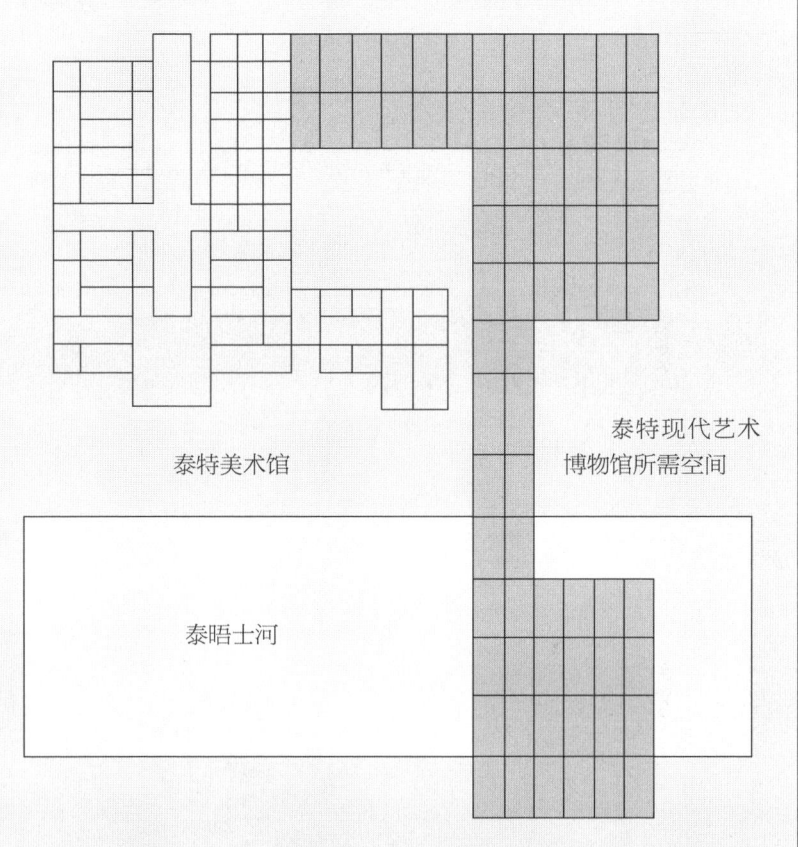

泰晤士河

图3.6A　泰特现代艺术博物馆的空间要求（新建筑若是像现在的泰特美术馆一样采用单层顶部采光的展厅设计，则需要跨越泰晤士河！）
图片由彼得·威尔逊提供

博物馆明确了新现代艺术博物馆（暂名为"泰特现代艺术美术馆"，Tate Gallery of Modern Art）的理想空间要求是比原来的泰特美术馆展陈面积稍大一点，因此，他们决定在撰写功能概述之前先找到合适的馆址。最终，他们选定了班克赛德的一家发电厂，而选址过程都被记录下来（参考卡尔·萨巴格的著作《发电厂的艺术变身：打造泰特现代美术馆》，班克赛德，2000）。泰特现代艺术美术馆需要一个比米尔班克的泰特美术馆更接近市中心、人流量更大的场馆，这是选址的基本要求。泰特利物浦美术馆坐落在一个历史悠久的码头建筑群内，观众数量大大超过了其设定的目标，而当时（1993—1994），泰特在康沃尔郡圣艾夫斯城的另一个分馆已经开馆。圣艾夫斯分馆依海而建，附近游人如织，这显然是它取得成功的一大因素。班克赛德人流量大的地方靠近伦敦南岸的文化综合体，此处可以欣赏到泰晤士河对岸的主要旅游景点圣保罗大教堂的壮丽景观，因此是理想之选。

选择已有建筑作为博物馆的馆址，无论建筑规模如何，无论该建筑可以进行何种程度的改造，都会同时面临着机遇和挑战，我们以这些机遇和挑战为基础撰写了一份简易版的功能概述，收录于1994年出版的《泰特现代艺术美术馆：建筑师选拔竞赛》一书中。泰特现代艺术美术馆特意只提供了一个非常基础和简要的概述，包括建筑面积明细表、发电厂转换用途的可能性说明表（见图3.6B），以及指示主要空间之间关系的一系列流程图。

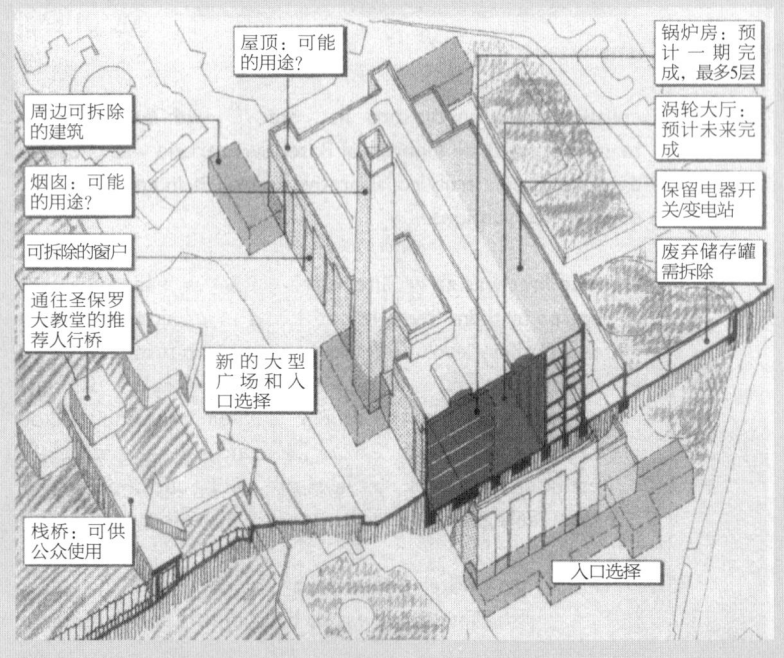

图3.6B 可能性说明图（摘自《泰特现代艺术美术馆：建筑师选拔竞赛》）
图片由泰特美术馆惠允

图3.6C 项目团队工作照（赫尔佐格和德梅隆建筑事务所以及斯坦霍普房地产开发公司的工作人员与泰特美术馆的项目经理在巴塞尔检查涡轮大厅的大型模型）
图片由彼得·威尔逊提供

比赛的重点是挑选建筑师而非设计图，因此第二阶段的工作重点是通过与泰特经验丰富的客户团队进行互动来发现入围建筑师在协作上的优势。位于瑞士巴塞尔的赫尔佐格和德梅隆建筑事务所因展示了真正的协作方式，被选为美术馆的设计团队。此外，他们还采取了两项原创的干预措施：

· 第一个是在原有建筑的基础上新增了一部分（他们称之为"光束"），这标志着建筑的用途发生了变化。这部分建筑将光线引入最上层的展厅，并将屋顶餐厅设在其上方。

· 第二个是设计了斜坡式的西入口，该入口从涡轮大厅的外部开始，一直延伸到大厅内部建筑三分之一处，由于建筑最底层地面低于街道水平线，这一设计大大减轻了不适感，使可用空间看起来再也不像低档的地下室了。

泰特美术馆的工作团队特意将目标放在挑选一位建筑师身上，而不仅是挑选设计方案，初期他们通过竞赛工作坊与建筑师建立了融洽的关系，团队所面临的挑战就是如何继续发展这种融洽的关系。赫尔佐格和德梅隆建筑事务所之前从没遇到过想要通过对话来制定功能概述的客户。与此同时，泰特不断提出严格的要求。最初，建筑师们每月造访伦敦，报告进展并接受建议，然后返回巴塞尔单独完善他们的设计，但这种模式并不适合泰特团队。在接下来的设计开发期，泰特的一个核心团队与其他伦敦设计团队成员一起定期前往瑞士进行商议。

在这些会议期间，他们参观了其他景点，包括泰特圣艾夫斯美术馆、泰特利物浦美术馆、卢浮宫、奥赛博物馆、马斯特里赫特的博尼范登博物馆，以及一些建筑师的新项目。在参观的过程中他们建立了良好的关系，双方积极讨论并提出了许多建设性的意见，由此促成了良好的工作关系。他们的考察足迹遍布各地，确保了各方始终有机会公开讨论有争议的问题，而不用担心冒犯任何一方的感情。他们在考察中收获颇丰，如在马斯特里赫特之旅中看中了未经处理的木地板，对泰特圣艾夫斯美术馆保留原发电站的窗户，将其融入美术馆的设计中的做法大加赞赏。

泰特美术馆在从米尔班克原址的发展历史中总结出一个明确的原则，即新的泰特现代艺术美术馆应强调适应性，而非灵活性。灵活性需要定义未来可以容纳的内容，而适应性是通过客户和设计师之间的对话实现的，最终双方通过对话就什么才是好的博物馆空间、为什么如此、如何去做等方面达成了共识。泰特现代美术馆（即泰特现代艺术美术馆，于2000年开馆时的样子）已经进行了多次调整——事实上，项目预算从一开始就预计

图3.6D 从泰晤士河对岸欣赏泰特现代美术馆（2008年6月10日）
图片由彼得·威尔逊提供

> 到了这些调整,便预先提供资金供在完工后一年内使用。这一做法带来了双重好处,既可以吸取经验,也可以说服新任命的运营人员保持"观望"态度,而不是要求在项目生命周期内做出改变。
> 　　泰特现代美术馆的成功在很大程度上归功于客户团队与整个建筑团队致力于打造一座成功的公共建筑的共同愿景,而这一愿景又来自双方友好而富有成效的合作。泰特现代美术馆每年接待游客约500万人次,是其设计容量的两倍多,其二期项目再次聘请赫尔佐格和德梅隆建筑事务所设计,已于2016年向公众开放。

3.4.1.2 影响设施规划的因素

博物馆制定设施策略时,需要研究以下影响博物馆需求的六个方面,最终才能撰写出一份成功的功能简介或概述:

■ 观众分析:对博物馆现有观众展开的定性和定量分析(如果博物馆已经开放)有助于明确观众对于设施的需求。问卷调查和跟踪研究可有助于深入分析,调查时应咨询残障观众、学校参观团里的带队教师、旅游巴士供应商、其他专业兴趣团体以及普通观众。

■ 市场分析:为了使新设施为现有的参观群体及更广泛的公众服务,对潜在市场进行定性和定量分析十分有必要,并且比观众分析更为重要。该分析可能旨在确定新设施的目标市场,或博物馆扩建、翻新或搬迁后可吸引的不同市场。当然,是否利用这些机会取决于博物馆的使命,此时或许应该重新考虑这些使命。

■ 藏品分析和发展策略:博物馆的核心是收藏艺术品、文物或标本。博物馆应对目前的藏品规模和特征进行全方面的分析,尤其是对其预期增长和最终想要展示的藏品数量和展示方式进行分析。在制定博物馆设施规划过程中,为藏品储藏、安保和保管提供充足的发展条件也是至关重要的考虑因素。

■ 公共项目评估:博物馆看似关乎于物,但实际上关乎于人。博物馆的展览,利用现有技术对藏品进行阐释的方法,以及相关的教育活动、出版物和媒体产品、延伸和拓展活动,为观众提供的商店、餐饮等服务,这些都对博物馆的规划有重要影响。馆内的学术研究活动经常被忽视,但它是博物馆公共项目中至关重要的核心：研究活动是博物馆的生命线，博物馆必须为其提供人员、空间和设施，并对在馆内开展的研究活动进行规划以满足博物馆公共项目的需求。

■ 机构背景：在博物馆制定规划的过程中，人们经常忽略一个重要部分，即确定博物馆与政府、教育机构、其他博物馆、旅游业以及私营部门的潜在捐助者或赞助商之间的关系。尽管这些问题更多时候被放在战略或总体规划的背景下予以考量，但它们对设施规划的制定同样重要，因为它们也会带来空间和设施方面的需求。例如，如果博物馆要变得更加独立于政府或者需要自筹更多资金（如巴黎卢浮宫），那么它可能需要更多位置更好的零售空间、餐饮服务和多功能厅；如果博物馆要与学校合作完成项目，则可能需要利用学校的经费设计和建造新设施。

■ 机构规划：这是另一个常被忽视但是最基本的领域，即确定或重新考虑博物馆的使命、任务、宗旨，以及治理模式和管理结构。尽管它们同样常被认为是战略或总体规划的一部分，而非便利措施规划[1]，事实上，机构规划直接影响到不同决定的优先级，因为很明显，博物馆不能提供所有期望的空间和设施。

根据以上分析，我们可以了解博物馆在这些方面的需求：

■ 人员：为计划推出的公共项目提供预计数量的藏品，这些工作需要配备多少名员工？他们将在哪儿办公？是否有足够的员工办公室和辅助设施？

■ 空间：需要详细标出展厅区、储藏区以及公共和非公共的支持空间，根据邻近需求对这些空间进行关联，并按照工程要求和成本类别对它们进行分组。最后完成的内容一般被称为空间计划（space program）。

■ 设施：展览规划是设施规划的一部分，其内容包括藏品保护、信息记录和许多其他博物馆专业活动对设施和设备的需求。

工程师会对人员、空间和设施进行规划，主要是为了满足与消防、健康、安全和残障人士需求相关的建筑规范要求。遵守规范当然很重要，但博物馆的规划师和理事会也应该抓住制定设施规划的机会，比以前更充分地履行博物馆的使命，甚至可能重新考虑这一使命。例如，在博物馆环境控制、

---

1 便利措施规划（accommodations）指为残障人士等提供的便利措施。——译注

照明和安全方面达到国际公认的标准有助于博物馆组织或借入大型展览。

博物馆管理者尤其需要考虑这样一个基本问题，即他们希望能为公众提供何种程度的视觉可及性（visual access）。博物馆建筑项目一次又一次在缺少规划的情况下进行，都没有考虑到这一基本问题。许多博物馆仅展出了 5%—15% 的藏品，还有很多博物馆在完成基础扩建项目后，藏品展出比例反而变得更低。如果博物馆原本计划如此，尚可接受；但很多时候，博物馆甚至都没有提出这些关键问题，例如：

- 当前的展示藏品与库房藏品的数量比率是多少？
- 这个比率令人满意吗？
- 如果不令人满意，可接受的比率是多少？
- 我们如何才能达到这个比率？

上述问题常常可通过引入新的展示方法来改变展示藏品的密度，或者为某些特定模式的展览分配更多的空间来解决。博物馆可采用的展示模式（见第 3.3.1.1 节）包括：

- 美学或沉思型展示模式，适用于艺术博物馆，展示密度很小（如在 150 平方米的展厅中展出 30 幅画作）；
- 情境、主题或说教式展示模式，将藏品放置在彼此相关的情境中以增进观众的理解，展示的密度通常大于美学展示模式（每平方米展示更多的物品）；
- 空间布置，即按照藏品的原始布置情况对藏品进行分组，展示密度通常大于情境式展示模式，尤其是当藏品的条件允许博物馆对展厅进行精致装修时；
- 可视化库房，有时也称为研究型库房，其中藏品按类型分组，如同它们在库房中摆放的一样，不同之处在于这些藏品是供观众进行视觉观察和对比用的，这种模式的展示密度最大，呈现的信息密度也最大。此外，如果这些藏品信息被录入到旁边的计算机上，公众就可以访问与之相关的目录信息。

选择哪种展示模式是负责展厅规划的博物馆专业人员的首要职责。不同的展示模式可对公众能看到的展品数量以及展览所需的空间产生影响，博物馆规划师应从一开始就考虑现有的展示密度、过去和预计的藏品增长率，以及博物馆在提高视觉可及性和观众体验上采取的措施，从而评估不同展示模式所带来的影响。

一些博物馆可能存在展厅过度拥挤、藏品阐释的空间不足、藏品由于常年展出展览而出现了劣化变质等问题。在进行展览规划时，博物馆应始终将藏品保护放在最重要的位置，而制定设施规划的过程可能是几十年来首次出现的推动展览实现轮换计划的机会，博物馆可以利用这次机会用其他藏品取代曝光过度或材料特别脆弱的藏品。这些常年展示的藏品经历了长时间的光照，急需休整一段时间。博物馆也可以在展示密度较小的展览中采用更加生动的方式向更广泛的观众群体讲述与藏品有关的故事。

一旦考虑了所有的可能性，博物馆对人员、空间和设施的要求就可以转化为资金需求，即资本和运营成本的预期开支，继而转化为增加收入的机会。如资金的需求超出了博物馆的筹款能力，那么博物馆可能需要重新计划，但至少博物馆知晓了所有的选项，可在审慎考量失去的机会和确定好的重点事项后做出选择。

案例研究 3.8　　史密森美国艺术博物馆的可视化库房
乔治娜·巴思

卢斯基金会美国艺术中心集研究中心和可视化库房设施于一体，展示了华盛顿特区史密森美国艺术博物馆的藏品。史密森美国艺术博物馆坐落在历史悠久的美国政府专利局大楼内，而位于博物馆内的卢斯基金会美国艺术中心展厅最初是为了在落地玻璃柜展示专利模型而修建。1958年，史密森学会收购了这座建筑（十年后向公众开放），该展厅被用作博物馆的图书馆，公众只能通过预约参观。博物馆最近的翻新目标之一是增加展厅和公共空间，曾经用来展示专利模型的区域后来成为博物馆的图书馆，这一场地非常适合转化为可视化库房。

项目于2000年启动，当时亨利·卢斯基金会为博物馆资助了1000万美元用于创建艺术中心。随后的六年里，员工开始着手新场馆的规划、研究和设计，最终艺术中心于2006年开放。64个玻璃柜中展示了3300多件藏品，此外还设置了10个交互式电脑亭、6个特殊装置和1个咨询台（见图3.7A）。

卢斯基金会美国艺术中心的开放获得了积极的反响。该中心已成为一个充满活力的目的地，观众可以在这里探索，与藏品建立联系。观众的评论也体现了该中心所秉持的精神：
- "可视化库房的点子太棒了。每个人都应该来这里看看这些隐藏的宝贝。电脑亭非常不错，我很喜欢艺术家的视频和采访。"
- "寻宝游戏太好玩了。我有一个10岁的儿子，他今天本来在博物馆逛得精疲力尽了，然后迷上了寻宝游戏，又开始到处看展品了！谢谢，太感谢了！"
- "能在现场找到你们的工作人员真是太好了。你们能解答我们的问题，给我们讲述背景故事。"
- "我喜欢这种展示方式，可以看到很多艺术品。我喜欢展柜的排列方式，每种类型的展品都有自己的空间，摆放得很密集但不拥挤，可以仔细观察作品而不会觉得有压力。"

图3.7A 卢斯基金会美国艺术中心的展柜
图片由史密森美国艺术博物馆惠允，肯·拉哈伊姆（Ken Rahaim）拍摄

卢斯基金会美国艺术中心坚守博物馆的使命，为公众提供了一流的场馆，让他们理解、欣赏藏品，并享受藏品所带来的愉悦。更重要的是，它能够让史密森美国艺术博物馆展示极其广博的美国艺术的样本。我们不再将重点放在藏品中少数颇受欢迎的艺术家或流派，而是通过展示我们藏品的深度和广度来吸引大量的利基市场[1]。所有来到卢斯基金会美国艺术中

---

1 利基市场（niche markets）指在较大的细分市场中具有相似兴趣或需求的一小群顾客所占有的市场空间。——译注

心的观众都会发现一些吸引他们的东西，如一个拥有百年历史的鱼饵、一幅描绘他们家乡邮局的画作、他们每天步行经过的公共雕塑模型。

在构想创建艺术中心的过程中，我们希望为观众提供真正的幕后体验，让他们有机会走进艺术博物馆的库房，欣赏数千件通常不会出现在幕前的艺术品。为了帮助观众探索储藏空间，我们将这些藏品分为几个大类：

- 19世纪和20世纪的绘画；
- 19世纪和20世纪的雕塑；
- 民间艺术；
- 当代工艺。

展柜两端的大幅彩色图形为展览不同的部分提供了清晰的指引。在大类中，每个展示柜侧面都有背景介绍。有的主题很明显——在当代工艺中，我们按媒介划分藏品——但有时展柜的设计会更多地受到藏品的大小和形状影响，而不是由内容决定。

除了这些展柜，卢斯基金会美国艺术中心还在抽屉里展示了三类藏品：肖像微缩模型、奖牌奖章以及工艺珠宝。这些气动抽屉是为卢斯基金会美国艺术中心专门设计和制造的，肖像微缩模型尤其受益于这种储藏方式。微缩模型通常是用水彩在象牙上作画，因此对光线、振动和湿度非常敏感。如果在常见的展示环境中，这些微缩模型只能展出几个月。抽屉便于我们安全地展示400多个肖像微缩模型，观众可以通过这一独特的展示方式永久参观博物馆的大部分藏品（见图3.7B）。

图3.7B 卢斯基金会美国艺术中心展柜抽屉
图片由史密森美国艺术博物馆惠允，米尔德里德·鲍德温（Mildred Baldwin）拍摄

为了在展柜中给尽可能多的藏品腾出空间，展览提供了有限的阐释。绘画作品仅提供一个小说明牌，说明内容包括艺术家姓名、作品名称和入藏号，而其他藏品只提供入藏号。观众可以通过10个交互式触摸屏电脑亭获取每件艺术品的扩展信息。在四年多的时间里，博物馆员工对3300件藏品进行了研究并制作了阐释性的文本说明牌，并为1100位艺术家撰写了详细的传记，此外，还制作了100多个视频和音频片段，包括对当代美国艺术家的采访和解说幻灯片。电脑亭还能将人们的参观范围扩大到博物馆实体之外。观众在浏览数字化的藏品时，可以把自己喜爱的艺术品"收集"到一本虚拟剪贴簿中，并通过电子邮件发送给自己。回到家后，他们可以仔细查看自己在博物馆收集的艺术品，访问博物馆官网收集更多作品，制作主题剪贴簿，自己撰写说明牌，并与他人分享剪贴簿。

一周七天，卢斯基金会美国艺术中心的咨询台都有工作人员在岗，回答有关博物馆藏品、展览、项目和活动的问题。艺术中心自开放以来，已成为博物馆中一个充满活力的地方，推出了家庭寻宝游戏、素描工作坊、展厅讲座和导览服务等各种项目。卢斯基金会美国艺术中心的工作人员收集了大量的统计数据和观众反馈的趣闻，提供了与博物馆观众体验有关的宝贵信息。

我们不断探索和发展服务观众的新方式，卢斯基金会美国艺术中心也在不断发展，接下来的计划包括：

- 通过手机提供音频内容；
- 为电脑亭开发新的媒体功能；
- 升级中心提供的免费Wi-Fi；
- 推出一个多媒体探秘游戏，参与者组队参加，使用手机、电脑和真人对话解开一系列线索。

我们不断尝试新技术以吸引观众，我们相信卢斯基金会美国艺术中心现在、未来都将是史密森美国艺术博物馆不可或缺的一部分。

3.4.1.3 选址

选址有时属于对便利性措施进行合理规划的部分内容，以下是一些经常会影响决策的因素，具体包括：

- 可利用性；
- 可及性；
- 观众发展潜力；
- 藏品征集和发展成本，差额通过筹资解决；

- 安保方面的考虑；
- 建筑类型（是否存在现有结构需要翻新的问题）；
- 馆址或现有建筑物的规模和布局；
- 停车场地；
- 馆址是否显眼；
- 相邻设施的兼容性；
- 对地方发展规划的贡献。

在评估之前应对每个因素进行加权处理，也就是说，每个因素都会根据其重要性设定一个权重系数，权重系数与评估值的乘积就是该因素的总评分。所有待考虑的场地都采用相同的权重系数，而每个场地都为某一因素分配了特定值。例如，对于利用公共交通或其他方式可以方便到达的场地可能评分为 +3，而公共交通不方便的场地评分为 -2。如果可及性的重要程度的权重系数为 2，那么公共交通方便的场地在该因素方面得分总数为 6，而公共交通较不方便的场地则扣掉 4 分。正负评估系统非常有用，因为对于每个组成因素来说，一些场地具有正优势，将获得正评分，而有些场地不仅会有劣势，甚至可能因为该因素产生负面影响，将获得负评分。

博物馆应根据本馆的使命、政策和机构特征等基本问题对选址因素进行加权。例如，如果该博物馆曾经是政府、企业机构或大学所属的博物馆，但现在被要求尽量自给自足，那么博物馆确实应该大幅增加与观众发展相关的选址标准的权重。有时，几百米的距离对于最终建筑物的公共形象以及博物馆作为一个公共景点是否具备有效履行其功能的能力也是很关键的。如果安全问题非常令人担忧，甚至超过了所有其他因素的重要程度，此时必须对安全因素给予适当的权重。

人们常常会问，翻新历史建筑是否比新建建筑更可取，还是相反。我们必须对具体情况进行比较后才能得出答案。翻新往往成本较低，有时只是基本建设成本的三分之一。但是，博物馆的治理机构可能会发现，博物馆为翻新项目所支付的运营成本要比原建筑高出数倍，而工作人员可能每天都会对翻新的决定感到后悔，因为他们需要应对空间不足、走廊和楼层设计不便以及电梯或电梯外转弯空间不够等问题。

通常，保护一座没有其他用途的历史建筑是优先选择翻新方案的不错理由。从建筑保护的角度来看，这种做法值得赞扬，而保护也确实是博物馆自身使命的一部分，但选择历史建筑的理由应与博物馆的功能要求无关，因此博物馆还需要对资本支出和运营的成本进行考量。

3.4.1.4 组织设施规划团队

谁来进行设施规划？治理机构通常会成立一个建筑委员会，该委员会通过制定和监督项目的政策和预算框架来指导这一过程，预算框架通常与筹款活动相关。博物馆馆长必须发挥领导作用。对博物馆来说，任命一名项目经理非常必要。这个人选可以是在职员工，该员工在承担项目管理职责时应暂时免于承担其他职责，或者博物馆也可以在基础项目的整个生命周期内聘请项目管理的专业人员提供服务。通常，专业的博物馆规划顾问可为博物馆进行设施规划、撰写功能简介或概述提供协助，他们通过与上述所有人员合作以获得最佳成果。即使有了专业的博物馆规划师和经验丰富的项目经理，让所有为新场馆中的藏品和公众提供服务的人员参与进来也十分必要。博物馆的设施规划在很大程度上需要团队的努力。

因此，组织博物馆力量解决基本建设项目最重要的步骤是建立博物馆规划团队和建筑团队，其中通常包括建筑设计团队。

■ 博物馆规划团队由博物馆的员工组成，他们的工作是确保在基本建设项目中博物馆仍然正常实现各项功能，包括藏品研究的重要事项、藏品保护、安全、创收等。团队应由博物馆规划师领导，不管他是专门从事该领域的专业顾问还是博物馆员工中的指定成员。博物馆规划团队的任务是确保博物馆的要求得到清晰的传达，同时建筑师、工程师和承包商都能满足这些要求。成本顾问（或估算师）也应与团队会面，确保向团队清楚地说明了满足他们要求所需的成本费用。

■ 建筑团队包括建筑师、工程师、景观建筑师、其他必要的技术专家、承包商和施工经理。他们的任务是用技术图纸和规范满足博物馆规划团队的要求。指导博物馆规划团队的博物馆规划师还应与建筑团队会面，以确保他们在预算和进度允许的情况下理解并满足博物馆规划团队的要求。成本顾问（或估算师）也需与建筑团队会面，估计其设计和规范的成本影响，这名人选还要负责团队之间的沟通。

■ 在聘请承包商之前，建筑师、工程师和其他专业人员组成建筑设计团队。博物馆规划师也应是该小组的成员，与成本顾问一起共同努力确保博物馆规划团队的要求得到满足。

需要注意的是，博物馆规划团队对于规划、设计和建设的过程至关重要，博物馆应首先启动规划团队的工作，然而很多项目都是先成立设计团队。例如，在某次博物馆建设会议上，一场关于规划过程的会议仅仅介绍和讨论了建筑设计团队的工作。如果博物馆专业人员没有为本馆建筑做必要的规划，也就不能将过错归咎于其他的设计人员。

规划过程的结果也能明显地反映建筑团队与设计团队之间的关系。人们希望建筑师和建筑团队中的其他成员也能受到启发，共同打造出令人难忘的建筑，但博物馆规划团队关心的只是让建筑实现博物馆的需求。

项目经理会与所有团队会面，并不时召开集体团队会议。博物馆馆长应参加这些会议，然后向博物馆治理机构所属的建筑委员会汇报工作。建筑委员会通常不应参加相关专业人员的团队会议。

3.4.1.5 功能简介或概述

为了让基本建设项目符合博物馆的使命、任务和目标，博物馆在进行设施规划时应从战略规划或总体规划开始，同时可以根据需要对规划进行商定和修改。除了战略规划外，基本建设项目还需要对藏品进行分析，并完成发展策略、公共项目规划、市场分析和营销策略，这些都属于总体规划。如果是建设一座新博物馆，此过程即为可行性研究，研究完成后得出博物馆或其他设施的可行性结论（初步规划的具体步骤见第 3.1.1 节）。

当战略规划和总体规划确立了机构的长期目标以及在藏品、项目策划和营销方面的短期目标后，博物馆可以着手起草一份重要的文件——功能简介或概述，即博物馆对空间和设施的功能要求。这项工作最好在经验丰富的博物馆规划师或策划人员的帮助下完成。该文件之所以使用"功能"二字，是因为它描述了与博物馆实现功能相关的空间。

功能简介或概述应使用博物馆理事会和管理层能够理解的语言编写（因为它提供的是要求，而不是规范），通常包括：

1. 规划和设计原则（预计在项目生命周期内不会改变）以及假设（可

能会改变，但如果改变，将影响规划和设计）；

2. 场地特点和通道、标识、安全等方面的要求；

3. 建筑中按区域划分的所有空间及尺寸的列表；

4. 功能区的描述，如果不同区域的空间都与博物馆的某个功能相关，有时可将这些空间组合在一起，如展览、教育、零售或餐饮服务区；

5. 对博物馆有效实现其功能必不可少的相邻空间；

6. 观众、员工、供应商和贵宾，以及藏品、供给、食物和垃圾在建筑物内的出入通道和流通模式，这些路线可以与相邻空间一起在出入通道图、邻接图和流通图中展示；

7. 整个建筑或不同区域所需的建筑系统和标准，包括其全部藏品或部分藏品的具体标准，以及人体舒适度标准；

8. 建筑中按区域划分的每个房间的详细功能要求，通常以电子表格的形式呈现。该表格将许多因素与建筑中的每个空间进行关联，可以作为建筑师、工程师、承包商和博物馆本身在进行建筑调试（移交给业主）时的检查表。

设施策略一般涵盖上述清单中的前七点内容，但不包括每个空间的详细功能要求。通常，为了筹集资金和制定规划，相关人员会制定一份设施策略。博物馆只有筹集到了足够的资金，可以规划更详细的内容后，才会开始制定一个全面的功能规划。或者，博物馆也可以把设施策略作为建筑竞赛的基础，并为选定的建筑师提供功能简介。

建筑团队在分析流通模式时应与建筑经理或建筑工程师以及安保主管协商。例如，尽可能确保运送食品和清除垃圾等物品收集的流通路径不要出现交叉或重叠的情况。同样，维修和更换设备的服务人员进入工作间时不应经过或穿过藏品区。博物馆还应为各种观众提供服务，包括孩童、学步儿童、残障人士、贵宾以及可能在非营业时间造访的客人。出席博物馆展览开幕式、表演或讲座的贵宾，如政界人士、专家、艺术家或音乐家等，可能需要一个单独的入口，等待活动开始的一个小休息室，以及绕过一般公共区域进入展厅、剧场等活动场所的进出通道。

整个建筑或内部区域的建筑系统和标准，以及为将这些标准酌情应用于建筑中每个房间的详细功能要求，需系统地记录以下变量：

- 建筑问题，即地板、墙壁、天花板、门窗、玻璃类型和隔热等级；
- 空气调节功能，即空调、湿度控制、室外空气控制、室内气体压力、热增量和环境控制标准；
- 机械规格，即对冷热水，蒸汽、气体或压缩空气的要求，对地漏、排气口等装置的控制；
- 视觉要求，即焦点对比度水平、日光或遮光规定、室内和室外的景观、隐私要求、灯具、直接或间接照明建议、显色指数、色温；
- 电气功能，即对讲机、电话、音频、视频、电影、电源和应急要求、时钟或其他应用、计算机需求、电涌保护和其他电力安全功能；
- 声学功能，即环境声音和语音隐私级别；
- 安保级别，即运动传感器、闭路电视、太平门闩、锁、铰链销和玻璃破碎探测器要求；
- 消防安全问题，即结构、门和挡板的防火等级，以及烟雾密度和火焰传播指数、燃料贡献水平、火灾探测器、灭火器和喷水灭火装置；
- 特殊功能，如抗震等级、承重水平以及险情控制；
- 与空间相关的所有功能的矩阵分为公共区域、非公共区域、藏品区域、非藏品区域四组，这对工程和成本计算最有助益（见第 3.4.1.8 节）。

除了列出上述因素的要求，功能简介或概述还需确保建筑：

- 符合相关建筑规范；
- 满足标准制定机构的要求，这可能与政府或私人基金会资助的资格有关；
- 满足国内外的单件藏品和整体展览借展机构的期望；
- 在考虑到博物馆的一些特殊要求的情况下，尽可能高效地运营，同时尽量满足节能和其他绿色可持续性要求。

功能简介或概述的起草任务不应分配给建筑师或工程师。他们的专业知识并不在于陈述博物馆的要求，而是用图纸和规范提供解决方法。功能简介或概述的目的是提出正确的问题，并阐明建筑师和工程师在工作中必须满足的博物馆的要求。博物馆规划师作为博物馆内部的一个专业岗位不断发展起来，这是因为这项工作急需经验丰富并且掌握了设施规划和功能简介或概述的专业知识的博物馆专家（见案例研究 3.9）。

> **案例研究 3.9　　功能简介或概述的必要性**
> 巴瑞·洛德
>
> 　　欧洲大陆一座历史悠久的博物馆计划进行扩建，我与一群博物馆专家同时受邀为该项目的三套建筑图纸和模型进行评审。该博物馆的特色藏品是中世纪和文艺复兴时期的橡木和其他木制家具及雕像，馆址位于一座20世纪50年代的建筑中，所有展厅都有一面巨大的落地窗。由于这么多玻璃的存在，环境控制几乎不可能。藏品研究员告诉我，在潮湿的夏日午后甚至可以听到展厅里举办"音乐会"——那些家具的接缝都在嘎吱作响!
> 　　三套入围的建筑平面图和模型（博物馆已支付费用）都设计了临时展厅、会员休息室、教学中心、餐厅和许多其他亮点。但是，该怎么处理常设展览呢？有人提出了一个计划，那就是新建场馆，然后用剩下的资金翻新现有的建筑。但事实上，这是20年来该博物馆唯一一次拿到场馆大规模提质改造的资金，这笔资金在扩建完成时就会花完，留给常设展厅的经费所剩无几。
> 　　接着轮到我对建筑师的规划发表评论了，我只好说三个都不选。建筑师们都很失望，但我向他们保证，这不是他们的错。没有人提出正确的问题，所以没有一个建筑师能给出正确的答案。没有人意识到博物馆的最高优先事项必须是保护藏品，而这一需求本应成为参与竞标的建筑师们陈述的重点。我只能建议博物馆重新考虑其功能概述，然后再与建筑师们沟通。据我所知，他们最后也是这么做的。解决问题的关键就是提供一份合适的功能概述。

3.4.1.6　从建筑概念到评估

　　功能简介或概述负责提出问题，即设定要求，而建筑师和工程师的工作就是提供答案，他们的图纸和规范被称为建筑文件（architectural documentation，在英国有时被称为技术简报）。功能简介或概述首先需要被转化为建筑概念或设计概念，继而转化为方案设计和深化设计或设计开发的渐进阶段，同时为了回应功能简介的要求，工程师和建筑师也需要撰写技术规范。博物馆规划团队和建筑团队应召开会议解决在这些过程中出现的任何问题。如果博物馆制定规划的专业人员参与了该项目的开发，他们还应被委托审查设计方案和技术规范，以评估这些方案和规范是否符合要求，或根据需要提出折中建议。

许多博物馆项目的设计负责人不仅有设计建筑师，还有备案建筑师。设计建筑师可能只负责概念设计或进一步完成方案设计，备案建筑师负责进一步深化设计，并出具施工图纸，一般是由获得该行政区执业许可的当地建筑师担任。博物馆向承包商发布的建筑或翻新项目招标文件则以施工图纸为基础。展览设计师也可以成为设计团队的一员，尤其在涉及大型复杂展览的自然历史博物馆、科学技术博物馆或历史博物馆的项目中。

计算机建模以及三维模型可用在整个项目过程中的各个关键节点，有助于将成果可视化，同时可助博物馆的筹款一臂之力。建筑图像建模（building imagery modeling）逐渐被应用于设计开发的关键部分，此举有利于发现各种设计与工程部件之间的潜在冲突。

在整个过程中，妥协不可避免，也是人们乐见的结果，但如何在预算、时间和技术的局限下以最优的方式实现博物馆在功能上的要求，这是博物馆必须始终予以重点考虑的问题。基本建设成本和运营成本之间往往存在反比例关系，前者的节省往往会导致后者的增加，反之亦然，博物馆必须慎重考虑。投标（或招标）文件会在设计阶段结束后确定，承包商再依据招标文件准备方案，开标后随之而来的就是合同谈判环节。成本顾问（或估算师）应在每个阶段提供估算服务，此工作可从总体规划后非常粗略的数量级预测开始，在规划过程中对估算进行细化，并计算每套设计方案的成本。项目顺利开标可以证明这一程序的准确性。对参与竞标的方案进行审查的环节很重要，其中审查的重点之一就是考察这些方案是否符合功能简介或概述。博物馆最终决策时不应仅关注最低的报价。

与大多数建筑项目一样，博物馆新建或翻新场馆的建设也应设置试运行阶段，即将建筑移交给客户投入使用，但在此之前，项目经理、博物馆规划团队和／或博物馆规划师应能够在项目竣工的不同阶段对项目进行审查，以确保该建筑满足博物馆的需求。不能遗漏建设流程的最后一个步骤，即根据功能概述或功能简介的要求对博物馆建筑性能再次进行评估。

3.4.1.7 制定设施规划的成本

人们通常认为制定设施规划的成本很高，这是因为他们没有将其纳入整个基本建设项目的成本予以考虑。许多博物馆资金短缺，即使在一些重大基本建设项目的初始阶段也是如此，而且他们通常不愿意将资金用在制定规划上，认为这些资金本可以用来"做点实事"。然而，整个制定和编制规划过程的支出通常不会超过项目总额的 1%，即使加上在设计过程中对建筑师和工程师的图纸和规范进行持续审查的花费，也仅占总成本的 1.5%。最初 1.5% 的花费是为了确保剩余的 98.5% 的资金得到充分利用。如果没有制定良好的规划，因建筑师或承包商变更方案而产生的成本则会高得多。

在整个设计阶段，博物馆规划人员会经常与建筑师、工程师召开会议，评审他们提供的方案和深化设计及规范。这一过程的花费根据世界各地的建筑行业计费惯例而有所不同，但通常仅占项目总额的 12.5% 左右，包括 1.5% 的规划制定和编制费用。在规划和设计阶段改变决定的成本相对而言还算便宜，再晚一点我们就会听到"太迟了"。

3.4.1.8 分区

在整个制定设施规划的过程中，控制成本、了解博物馆中的复杂空间并整理其工程要求的最佳方法之一就是将博物馆的空间分为四个区域，分别标记为 A、B、C 和 D 区：

A. 公共非藏品区：大厅、剧场、商店和餐厅等空间。博物馆在这些空间里要为观众提供最精细的服务，但不需要藏品保护区所必备的高级别安保和环境控制。

B. 公共藏品区：常设展厅和临时展厅以及公众和藏品可能处在同一空间的任何其他区域。这些是博物馆中造价最高、要求最苛刻的区域，为了接待公众，它们需要进行最精美的装修，同时还要满足博物馆藏品保护所要求的环境控制、照明和安保标准。

C. 非公共藏品区：永久藏品和临时展览藏品的库房、保护实验室、研究工作室、所有展览处理和工作区，以及其他保存有藏品的辅助区域。该区域需要采取藏品储藏级别的环境控制和高级别安保措施，但不需要达到接待公众所要求的精美装修。请注意，此处的"藏品"包括借展品以及博物馆自有的物品。

D.非公共非藏品区：不允许放置藏品的幕后辅助区域，如机械室、非藏品储藏区和办公室。这些区域既不需要采取复杂的环境控制和安全措施，也不需要为接待公众而进行精美装修，因此是博物馆建筑中成本最低的空间。

博物馆空间的四种类型划分，有利于建筑师和工程师规划高效的相邻空间。同时，如果所谓的价值工程法（value engineering）流程提出必须削减成本，当成本顾问（或估算师）和施工经理就消减哪些成本以及如何降低成本进行决策时，这种分类方法也十分有用。四区域分析法也让我们能够最清楚地看到该建筑的利用率能有多高，或者可以达到多高。通常情况下，大多数博物馆建筑约60%为公共区域（A区和B区），约60%的空间用来存放藏品（B区和C区），而40%的空间通常为展厅（B区），其他3个区域各占约20%（见图3.8）。

建筑空间分区也有助于博物馆就运营效率或提升建筑的绿色可持续性制定规划。制定这些规划对博物馆来说极具挑战性，因为环境控制和安保的要求使得博物馆不得不选用那些在标准较低的情况下运行效率更高的设备和设施。适当的空间分区使工程师能够与博物馆规划师合作，尽可能减轻这些影响，而且分区至少可以确定哪些是能够或必须要节省成本和妥协的因素。

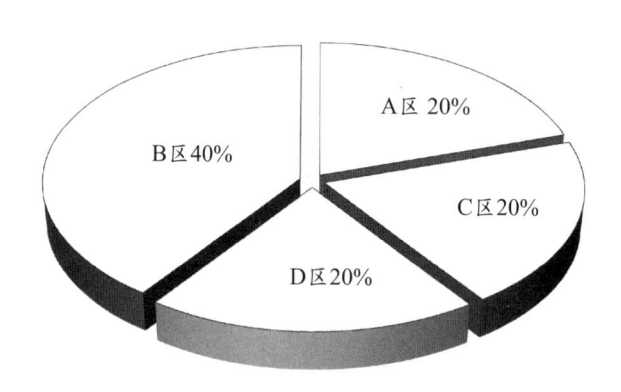

图3.8 标准分区空间

3.4.2 场地和建筑运营

博物馆场地和建筑的运营涉及三个功能：

- ■ 日常运营管理；
- ■ 维护和维修；
- ■ 安保。

本节在介绍上述三个功能之后，将进一步讨论博物馆如何将环保意识运用于工作中，即至少在某种程度上实现绿色运营。

3.4.2.1 日常运营管理

博物馆场地和建筑的运营管理涉及六个主要因素，通常按其优先顺序排列如下：

1. 观众、员工和其他人的健康和安全；
2. 藏品的安全和保护；
3. 为观众提供舒适便利的体验；
4. 满足员工的需求；
5. 建筑物的保护；
6. 可持续性、环境保护和节能。

如果该建筑是一座历史建筑，那么第五项可能会升至第三位，位列观众和员工对设施的需求之前。如果这座历史建筑比它所储藏的藏品更为重要，那么第五项甚至可能升至第二位，位列藏品安全之前。博物馆场地和建筑的运营可以被视为一种平衡所有问题的艺术，其中一些问题有时相互排斥。如果运营经理或建筑工程师不仅从整体上明确了重点事项，而且提供了具体的指引或做法，将对场地和建筑运营很有帮助。

管理前五个因素需要同时对各种功能进行监测和控制。除了运营经理，藏品保护员和负责公共规划的员工还应制定标准，并定期听取关于实际情况的报告。负责建筑运营的人员与负责藏品和观众服务的人员的合作对博物馆的顺利运转至关重要，他们之间的合作也需要高级职员经常干预，从而确保合作效率。每月定期召开一次会议是个不错的选择。

博物馆应该承认藏品保护和建筑保护之间经常出现内在冲突，但所有人都应知晓哪些事项是优先项。藏品保护员的目标是保持恒定的相对湿度，在温带地区的相对湿度数值通常为 50%，气温保持在 20—21℃（68—70℉），湿度变化幅度为正负 3%，变化幅度尽可能小。如果外部相对湿度变化很大，从盛夏的 90% 降到隆冬的 20%，满足上述要求可能会给建筑工程师带来挑战，尤其是在历史建筑内。建筑物需要安装用于防止空调气体进入建筑外墙的隔气层，以及用于防止水蒸气渗入隔热层的 4 毫米聚乙烯隔汽层（0.04—0.08 伯姆），两层隔离装置需重叠放置并合钉在一起。建筑工程师必须对此进行谨慎设计和安装，否则建筑结构可能会被损坏，博物馆墙壁出现的风化物等就是建筑遭到损坏的信号。

建筑物内的空气循环功能有时还应依据藏品和公众的需求进行调整。为了延长藏品的保存期限而调节空气非常费钱，如果将大量的未经调节的室外空气与室内空气进行更换，新入空气需要再次进行调节，这种做法不是很明智。室外空气调节风门应设计成固定风量，由定时器控制，定时器设置为在开放时间内引入最小可接受新风量，并在其他时间关闭这个功能。二氧化碳检测仪可以根据人们对空间的使用情况对新风量进行调节，虽然该设备价格较为昂贵，考虑到博物馆对室内空气调节的特殊要求，这些设备在日常运营效率方面获得的收益可以带来成倍的回报。

藏品与公众最显著的冲突就是开窗问题。人们喜欢窗户，青睐自然光，特别是艺术博物馆里的自然光，因此，建筑师和许多博物馆专业人士都认为天窗是博物馆展厅中的一道风景线。整面玻璃墙在当代建筑中很常见，但展厅不建议安装窗户，历史建筑中的窗户也通常被封上了（但从建筑外观看不出封窗痕迹），但应确保从历史建筑的外观看不见遮挡。然而现实中，无论是历史建筑还是新建筑，天窗在展厅中都很常见。路易斯·卡恩（Louis Kahn）在沃斯堡的金贝尔艺术博物馆设计的中央天窗和伦佐·皮亚诺（Renzo Piano）在休斯顿梅尼尔收藏馆的展厅上方设计的倾斜屋顶经常被视为可效仿的典范。但是，所有在博物馆墙壁和天花板上的开口都给建筑工程师带来了挑战，即使他/她是最杰出的建筑工程师。有人说，世界上没有不漏水的天窗，只有暂时还没漏水的天窗！还有人找到了在温带气候下有效的解决方案，例如在慕尼黑的新美术馆中，建筑师在展厅天窗下方的区域巧妙地布置了百叶窗和计算机环境控制装置，但这些装置在极端恶劣的天气下几乎不工作。曾经有一家位于北部气候区、造价非常昂贵的新艺术博物馆，馆内装修精美，大教堂式的天花板高高耸立，光线透过屋顶天窗照入室内，然而，在开馆仅仅几周后，他们就不得不在铺着地毯的展厅地板上摆放水桶，收集漏水。

所有窗户应使用三层玻璃，每层玻璃之间至少相隔1.3厘米，还应使用可过滤紫外线的夹层玻璃或有机玻璃将紫外线降至10微瓦每流明以下，玻璃外层采用聚碳酸酯材料以确保安全。窗户应安装通过手动或光电池控制的百叶窗，避免光线直接照射进展厅，天窗下方的区域应与展厅分隔开来（用另一层玻璃作为底板和展厅的天花板），形成一个"中间层"，以平衡外部和内部环境之间的差异，并防止水珠沿窗户玻璃边缘凝结。

位于热带气候地区的博物馆还面临一个问题，即大多数专业文献都是围绕温带条件的情况展开讨论的，而来自热带气候地区的文物或标本具有不同的吸湿能力。热带地区展示的精美家具设置温带的气候条件，其表层可能会不知不觉地被损坏。因此，对于新加坡等类似地区，我们建议将来自热带地区的藏品的相对湿度设为65%，而不是50%。

我们应尽可能采用技术含量较低的节能方法控制环境及降低成本，但要注意这种选择对藏品或博物馆借展能力的影响。对于可能影响藏品的环境条件，藏品保护员可能会允许更大范围的波动。例如，他们可放宽对工程师的设计要求，允许博物馆的相对湿度标准在博物馆5%及以上的运营时间内有5%—10%的波动。相对湿度可以按季节波动，在春季三个月里设定值每月上调5%，在秋季三个月里相应下调5%。

然而，上述变化造成的影响十分有限，因为博物馆建筑不仅必须满足机构本身的要求，还必须满足实际或潜在借展方的要求。举办临时展览的展厅应全年24小时保持最高的环境标准，或者至少在借展方提出要求时具备达标的能力，这是许多博物馆决定是否提供或升级供暖、通风和空调系统的最终原则。如果临展展厅必须达到这种条件，那么博物馆同时为所有藏品区升级配置通常更具成本效益。

博物馆的建筑室内环境应全年保持在温度20—21℃（68—70 ℉），相对湿度为50%，波动正负3%。这种要求对于本身为适应这种环境而设计的新建筑来说，尤其是在温带海洋性气候下，不会成为较大的难题。然而，在一座历史建筑或任何没有按照此类标准设计建造的建筑中，想要持续维持这一气候环境则极其困难，甚至不可能实现，特别是在大陆性气候的区域。对它们来说，保持55%的相对湿度标准可能是极限。即便如此，在历史建筑中也可能有必要在每年春季和秋季的六个月内，每月将相对湿度设置调整5%，即允许相对湿度从冬季的40%上升至夏季的55%，温度则在21—24℃（70—75 ℉）间波动，这些数值又在秋季三个月里调整回来。在任何情况下，金属和纸张藏品都需要更干燥的环境，相对湿度应尽可能接近40%。

无论博物馆的首席藏品保护员要求什么标准，负责建筑运营的人都应坚持且必须达到。工程师经常会提出异议，或者提出这将给建筑运营带来高昂的成本，因此博物馆管理者需要明确必须达到的条件，并坚持要求达成。曾经有一项针对美国佛罗里达州多个博物馆展开的调查发现，尽管所有接受调查的博物馆的管理者都表示希望博物馆能够维持最佳温湿度水平，但他们认为自己任职的博物馆达不到这种要求，其中只有一家博物馆保持了完美的温湿度水平记录。这家博物馆的馆长表示，成功的原因仅在于他在两年的时间里对工程师顾问们坚持不懈地提要求——为了显示他的强硬态度，他甚至拒绝向工程师们支付最后10%的费用，直到获得预期的效果。

博物馆的控制系统和设备在推动期望标准的实现方面具有决定性作用。博物馆应使用漂移系数低、工作量程短的电子恒湿器，并将其连接到用直接数字控制计算机操作的电子控制系统。控制恒湿器应安装在规格要求最严格的房间的墙上。我们建议中小型博物馆使用管道式电子电极式一次性圆筒蒸汽加湿器，较大的博物馆可使用中央蒸汽加湿器。

在规划和运营博物馆建筑系统时，冗余是重要的考虑因素之一。所谓"冗余"，是指在正常运行的设备出现故障或断电的情况下，建筑系统仍维持运行的能力。这并不意味着博物馆必须达到其供暖、通风和空调设备要求的200%，130%—140%就足够了，因为在正常使用情况下，无论何时都可能只需要65%—70%的负载量。冗余电源能力以及专用和监管安全电话线对于安保和预防性保护也很重要。

一旦确定了常规运行和冗余能力的标准并安装设备后，博物馆就可以在程序手册中规范大部分的场馆和建筑物的运营时间表。尽管运营手册初稿可能是博物馆要求承包商提供的最后一项成果，但博物馆馆长和藏品保护员应确保这些手册及其所体现的优先事项符合博物馆政策。即便是设计完善的博物馆也会出现一些简单的程序性错误，如建筑前门被人敞开，使得外部空气经过门厅直接进入展厅，而展厅的空气调节成本不菲。可能是服务员或店员考虑到观众的舒适性，打开了大门，但没有人告诉他们博物馆需要关闭前门的要求及其原因，因此产生了上述现象。

员工在装卸点、装运与收货平台的操作程序有时会违反博物馆政策，这就违背了早期安装昂贵设备的初衷。确保卷帘卸货门不会长时间开启的一个有效办法就是在两套卷门上安装两个互联闭锁装置，一个安装在博物馆的外部车辆通道处，另一个安装在从装运与收货平台到装箱和拆箱区域的内部通道处，如果一扇门打开，另一扇门必须锁上。在装运门旁边安装一扇单独的人行门也很重要，博物馆应该设立一个安全站控制两扇门的人员进出，若能借助闭路电视和音响系统更好，这样在任何一扇门开启之前都能识别出运送人员的身份，还应在藏品运输通道中所有门的地板以上 1.4 米处设置 75 毫米宽、450 毫米高的可视图面板。从装卸点到展厅和商店路程中的门、走廊、电梯的尺寸都应至少达到 2.44 米宽和 3 米高。

安保人员和建筑运营人员之间的合作对博物馆实现良好的管理至关重要。双方都应该完全熟悉对方的政策和程序，安保主管与运营经理或建筑工程师之间定期召开会议（可能是每周一次），有利于提高运营效率和保障安全。尤为重要的是，这两个部门都要充分了解诸如即将到达的展览或外借展品的运送等事件。运营经理还应与登录员或藏品研究员一起完成验收手续，以确保未经授权，任何文物、标本或艺术品不得进出博物馆场馆。

员工可以通过计算机建筑管理系统的显示屏观察博物馆每个房间的情况，需要时也可以打印出来，这使得博物馆建筑运营的效率大大提高。新博物馆以及博物馆大型的翻新项目都应配备建筑管理系统，涵盖每个房间的相对湿度读数以及展柜或储藏柜的内部环境条件，工作人员应将这些读数记录在图表上（而不仅仅是列一串数字）。过去，藏品保护员使用展厅角落的温湿度计测量数据，然后用笔在表格上记录温度和相对湿度，如今这种做法逐渐被集成了建筑管理系统显示屏的计算机设备所取代，这些设备使用起来更简单，也更容易监控。

第六个也是最后一个优先事项，即可持续性、环境保护和节能，通常对博物馆来说是一大挑战，因为博物馆本质上是一种能源效率较低的建筑类型。然而，自然历史和科学博物馆往往希望成为节能的榜样，其他类型的博物馆也应该尽其所能提高能源利用效率，实现可持续性发展。

位于旧金山的加州科学院可能是最具环保意识的建筑之一，它的屋顶就像一片绿色的草地。在 21 世纪初，环境保护、全球变暖和能源成本不断增加等问题的出现使博物馆开始制定建设和运营的绿色策略。

绿色策略可分为两种：
- 推动环境可持续发展的策略；
- 促进节能的策略。

有时人们会将这些目标结合起来，但无论是何种情况，如果基本建设成本投入过高，那么运营成本就必须节省，两者应保持平衡。节能措施不应以损坏藏品的保护环境为代价，但博物馆应对每个策略进行成本效益分析，并权衡较高的基本建设成本是否必要以及运营成本是否具有节省的潜力。

博物馆需要在全年每天 24 小时内对相对湿度和温度条件实现精准控制，这是博物馆建筑很少成为模范性绿色建筑的主要原因。此外，博物馆室内照明需要依赖灯光而非日光，馆内需要使用白炽灯而不是放电灯或发光二极管等节能灯，这意味着博物馆建筑的电力和供暖负荷必然很高。并且，藏品保护的重要性必须始终优先于节能措施。

关于任何节能装置或做法的建议，博物馆都必须对它们的影响进行全面考虑，才能做出决定。如"免费制冷"[1]或空气侧节能器是其他建筑常用的节能措施，但它们可能不适用于博物馆，因为制冷方面节省的成本可能会因颗粒物、气体过滤器以及加湿器的负载增加而抵消。同时，免费制冷也难以提供稳定的相对湿度环境。

文化建筑顾问默里·弗罗斯特（Murray Frost）提出了一些其他的节

---

1 免费制冷（free cooling）指在室内或数据中心内通过运用自然的冷空气或水代替机器冰箱降低温度的方法。——编注

能措施：

- 水侧节能器，尽管初期基本建设投入较高，但已被证明适用于博物馆。
- 多种类型的冷却器，如高效标准冷却器可以最经济的方式生产冷冻水，双管束热回收冷却器可为相对湿度控制设备提高"免费"再热能源，可逆循环冷却器（热泵）可用于冬季制热并为夏季提供额外的冷却能力，这几种不同类型的冷却器可以结合起来，取长补短。
- 经由供暖、通风与空调系统（但不能通过洗手间或其他空间的排气系统）从建筑物排出的废气可以通过热回收装置回收显热和潜热，从而对进入建筑物的室外空气进行调节。
- 室外空气管道中的专用暖通空调系统可进一步调节空气，然后将其分配给建筑内某个具体空间的暖通空调单元机组，因此可以减轻这些机组中每个单元的负载。专用暖通空调系统在将补充空气分配给为整个机构的特定空间服务的暖通空调单元之前，还可以进一步调节空气，从而减轻这些机组中每个单元的负载，使它们的单位效率更高。
- 建议使用二氧化碳传感器控制进入建筑物的室外空气量，而不是一直用固定量的室外空气净化室内空间。当博物馆闭馆期间展厅内空无一人，或在淡季观众稀少时，传感器可最大限度地减少相对昂贵的空调换气，而在展览开幕式或其他人数较多的活动中，博物馆可以通过增加换气的频率和体积来满足需求。虽然此类传感器需要增加基本建设成本，但其投入使用后的节能效果足以抵消成本。
- 在入口处设置气闸室作为前厅或旋转门，既节能又有助于防止灰尘、气体污染物和害虫进入建筑物。门厅的两扇气闸门应至少相隔3米，以便在打开一扇门之前关闭另一扇门。
- 由于许多博物馆高度依赖电力来满足制冷、空气流动、照明和空气垂直循环等需求，并且大部分用电需求需要全天候24小时供应，可以采用热电联产的方式。这种方法需要一台发电机为冷却器和其他电气设备的运行供电，发电机的发动机所产生的热能可以为相对湿度的控制提供所需的再生能源并同时用于冬季供暖。
- 在不久的将来，燃料电池（氢气和氧气结合产生电力、热能和水）

可能会投入商业应用。

■ 建筑材料的使用寿命有限，每种使用材料都有已知的时间限制，后续还需要更换。博物馆可将材料的可再利用性作为施工或翻新期间选择材料的标准。例如，含亚麻籽油的油地毡在可再利用性方面得分高于乙烯基板或瓷砖地板。

博物馆的设计使用期可达一个世纪，其材料和设备可以在规定的时间更换，例如每二十五年或五十年更换一次。在制定规划和设计的过程中对建筑物的生命周期的成本进行估算将有助于使博物馆本身及其社区更具可持续性。

3.4.2.2 维护和维修

博物馆建筑的清洁是建筑运营与藏品和观众需求相关的另一个领域。博物馆应在建筑维护和藏品保管责任之间划分明确的界限，特别是如果清洁工很容易接触到开放式展览或大型文物和标本时。如果清洁人员是合同工，他们就不会直接向博物馆管理层报告，这种情况需要特别留意。清洁工作应按照清洁手册严格执行，包括需要使用材料和设备的详细信息、进入藏品存放区域的级别等。

博物馆建筑使用的混凝土应含硬化剂，包括吊顶上部在内的所有表面都应密封。这不仅是为了防止混凝土灰尘掉落，更重要的是为了防止其进入空气循环系统。其他所有表面都应上漆。

建筑内的中央吸尘器应向室外排风，也可以使用吸尘率为 99.97% 的便携式高效微粒空气过滤器（HEPA）真空装置。木工车间和任何其他产生灰尘的工作室应将废气排出室外。博物馆在规划空气循环系统时应加以注意，确保来自此类工作室的含尘空气不会再次进入内部空气循环。

另一项需要在程序手册进行详细规定的工作就是以正确的方法更换空气过滤器。经美国采暖、制冷与空调工程师协会比色法效率测试章节（ASHRAE 测试 52—76）标准办法测量，过滤器组应提供 25%—30% 的预过滤器容量、40%—85% 的中效过滤器容量和 90%—95% 的后过滤器容量。建议使用活性炭过滤器过滤气体污染物。每个过滤器都应配备单独的压力计，以及时发现任何压力下降现象，并对过滤器进行单独监测，必要时更换相应的过滤器。

清洁材料和技术应由藏品保护员进行审查和批准，维护人员应参加相关的培训，让他们熟悉藏品的要求。同样，博物馆应了解公众的需求以及公众对服务人员的期望，以便根据博物馆程序手册和特定公众需求对清洁工的表现进行评估。

灯具更换是一项常规但极为必要的工作，具体事宜需要与藏品研究员和藏品保护员协商并写入程序手册。如果维护人员使用防紫外线的荧光灯光替换展厅中的灯具，或不再使用控制紫外线发射的套筒以及第一代荧光管，那么要求保持低水平紫外线辐射（低于10微瓦每流明）的博物馆政策就没有什么用了。同样，维护人员需要知道每个展柜的哪个方向上需要布置哪些灯的确切信息，否则灯具经过首次更换之后，照明顾问设计的效果就再也无法达到了。

博物馆制定设施规划的重要原则之一就是为维修人员提供专门通道，他们不需要经过或穿过藏品区。许多维修工作可能在下班后进行，因此，如果更换或维修可以避开展厅或藏品库房，那么博物馆就只需做好简单的安全预防措施，这样也减轻了维修工作者的责任。如果博物馆的建筑布局无法提供此类条件，则应安排工作人员一直陪同。

维护和维修任务拖延是博物馆长期存在的一个问题。用于维护或提质的预算似乎总是比其他预算更容易搁置，导致一些需要维护的小问题变得越来越严重，直到需要彻底更换设备，产生较大的基本建设成本。这种拖延也会削弱安保系统。工作勤勉的管理层应为维护和维修工作分配常规的预算，以避免出现长期的低效情况。预防性维护计划对增强建筑的可持续性也至关重要。

展品的维修和更换为博物馆管理者提出了一个有趣的问题：对于这部分工作，博物馆应该直接承担多少，又应该外包多少？一些博物馆，特别是欧洲大陆的博物馆，传统上它们的员工中有展览设计师甚至建筑师职员，还有可以制作新展品、修理或更换旧展品等承担广泛任务的工作室，这使得一些展品形成了某种"独特风格"——无论好坏。如今，许多博物馆管理者更喜欢将展览设计外包出去，为每个项目选择不同的设计师，从而将对工作室的需求降至最低。仅将装框工作外包也可以产生更高的成本效益，不再需要将空间、设施和训练有素的员工都绑在一个偶有需要的功能上。然而，即使是一次小型作业，员工也必须将艺术品搬运至建筑外部，那么博物馆应考虑由此产生的保险需求。对于许多博物馆来说，设置一个"清洁车间"（位于C区）和一个"污物车间"（处于D区）是一个解决方法。"清洁车间"用于对藏品或借展品进行装框、制作支架和日常清洁，"肮脏车间"则是在没有储藏藏品的情况下，用于木工、喷漆或其他展览准备工作。

随着电子、视频和计算机展览组件的出现，特别是在科学中心或儿童博物馆，博物馆产生了另一种需求：博物馆需要在馆内备有可以较为容易和快速更换的部件，并且周末和工作日值班的员工都需要接受培训，使他们能够在展品频繁"停机"之前进行修复。如若不能提供这样的服务，展厅就会出现许多"对不起，今天无法使用此展品"的标志，这会让公众，尤其是首次到访的观众感到沮丧。门票收入一直是促使博物馆确保故障展品得到快速修复或更换的重要因素之一。这也使得许多人在准备展览计划时计算展品的预期"寿命"，以及预计维护成本。视频艺术和其他基于时间的媒体艺术是艺术博物馆所面临的挑战，尤其是当某件艺术品制作时期的技术不再使用时。

3.4.2.3 安保

博物馆的安全规划和管理是一项至关重要的工作，应成为新上任的博物馆管理者的首要关注点。这里的"安全"是指保护博物馆内的公众、员工、藏品免受所有的威胁。

与建筑运营一样，安保工作与博物馆的藏品和各种公共活动相互影响，因此安保主管应定期与负责这些功能的员工和运营经理会面，确保安全措施始终有效并落实到位。安保主管还应定期（至少每年一次）与当地警察、消防和医院管理人员会面，确保博物馆及时了解这些领域的最新做法，并向他们介绍博物馆建筑的布局以及最近或计划进行的更改。

在安全工作领域，博物馆应充分利用相关政策和程序手册，并定期对相关内容进行更新。安全管理是一个不断制定规划和政策的持续过程，同时还需要对程序手册进行持续审查，以根据现实情况对其进行更新。安保政策应包括：

- 风险分析；
- 健康和安全预防措施；
- 保险范围和估值程序（见第 3.5.4 节）；
- 现有和推荐使用的安保设备；
- 应急程序手册。

风险分析需要回答四个基本问题：

- 需要保护什么？应根据货币价值以及小偷或破坏者对其感兴趣的程度对藏品进行分析，可将藏品按照货币价值高于或低于某一数额进行分类。一些著名的艺术品或文物受到攻击的可能性较大，而贵重金属制品总是容易引起小偷的兴趣，因为它们可以被熔化。一些具有政治争议或涉及宗教价值的文物也可能会招致袭击。还有一些藏品尽管货币价值较低，但可能在其他方面对博物馆和当地社区具有重大价值。尽管整个藏品区都应保持同样高的安全级别，但从价值角度将藏品严格分为 A 至 C 类也不乏好处，这样就可以把更多的关注放在 A 类藏品上。
- 有哪些威胁？明确识别风险将有助于将安保计划的重点放在减少或消除风险上。
- 什么级别的风险可以被接受？许多威胁虽然无法完全消除，但可以降低到博物馆安保政策能够接受的水平。如果纯粹从安全角度来看，博物馆可以不对公众开放，以求最大限度地提高藏品的安全性，但由于博物馆是一个公共机构，其管理部门必须确定可接受的风险程度。例如，博物馆可以出台一项政策，禁止以开放的方式展出 A 类藏品（货币价值最高的藏品）。
- 应采取哪些适当的对策？同样，博物馆政策必须在安全选项中确定可接受的标准。例如，曼哈顿一家参观人数众多的博物馆鼓励其管理员对公众不苟言笑，甚至提出诸多要求，因为该博物馆更倾向于保证安全，而不是强调友好的参观氛围，但另一家博物馆可能会做出完全相反的优先评级。

风险分析需要评估的威胁包括：

- 自然灾害，如地震、飓风、龙卷风、洪水、森林火灾或普通的电力中断事故；
- 建筑缺陷，如电气或供暖系统故障，结构缺陷等；
- 盗窃，据了解，艺术品盗窃是犯罪分子的第二大收入来源，仅次于毒品交易，而令人痛心的是，大部分的博物馆盗窃据说都是"内部行为"，与一些以盗窃为目的混入员工队伍的人有关；
- 火灾；
- 故意破坏公共财物；
- 员工或观众引起的事故；
- 社会或政治危险，如炸弹威胁、罢工或示威。

风险可根据以下方面进行评估：
- 风险发生的概率，从几乎不会发生到最有可能发生；
- 风险发生的频率；
- 对博物馆所造成后果的严重性。

风险可以被：
- 消除，比如通过改变员工工作流程来防止危险发生；
- 降低，如安装检测或响应设备；
- 转移至保险公司；
- 接受，这也是履行博物馆的公共使命所必须面对的问题。

这四种反应措施都可用于某件藏品或某个展览，或实际用于保护一件有价值的物品。为某件投保的藏品配备防护设备可以消除或减少部分风险，但由于博物馆致力于为公众提供藏品参观的机会，因此可以接受一定程度的风险。

博物馆的安保政策应根据情况确定以下对策（著名的"4D原则"）：
- 检测（Detection）：确定危险发生与否的方法，包括安排警卫或安保员监视，设置入侵警报器、烟雾探测器、展柜警报器和闭路电视监控。
- 威慑（Deterrence）：降低危险发生可能性的方法，包括设置围栏和给展柜上锁。增加威慑感可能与实际防范措施同样重要。大多数博物馆现在都认识到了让安全措施变得明显的价值，比如让观众可以看到入口附近的闭路电视监控屏幕。
- 延缓（Delay）：一旦发生危险，安保应以阻碍其进展为目的。

藏品区周围设置的耐火极限为两小时的防火墙是一个典型例子（其他区域设置耐火极限为一小时的防火墙）；又如，博物馆限制建筑物的出口，只留一个设有警卫的出口，不允许出现多种逃离方式。

■ 防护（Defense）：应急程序手册应详细说明员工在危险发生时的正确反应。除了安保人员，博物馆还应向所有员工和志愿者发放这本手册，并定期举办演习和排练。演习内容除了消防外，还应包括故意破坏公物、盗窃、观众突发疾病等各种事故场景，并根据应急程序手册上规定的博物馆安保政策，对员工的应变能力进行测试。所有员工都应该知道何时以及如何呼叫救护车、火警或寻求警察保护，并且所有人都应该了解已采取行动或未采取的行动对博物馆或员工自己所带来的法律影响（在编写手册时需咨询法律建议）。此外手册还应包括下班后的反应程序，特别是对于那些在入侵警报或火灾警报启动时会接到电话的人员。博物馆应成立一个应急措施小组，由授权协调紧急情况响应措施的员工组成，该小组应定期（至少每半年一次）开会审查博物馆的准备情况。

博物馆还可以对单件藏品、几组藏品或全部藏品进行风险分析，可按照 1 到 10 的等级来表示藏品的危急度和脆弱性的程度，"危急度"（criticality）定义为藏品对博物馆的重要性，"脆弱性"（vulnerability）则衡量其风险程度。可以得出以下公式：

风险 = 危急度 × 脆弱性

因此，如果将一件对博物馆来说最重要的 A 类藏品（高关键性）从展柜内转移到开放式展览中，其风险因素将大大增加，此时安保主管可能会向藏品研究员或馆长建议重新考虑是否移动该物。

博物馆的安保政策应规定展厅的三个安保级别：

■ 高级安保，适用于贵重藏品的展览，其特殊规定可能包括在开放时间进行持续监控；

■ 中级安保，适用于艺术品原件、文物、标本或原始档案材料的展览，针对这一级别，博物馆应维持日常安全巡逻和监控；

■ 基本安保，适用于不包含上述两类藏品的展览，可能由除警卫以外的其他职员（如教育人员甚至志愿者）进行监督，展览可能在走廊或门厅举办。

藏品库房可以分为七个安保级别，所有库房的墙壁和门都应具备两小时的防火保护：

■ 配备报警装置的保险库：墙壁、天花板和地板内部全部采用砖石加固，并配备带有密码锁的重金属门。所有参观必须由授权人员陪同并记录。宝石、邮票、硬币、贵金属、珠宝等较小的贵重物品需要存放在保险柜内。

■ 高级安保藏品库房：墙壁、天花板和地板内部同样全部采用砖石加固，但应配备至少六针弹子锁和钥匙控制的钢门和框架。存放艺术品、武器、皮毛和其他贵重物品的库房需要达到这一安保级别。

■ 永久藏品库房：博物馆的主要库房，需配备实心墙及带锁的门，可存放博物馆大部分的永久藏品。这一库房应按照材质进行整理，便于设置特定环境控制点，即用于存放金属制品、纺织品、服装和纸质品的单独库房可设置40%（正负5%）的相对湿度，用于存放画架、陶瓷、玻璃、青铜等藏品的单独空间可设置50%（正负5%）的相对湿度。

■ 临时展览库房（在英国通常被称为中转库房）：位于装卸箱区附近的非公共区域，该库房应配备实心墙和带锁的门，用于存放临时借给博物馆的或其他在运送途中的艺术品、文物、标本或档案材料。该区域应配备与永久藏品库房相似的条件，因为其他博物馆的押运员可能会运送借展物品进入该区域。

■ 储藏柜：设置在非公共区域，或展厅展柜的上下方。储藏柜应配备钥匙，不适用于存储贵重物品。

■ 馆外库房：配备钥匙、警报响应和巡逻对这类库房来说较为困难，该库房适合存储较大型的藏品，如车辆或军事装备。如果藏品需要频繁进出馆外库房，可能需要配备一辆具有环境控制功能的货车。

■ 危险品库房：博物馆内使用的危险品（如藏品保护实验室的一些用品）应使用不易燃和防火材料进行储存，应至少配备一个可上锁的金属柜。有些藏品的材质本身就具有危险性，如档案馆中的某些类型的摄影底片，需要相同的储藏条件。

在考虑博物馆地址和建筑的整体安全规划时，可将其视为一组以藏品为中心的"保护同心圆"，从外到内依次有以下多个保护层：

■ 博物馆场地：博物馆在进行景观优化时，可以砍除建筑物附近悬垂的树木或灌木丛来增强安全性。停车区与建筑物之间应利用带监控的出入区进行分隔。博物馆还应重视这一区域的室外照明，同时在此处及建筑内部运行闭路电视监控系统。

■ 建筑结构：墙壁和屋顶材料应能抵御各种危害入侵。防火等级一般应符合建筑规范要求，但藏品区域周边墙壁的耐火极限至少为两小时。门和门框也特别值得关注，其防火等级要求与墙壁相同，内里实心。历史建筑中的门须小心加固，应在内部安置铰链，并用不可拆卸的销钉进行固定。外部开口应使用磁性开关和玻璃破损探测器进行保护，门由六针弹子多段式门闩锁固定，最小行程为 25 毫米。当博物馆闭馆时，应仔细检查窗户的内部栏杆（在外部不可见）、闩或从开口处降落的百叶窗的安全性，尤其是一楼的窗户。同时，员工还应仔细检查屋顶，因为不法分子常通过天窗或检修门入内。地下室或半地下室的门窗也必须加固。

■ 周界报警：入侵报警器应安装在所有入口和窗户上，包括天窗或屋顶入口，并通过电话专线与警察局或安保公司直接连接，应急程序手册应详细说明警局或安保公司对警报的响应措施。博物馆应将经过验证的被动式红外探测器系统扩展到所有内部空间，同样通过电话专线与外部连接。闭路电视监控系统应使用紧耦合放电彩色摄像机，摄像机安装的位置应能记录进出建筑物的人员在所有地点的人脸图像。计算机软件程序可将闭路电视摄像机与建筑物的计算机平面图结合起来，以便负责监测的安保人员主动选择或记录相关图像，并将其存储在计算机中。还应在屋顶上安装压力报警器，尤其是当建筑师设计的屋顶可供公众参观时。

■ 安全站：许多博物馆都设有两个安全站，警卫可在站内操作、监视闭路电视系统和监控警报器。其中一个安全站通常对观众可见，警卫可在此通道拦截任何试图出入博物馆的人。另一个通常设在卸货区和装运与收货门附近，可以对所有运货人员入馆必走的人行门进行控制，应在该门处设置闭路电视和音响系统，以便警卫对运货人员入馆前进行问询。人行门应仅通向门厅，警卫负责控制从门厅进入博物馆的入口，该安全站内应配有防护设备。这扇供运货人员使用的人行门也可以用作员工通道；如果没有，则必须在员工入口处进行类似的设置。一些员工必须在开放时间前进入，而另一些员工会在开放时间后离开。如果员工不通过安全站进入馆内，这两种情况下都存在一定的风险。

■ 警卫（安保员）：这支队伍是许多博物馆中人数最多的群体。他们也是与公众接触最频繁和接触时间最长的人。由于这一岗位很少获得高薪，对他们进行完善的培训、激发他们的工作积极性显得尤为重要。他们应身着传统制服，不一定是准军事性质的制服，也可以穿一套正式的夹克、裤装或裙子，以显示友好。博物馆将教育或阐释与安保功能结合的尝试通常并不成功。虽然警卫必须将注意力集中在安保上，但他们应该接受藏品本质和价值以及博物馆观众服务政策方面的培训。警卫等安保人员的操作手册应包括：上岗时间表；博物馆向公众开放和关闭的例行程序；下班后的巡逻（可能在博物馆内的不同地点打卡）；处理快递和其他物业管理程序的说明；钥匙管理措施，现在通常指的是门禁卡的控制管理；上锁和检查上锁情况的例行程序；展厅监控要求；人群控制措施；关于在施工或展览更换期间维护安全的说明；非公共时间监控建筑系统的说明；所有风险的应急措施程序。从展览中移出物品的程序，以及使用卡片通知公众该展品已被临时移出，这些工作都应进行控制和记录。每次从展品中移除或添加物品时，藏品研究员和藏品保护员都必须与安保人员保持密切沟通。特别是博物馆计划新的常设展览时，应通知、咨询安保人员，并请他们从安全角度对设计发表意见。几年前，在悉尼的澳大利亚博物馆，一名警卫在参加一个新的常设展览规划会议时指出，该展厅需要配备两名看管人员，展览设计师欣然接受建议，在布局上做了一些巧妙的改变后，重新设计玻璃橱窗，这样只需要配备一名警卫，从而在展览随后展出的几年里为博物馆节省了数千美元。坚定不移地将警卫视为博物馆员工中的一员，这是一项重要的管理原则。在某些情况下，警卫也可以向其他职位发展，而不应将他们与其他职能隔离开。格拉斯哥的开尔文克罗夫博物馆成功应用了这一方法，安保人员因此比以往更多地了解了客户关怀以及安保问题，并积极参与这些工作中。要求安保人员具备更高的学历（并给予相应的补贴）、提供培训和个人发展机会，都是鼓励安保人员与博物馆、观众和藏品维持良性关系的明智政策。但有一些常见做法与上述举措背道而驰，如将这些功能外包给对博物馆不关心或根本不感兴趣的外部专业安保公司，这些举措并不提倡。

■ 内部报警：当观众距离展品太近时，该系统应向安保人员发出警示警报；在非工作时间因任何移动会触发入侵警报，并以与周界报警相同的方式连接到警察局或安保公司的报警专线，这些都应包含在内部报警系统中。

■ 展柜：展柜设计不仅是展览设计师、藏品保护员和藏品研究员，也是安保主管应该关注的问题。在规划展柜时，设计师应咨询安保主管的意见，并检查它们的位置，确保它们不会堵塞紧急逃生路线，也不会为打砸抢的小偷提供方便出口。展柜若靠近消防安全出口会带来严重的问题。展柜应该使用聚碳酸酯玻璃或塑料，并可在夹层中黏合透明的紫外线滤光器。应避免使用小型独立展柜，通常展柜应该坚固且稳固地固定在地板或墙壁上，并安装防撬锁具。滑动玻璃板很难防止偷窃，不是个明智的选择；可上锁的检修面板应使用不可拆卸的铰钉链接，最好是水平铰接。展柜的边角和接缝应紧密连接。无论有无展示物品，展柜都应使用防火材料，安保部门（以及藏品保护员）应定期测试所有计划使用的新材料。同时，应将艺术品、文物或标本谨慎且安全地固定在展柜内。

■ 安全螺钉：展览中有时需要用链条或金属杆将绘画展品悬挂在轨道上，出于安全考虑，应将链条、金属杆以及画作与链条或杆的连接点固定起来。而安全螺钉是更可取的做法（通常也是很多借展方的要求），它可将画作的鱼尾板固定在后面的墙上及其延伸架上（并非框架）。只有使用尺寸合适的螺丝刀才能拧动安全螺钉，比一般的插槽或正方形结构更复杂。遗憾的是，装备最精良的小偷配备了各式各样的安全螺丝刀，所以安全螺钉并不是万无一失，但它具有较大的威慑力，因为隐蔽地拧开安全螺丝需要相当长的时间。

上述"同心圆"构成了建筑的三个安保级别，其中包含了上述展厅和藏品库房的安保级别：

■ 外层1级：包括公共非藏品区和公共藏品区（A区和B区）的周界报警、外部照明、门锁、入侵报警系统和内部空间监控，其中大部分系统在公共时间不启用，仅在博物馆闭馆时才使用；

■ 中部2级：包括非公共非藏品区（D区）和部分非公共藏品区（C区），博物馆闭馆时这部分区域应始终处于警备状态，在公共但非工作时间可能处于警备状态；

■ 内部3级：包括非公共藏品区（C区），如藏品库房，这些区域始终开启警报器保护，只有授权人员或根据其指示才能解除警报。安保人员通常应管控进入这些空间的通道，并保留所有人员出入这些房间的记录日志。

消防安全是博物馆安保政策必须解决的另一系列重要问题。在全世界范围内，火灾对博物馆构成了最严重的威胁，不仅威胁到那些位于历史悠久的木结构建筑中的博物馆，还包括许多近期新建的建筑。虽然盗窃或故意破坏公物会消除或损坏某些物品，但火灾可能会破坏所有藏品，并可能完全摧毁它们。烟雾探测器是探测火灾的首选方式，还可使用电离、光电或投射光束光电烟雾探测器。

由于存在水灾风险，博物馆管理人员曾经抵制使用喷水灭火装置，但由于人们在火灾响应时间方面积累了广泛的经验，加上喷水灭火装置的设计技术取得了进步，这种担忧早已过时，因为即使几秒钟的火灾也可能造成惊人的破坏，与之相比，喷水灭火装置的破坏性不值一提。博物馆应规定使用铜质水管、热塑性塑料或内部镀锌铁管的独立喷头（当热量水平下降时可自行关闭），并且使用的水应清洁至饮用水或锅炉水标准。干管喷水灭火装置虽然在博物馆很常见，但由于其反应时间滞后以及腐蚀物可能会随水喷出，实际使用时存在一定风险。然而，一些借展方不允许他们的物品在有水的管道下展示，因此，如果选择了湿管喷水灭火装置（具有上述规格），可能需要在临时展厅的水管上安装一个监控阀门，如果当地消防部门允许，博物馆可在借展期间将水排出管道。如今，喷雾灭火装置可用于文化遗产建筑（如纽约州的那些古老建筑），因为它们的细雾可以抑制火焰，但不会产生大股水流所带来的负面影响，为博物馆现有的灭火设备提供了一种有效的替代方案。

出于环保考虑，许多法律已禁止使用卤代烷系统和卤代烷灭火器。这样灭火器的最佳选择就是加压水（用于非电气火灾）和二氧化碳的组合。

博物馆应定期（至少每年一次）对所有员工使用馆内灭火器的能力进行测试，应定期（至少每季度一次）检查说明灭火器已成功通过测试的标签，看看上面是否有授权检查员的检查日期和姓名。

博物馆的设施规划应包括提供与防火等级配套的防火墙（藏品区采用耐火极限为两小时的防火墙，其他区域按规定设置）和防火门，以及防火分区，特别是在藏品库房。这意味着大型库房应按照一定的距离用防火墙隔开，而不是设计成一个大通间。这种做法可能有助于为每种材质的藏品提供单独的库房，并可对环境控制点进行相应的调整。中庭和楼梯井是危险区域，尤其是当它们必须作为历史建筑的真实特征予以保留时。通常需要在楼梯平台上为其设置围栏，并为通道配备防火门。安保主管应将翻新项目作为增加防火墙或防火门的机会，博物馆设施规划者应将安保咨询作为规划过程的一部分。

安保的两个需求，即控制区域出口的需求和提供消防或其他紧急出口的必要性之间存在本质冲突。后者通常规定防火门上必须有让用户直接通往室外的紧急硬件（"加力杆"）。然而，这些消防安全出口可能会为小偷提供方便，有些安全门可以直接通往停车场。所有消防安全出口都应能发出响亮的警报声，某些地区允许在较低层的通道门上延迟几秒钟发出警报，让人们可以从消防通道楼梯间逃生。安保负责人需要与消防和警方官员会面，在消防安全要求与博物馆防盗的需求之间达成平衡。

最后应该注意的是，可靠的安保取决于良好的内部管理。健全的清洁和维护程序、完好的标识（包括"禁止吸烟"和开放式展览里谨慎但坚定的"请勿触摸"）、合理的预防性保护措施和一支警觉而机智的警卫队伍将有助于博物馆从外观到实际操作有效地提升藏品的安全性，保障观众的安全。

3.5 财务管理

正如本书第二章中的组织结构图和附录中的职位说明所示，博物馆的行政管理事业部负责管理博物馆的多项功能，其中包括本书最后一节将要讨论的主题——财务管理。

对于由独立的非营利组织运营的博物馆而言，财务管理一直是一个核心问题。在过去的数十年里，世界各国政府强调博物馆应加强自力更生的能力，即便是对完全属于垂直管理部门的博物馆也做同样要求，确保博物馆的财务状况良好已成为博物馆管理的主要职责。例如，卢浮宫的管理模式在过去几十年中彻底发生了转变，如今的卢浮宫独立负责其运营和基本建设项目的资金。从对博物馆馆长这一岗位的职位说明和资格要求也可以看出，馆长候选人的财务管理能力越来越受重视，特别是筹款能力。

对博物馆馆长来说，最严峻的挑战是在保持博物馆的创造力和学术研究水平的同时，还要满足其财务需求。财务部主任应认识到他们的职责是促进研究活动和改善公共服务，而发展部主任则应致力于博物馆的藏品建设和设施改善，为人们提供欣赏和学习的机会。只要博物馆对其使命予以充分的重视，财务管理就应该以支持该使命为目标。馆长和理事们必须确保使命至上，并且博物馆的财务管理必须全力支持其使命的履行，不能本末倒置。

因此，本书将财务管理的内容安排在其他章节之后而不是之前，避免主次混淆。一个典型的案例就是几年前维多利亚与阿尔伯特博物馆那则的著名广告语——"一家顶级的咖啡馆，附带一座相当不错的博物馆"。

本节将首先讨论博物馆预算编制和监督的年度周期，这是财务控制的主要方法。随后，将围绕创收展开讨论，这也是当今许多博物馆最迫切的需求之一，接下来的控制支出部分也至关重要。风险管理为博物馆的资产提供充足的保险，是保护机构免受损失不可或缺的一大法宝，而财务规划和发展可以确保博物馆实现长远的健康发展。

3.5.1 预算

预算是一种与资金有关的规划。年度预算（annual budget）将货币价值与博物馆的年度目标结合起来，这些目标是博物馆的长期定性目标在预算年度（budget year）的量化短期应用。博物馆的长期战略规划目标，与当年的行动计划目标和年度预算分配之间应具有明显的连续性。馆长在向博物馆治理机构汇报预算方案时，应设法证明这一点。

具体而言，馆长需要指出受博物馆现有行动计划目标的影响，预算分配出现的波动情况，即分配差异。一些政府要求博物馆实行"零基预算"，这就要求垂直管理部门的博物馆管理者根据其可能完成的项目来证明每项分配款项的合理性。然而，在大多数博物馆中，为了维持博物馆的某些功能，许多资金需要持续投入。因此，博物馆对分配差异，即分配金额的增加或减少非常关注。

实际情况下，预算编制通常按部门进行，也可以按照项目、短期目标或功能制定：

■ 按部门编制最为常见，每个部门都需审查过去一年的资金分配，再根据当前的目标和任务进行调整，同时提出明年的预算要求；

■ 按项目编制可以作为替代或补充方案，每个部门需确定其提供的项目或服务内容，并根据当年的规划中该项目的优先级或关注度来分配资金；

■ 按短期目标编制预算可视为一个实用的审查过程，在这个过程中，根据博物馆战略规划确定的短期目标及其预期实现的结果来评估当年分配方案金额的波动情况；

■ 应在分配金额的波动中体现出当前行动计划的长期目标，根据商定的长期目标或短期目标检查预算变化是预算编制过程中的必要环节；

■ 依据博物馆的基本功能（如图 1.2 所示）审查资金分配也有所助益。博物馆的资金中有多少专门用于收藏（藏品征集预算），有多少专门用于藏品的信息记录、保存、研究、展示或阐释？行政管理需要花费多少金额？这些问题的答案可能颇具启发性，博物馆可因此根据机构的使命和战略规划对剩下的资金分配进行调整。

博物馆可为各类资金和目的制定预算：

■ 运营预算：博物馆藏品保管、公共活动项目以及场地和建筑运营的年度收入和支出；

■ 藏品征集资金：为购买藏品或与藏品征集相关的支出而预留的资金；

■ 捐赠基金：通常将获取的捐赠资金用于投资，仅将赚取的全部或小部分利息用于运营（如基金没有限制用途），或藏品征集、展览或举办系列讲座等其他特定目的（如基金仅可用于特定的用途）；

- 基本建设预算：为博物馆场地或建筑的开发计划预留的资金，如翻新、搬迁、新建或展览更新项目；
- 补助项目：来自政府或基金会的补助，通常需要对补助支持的项目进行单独核算；
- 储备金：为突发事件或未来开发项目预留的资金。

运营预算应是年度预算编制过程的最终结果。运营预算应按照恒定周期进行编制，在今年的预算获得批准后立即开始编制明年的预算。图 3.9 为按季度制定全年预算的推荐方法。

年度预算周期可以按以下方式推进。

第一季度：在上年预算通过后的前三个月，为了促使各部门的负责人对新的想法和项目进行充分考虑，博物馆需要鼓励他们"重新构筑梦想"，即列出一份包括所有想要在博物馆实现（但合理）的项目和活动的愿望清单。在这一阶段，馆长和财务部主任应激发各部门负责人的创造力并消除他们的消极态度。尽管许多想法和项目可能在近期无法实现，但让博物馆管理层了解新想法，并在预算限制解决之前对这些想法予以充分考虑，这一点十分关键。

不过，这些"天马行空"的预算提案不能毫无根据，每一项活动或项目都应根据合理的数量级预估成本，并预测所有相关收入。如果可以的话，项目应分期进行，以便这些稍后可能获批的项目在第一阶段就被予以充分考虑。随时准备好项目的预估成本和收入资料，这将有助于它们在后续开发过程中申请补助。因为许多项目可能符合补助申请要求。

第二季度：在此期间，馆长、财务部主任及相关各部门负责人应开会制定第二年的行动计划。如图 3.9 所示，该行动计划旨在协调以下三份文件的内容：

- 博物馆总体规划中与该部门相关的长期定性目标；
- 与当前的实际数额相比，本年度收入和支出的预算分配情况；
- 各部门第一季度"天马行空"的预算提案。

部门主管应起草一份与去年相比分配增加或减少的变化文件，以反映该部门商定的行动计划。

第三季度：在接下来的三个月内，财务部主任和馆长有责任通过财务

```
                    ┌─────────────────┐
                    │ 第二年的预算周  │
                    │ 期由此开始      │
                    └────────┬────────┘
                             ↓
   第四季度：           第一季度：
   馆长根据本年度预     各部门提出对来
   算检查实际收入和     年的预算设想
   支出，确定最终预
   算资金分配，并提
   交给治理机构

   第三季度：           第二季度：
   将行动计划和预算     商定来年的行动计
   草案上报治理机构     划；根据本年度实际收入
   讨论，讨论后返回     和支出（对比本年度
   各部门协商调整       预算）以及行动计
                        划目标修订资金
                        分配方案
```

| 博物馆规划中的长期目标 | 本年度预算分配及本年度实际收入和支出 | 预算设想 |

↓ ↓ ↓

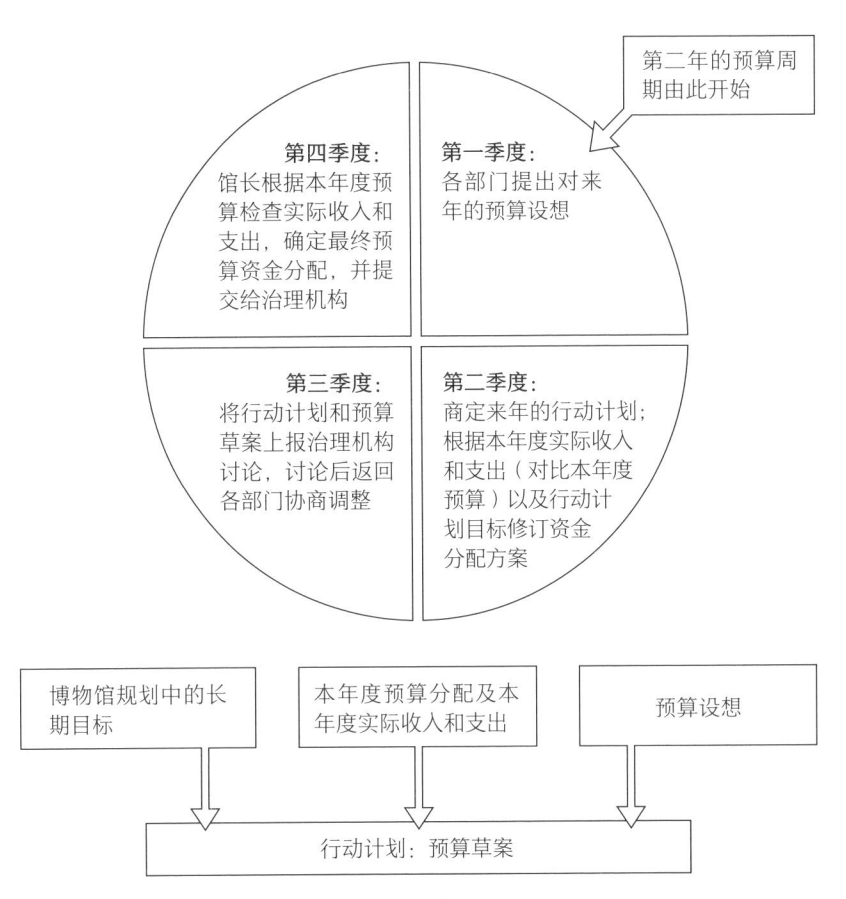

行动计划：预算草案

图3.9 预算周期

委员会向博物馆治理机构提交行动计划及预算草案。博物馆治理机构或理事会应依据博物馆的长期利益审查该预算草案和行动计划，确保博物馆能够充分履行其使命和功能。例如，对展览或其他公共活动的过度投入可能反映了馆长的偏好，但为了机构利益的需要，研究或藏品保管可能更需要加大投入。另一个需要考虑的问题是创收活动是否可以能在收回成本的同时还能获得实现其他功能的资金，从而证明对创收活动分配资金的合理性。

如果治理机构或理事会同意馆长提交的方案有助于实现博物馆的使命和长期目标，那么他们有责任筹集额外资金来填补收入和支出之间的缺口。根据治理机构对提交的行动计划和预算草案的反馈意见，馆长和财务部主管应召集各部门主管，对部门的资金分配方案进行必要的调整。

第四季度：九个月之后，财务部主任应向馆长汇报实际收入和支出与当年的财政年度预算数字的对比，同时双方都应作必要指示，使博物馆维持预算或尽可能地接近预算要求。馆长随后应确定下一年预算的最终分配方案，根据预期的短缺或超额情况对行动计划及其预算草案进行调整，再将其提交至治理机构进行最终批准。

对本年度与预算分配相关的实际收入和支出进行监控十分必要，这既是控制本年度预算的手段，也是编制来年预算的重要组成部分。随着预算周期不断向前推进并循环，有关人员应对预算数字进行调整，使其变得更加准确并能反映博物馆当年预算的执行情况以及结算时是否出现赤字或盈余。当然，一旦预算获得批准，它便受到持续监控，下一个预算编制周期也开始了。

3.5.2 创收

过去，人们常常把许多博物馆的行政管理部门视为成本中心（cost center），而博物馆也认为它们在花费政府资金为公众提供服务。尽管世界上一些地区的少数博物馆仍然采用这种运营方式（维持这种模式并不十分容易），但大量博物馆在过去几十年里不得不或者希望更多地关注其创造非政府收入的潜力。因此，我们先在本节探讨关于创收的问题，接着在下一节探讨运营费用。

近年来，博物馆运营创收的能力越来越受到广泛关注。本节将首先介绍营业收入的潜力，接着探讨更为重要的捐赠资金，最后简要介绍筹款活动的管理。

案例研究 3.10　加拿大文明博物馆[1]的创收与成本控制
大卫·洛耶

加拿大文明博物馆集团（the Canadian Museum of Civilization Corporation，简称CMCC）被加拿大人称为"皇家集团"。CMCC成立于

1　根据2013年12月12日生效的《加拿大历史博物馆法》，加拿大文明博物馆（the Canadian Museum of Civilization）更名为加拿大历史博物馆（the Canadian Museum of History）。——译注

1990年，是加拿大的一个国家机构，它在以下几方面发挥着独特的作用：
- 收藏和保存加拿大社会、军事和人类历史的重要内容；
- 通过研究非凡的文物、社区、重要人物和遗址来拓展知识；
- 通过展览、主要网站、出版物、共享材料和特别活动在加拿大和世界各地传播知识。

CMCC负责管理加拿大文明博物馆，即加拿大国家人类历史博物馆，以及加拿大战争博物馆，即国家军事历史博物馆。这两家博物馆每年吸引近180万观众，是加拿大参观人数最多的博物馆。加拿大战争博物馆位于首都渥太华，而加拿大文明博物馆位于渥太华河对岸的加蒂诺。两家博物馆的观众中大约一半是首都地区以外的加拿大人，另外约25%的观众来自加拿大以外的地区，因此，博物馆既增强了当地旅游业的发展，又提升了加拿大的国际知名度（见图3.10）。

CMCC的年均运营成本约为7700万加元，其中，加拿大联邦政府每年为其提供6000万加元的支持资金，其余1700万加元（占比为22%）来自其自营收入。

受加拿大文化遗产部委托，加拿大洛德文化资源公司于2007年开展了一项题为"加拿大国家博物馆的创收能力评估"的研究，对加拿大所有国家博物馆的收入进行了详细审查和评估。该研究表明，与其他国家的国家博物馆相比，加拿大的国家博物馆营业收入和捐赠收入总和大致相同。加

图3.10 坐落于加蒂诺的加拿大文明博物馆

拿大文明博物馆和战争博物馆是加拿大国家博物馆中营业收入最高的博物馆，所承担运营成本的比例也最高。同时，这两家博物馆也超过了国际大型博物馆的基准测试水平。

尽管博物馆现在的收入能承担总支出的20%以上，但此成果并非一蹴而就。1990—1991年，即CMCC成立的首年，当时的收入为420万加元，仅占两家博物馆运营成本的5%多一点。20世纪90年代初的收入主要来自巨幕影院、精品店和普通门票。2006—2007年的收入总额为1700万加元，不仅传统渠道的收入有所增加，而且博物馆还开发了有助于提高整体营收业绩的新领域。

新的收入来源于设施租赁、相关餐饮服务、移动精品售货亭、停车场、赞助和高黏性会员计划。除了这些新的收入来源，博物馆也需要从定价政策和营销手段方面对普通门票、自助餐厅、精品店和巨幕影院等传统创收领域进行持续审查。管理层的持续审查充分考虑了观众的反馈意见，确保了市场定价具备竞争力，及时把握住了发展机会。

2007—2008年，CMCC调整了其整体门票定价模式，并引入了"混搭优惠"（mix and save）定价方法。新模式增加了集团内的两家博物馆门票的组合套餐。引入新模式的主要目的是简化过于复杂的定价模式，鼓励观众购买和选择更多的博物馆项目，为他们提供更为灵活的选择，并利用组合门票增加销售量。

新模式的早期结果显示，两家博物馆的组合门票销售量出现了增长，定价政策简单易懂，也减少了观众排队购票的时间。然而，向上销售（up-sell model）的模式也降低了巨幕影院的整体平均票价，导致毛利率下降。因此，博物馆在采用原有"混搭优惠"理念的同时，为巨幕影院组合销售门票设置了额外费用。这一变化凸显了持续审查商业业绩和调整策略以应对市场或财务状况的重要意义。

自20世纪90年代初期以来，收入业绩在博物馆维持和资助其项目方面发挥了关键作用，而支出控制也功不可没。博物馆支出的增长速度低于通货膨胀率，而博物馆现在的常设展览空间比以往任何时候都要多。20世纪90年代初，包括建筑成本和财产税在内的博物馆运营总成本估计约为6500万加元，2007—2008年的总成本估计为7700万加元，在近18年的时间里增加了1200万加元，即增长了18%，而该地区的消费者价格指数同期上涨了46%。值得注意的是，CMCC还为加拿大战争博物馆建造了一座新场馆（已于2005年开放）。

为了实现有效的支出管理，CMCC按照"零基预算"的方法制定了年度预算的具体流程，其中每项活动都必须以三年规划期为基础。博物馆面临严重的财务限制，同时，随着固定建筑成本增加，博物馆需要新的收入来源或

> 政府持续资助为增加的成本提供支持，在这些需求下，博物馆一直寻求减少开支、提高效率的方法，并在必要时重新分配资源。资源重新分配的方式包括裁员、功能外包，以及如前文所述为了支持项目而增加收入。
>
> 博物馆还参与了基准测试的训练，以验证其在几个关键领域的内部运营情况。这些训练与持续审查收入机会的管理方法同步进行，有利于博物馆明确哪些领域需要改进。设施管理和信息技术是定期进行基准测试的两个关键领域，博物馆在这两个领域开支巨大，而它们对集团的运营也起着至关重要的作用。这两个领域都严重依赖外包服务，博物馆与主要负责日常运营的私营企业保持着非常积极的关系。国际博物馆设施管理员协会（IAMFA）的年度基准测试和博物馆委托的信息技术研究结果表明，加拿大文明博物馆在这两个关键领域的排名在同类博物馆中几乎名列前茅。
>
> 加拿大文明博物馆集团近20年来一直保持着其市场领先地位。集团之所以能够履行使命，并吸引越来越多的观众访问旗下两大场馆，正是得益于它在发展业务方面良好的管理流程和方法，以及时刻保持对净利润的关注。

3.5.2.1 营业收入

营业收入是指博物馆从运营中所获得的收入，与政府资助、捐赠基金、赞助或捐赠形成对比，后者统称为捐助收入。营业收入包括以下资金来源，其中大部分来自为观众提供的服务，因而这类收入常被称为"观众创造的收入"（visitor-generated revenue）：

- 门票；
- 零售；
- 餐饮；
- 会员；
- 租赁；
- 电影、表演和特别活动；
- 教育项目；
- 出版物和媒介；
- 承包服务。

3.5.2.1.1 门票

公共博物馆的门票收费一直以来都存在争议。反对者认为，博物馆提供公共服务，应该由税收提供资金；支持者认为，当员工和观众知道要收费后，博物馆的服务质量往往会提高，近半数的观众不会为免费的博物馆捐款，此类博物馆的运营成本来自其所在社区居民缴纳的税款。曾经免费的博物馆一旦开始收费，通常会导致参观人数直接下降约三分之一，有时可能会在接下来的5—10年内回升，具体取决于博物馆收费后是否举办了具有广泛吸引力的展览和其他活动，以及是否采取了有效的宣传和其他营销策略。很多学者就门票收费对观众人口统计特征的影响展开了研究和讨论。一些研究表明，低收入和少数族裔观众更加重视收费的参观体验，而另一研究则认为，当这类人群听说博物馆要收费后，参观次数会随之减少。由于影响博物馆参观的变量太多，我们难以孤立地看待门票费用及其对各个细分市场的影响。例如，博物馆的类型就是变量之一。艺术类的博物馆相比其他类型的博物馆更难吸引儿童和教育程度较低、收入较低的人群，因此艺术博物馆更倾向于向所有人或儿童免票，抑或是设置一些免票日。而科学类博物馆往往对各种细分市场具有更广泛的吸引力，因此不太可能免除门票费用。

免费入场或低价门票本身并不能保证公众广泛参与博物馆的活动，因此无论是否收费，博物馆都必须检查它们与公众沟通的方式，是否欢迎社区中的多元化人群，以及博物馆项目能为当地居民和观众提供什么体验。此外，由于收费和不收费的方式种类繁多，博物馆需要的是适合本馆具体情况的门票策略。

有人说，门票收入抵不上收取门票的成本，但大多数收费的博物馆发现，门票收入可达到其总净收入的10%—20%。博物馆门票价格必须与该地区其他景点的门票价格相当，并且针对成年人、老年人、儿童、家庭和团体观众分别定价。有很多方法可以降低常客的门票价格，例如会员免票，抑或是在特定日期或者晚上为所有观众提供免费或折扣门票。

一些博物馆担心，为了提高观众的多样性而设置免费入场日，会使那些能够轻松负担门票费的观众等到免费日才参观。还有一种方法在吸引文化少数群体和低收入群体方面可能不相上下或更为有效，即通过这些群体所在的社区和社会组织、宗教机构或学校向他们发出邀请，为他们提供免费或折扣门票。这种方法能避免为那些能够轻松支付门票费的公众提供免费入场资格，并有助于在博物馆与社区或社会组织之间建立合作伙伴关系。博物馆还可以寻求赞助来补偿收入损失。无论采用何种方式，免费门票的外观最好与收费门票一致，以防给持免费门票的观众带来不便。

2001年，英国工党政府致力于让所有公众免费参观永久馆藏，提高博物馆的可及性，并与多个国家博物馆达成了一项资助方案，以补偿它们的收入损失和服务更多观众所增加的成本。尽管新增观众的多样性程度仍取决于各个博物馆的项目及其营销方式，但国家博物馆的参观人数增加了50%。而在2006年，坐落于同一城市的巴尔的摩艺术博物馆和沃尔特艺术博物馆也开始实行免费开放政策，沃尔特艺术博物馆副馆长凯特·马克特在本章案例研究3.11中介绍了这一案例。总体而言，免费开放政策取得了成功，这表明只要政府官员提供足够的支持，增加政府资金投入以抵消损失的门票收入，类似的方法在其他地方也可以奏效。

另一种门票策略是仅对特别展览和活动收费，常设展览则免费。事实证明，无论是在维持收入方面，还是为观众和居民提供博物馆免费服务方面，这一方法在世界多地都取得了成功。在有些情况下，与对全部观众收取门票从而导致观众人数减少的策略相比，这种策略可能会吸引更多的观众入馆，从而增加了零售、活动和餐饮服务的收入。凯特·马克特在本章的案例研究中介绍了巴尔的摩两大博物馆常设展览免票、特别展览收费的具体情况，并讨论了这一策略带来的挑战和效果。

有些参观人数超过100万的大城市的博物馆已经成功引入了"按意愿付门票"策略，即博物馆只提供一个"建议门票费用"，参观者可以支付自己愿意支付的费用，这种方法不同于真正的"自愿门票费"，后者在博物馆出入口附近设置捐款箱，如果观众不愿意支付，可以忽略。

计算机票务软件可为收取门票的博物馆带来很多益处。此类软件程序可以记录购买门票的观众资料，如姓名和地址，从而为博物馆的顾客邮件列表增添了新的名单。博物馆可以通过邮件或电话针对这部分观众推销会员招募计划。基于与人口统计数据匹配的邮政编码前缀，这些票务记录还可用于观众调查。当然，此类信息的使用必须遵守相关法律，也应符合博物馆的道德准则，信守博物馆尊重观众隐私的承诺。

> **案例研究 3.11　博物馆免费开放策略——以巴尔的摩的博物馆为例**
> 凯特·马克特
>
> 巴尔的摩这座城市很幸运，它拥有两家大型艺术博物馆，其常设展览各有特色，实现了完美的互补：
> · 巴尔的摩艺术博物馆，以其收藏的19世纪和早期现代艺术以及大量的当代艺术、美国装饰艺术、非洲和大洋洲艺术藏品而闻名；
> · 沃尔特艺术博物馆，以古埃及、古希腊和古罗马艺术，中世纪艺术，欧洲装饰艺术，亚洲艺术，插图手稿和古代大师绘画作品为亮点。
> 这两家博物馆共同构成了美国在世界艺术史收藏方面的一座百科全书式的宝库。过去几十年来，巴尔的摩城市人口不断减少，这两个机构也一直在努力解决城市所面临的诸多问题：中产阶级逃离城市，学校质量堪忧，毒品和犯罪问题严峻，进一步加剧了美国城市的人口老龄化问题，使博物馆潜在的当地观众群体数量减少。
>
> **策略**
> 2005年初，为了让公众可以免费参观，两家博物馆联合向巴尔的摩市和邻近的巴尔的摩县寻求为期三年门票免费的资金支持。这些资金将用于弥补门票收入的损失、免票措施的宣传预算以及减少的会员收入。正如辛辛那提艺术博物馆（经馆方研究状况最相近的博物馆）等其他博物馆所经历的那样，会员收入的减少是免票政策所带来的副产品。当时正处于政府预算盈余的时期（主要是因为房地产转让税高于预期，这是当时房地产泡沫带来的积极结果）和选举年。因此，该倡议很快被巴尔的摩县行政长官吉姆·史密斯和时任巴尔的摩市市长（后来的马里兰州州长）马丁·奥马利采纳。另一位当地县级行政长官、几家基金会和一家公司也为初期融资工作做出了贡献。
> 博物馆的倡议者认为，让这两家博物馆免收门票会鼓励更多的当地人参观，可以同时增加观众的数量和多元性。奥马利市长在新闻稿中表示："这项重要的投资将为更多的人提供机会，让他们体验我们生活中艺术的美、创造力和意义。"巴尔的摩会展和观众协会也对这一举措表示支持，认为这将让巴尔的摩在地区文化旅游市场上魅力凸显，使这座城市更具竞争力，而在华盛顿附近还有许多免费的国家博物馆。此外，还有助于将巴尔的摩打造成一座热情好客且创意宜居的城市。巴尔的摩县行政长官吉

姆·史密斯称其为"对整个大都市区未来的投资"。

实施第一年的成果

该举措实施第一年的成果甚至让最积极的支持者也感到惊讶。在博物馆向市、县政府提交的初步提案中，博物馆预计参观人数将增长15%，首次参观者的数量也将实现增长，观众的构成更加多元。而两家博物馆的总参观人数都比预期高很多，也更加多元化。尽管两家博物馆的会员收入都出现了损失，但没有超出预期，而高级会员和主要捐助者的慈善捐款出现了大幅增长，其中一些会员和捐赠者甚至承诺将提供捐赠基金以延续这项举措。

沃尔特艺术博物馆年度参观人数增长了55%，从12.6万人增至19.5万人，这与英国大型博物馆降低门票收费后观众增长50%的数据类似。更令人振奋的是，首次参观者人数（46%）和家庭项目参与度（150%）也迅猛增加。教育员发现博物馆的"艺术车"和其他教育材料的使用量增长了5倍、6倍，甚至8倍。尤其在周末，博物馆里处处洋溢着家庭观众的欢声笑语，他们在博物馆里快乐地拖着"探索被"（Discovery Quilts），一起解谜题和玩游戏，谈论他们在博物馆里发现的宝藏。博物馆还通过发放"通行证"鼓励观众重复参观，孩子们可以收集印章，展示他们在博物馆的各个藏品区域完成了活动。

挑战

过去收取门票费用的博物馆转为免费开放所面临的最大的挑战在于，人们不再需要成为会员了。沃尔特艺术博物馆的会员人数减少了25%，这一数据在博物馆举办收费特展之后才开始稳定下来，并逐步回升。博物馆员工尝试为会员提供其他福利，如特别会员日、提前进入展厅参观、提供活动和商品的折扣，并且他们还在继续想出好点子。

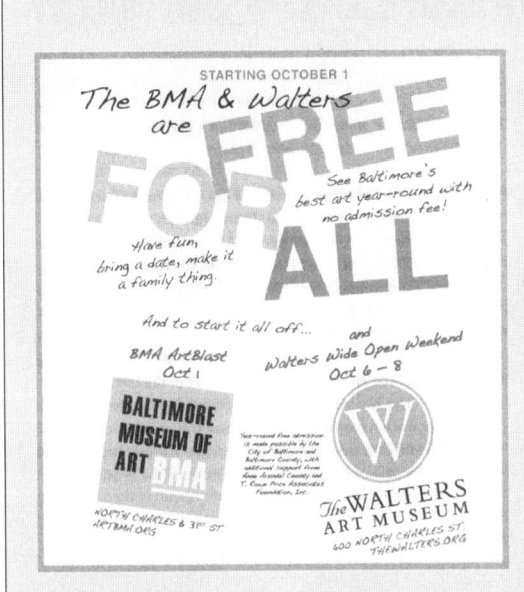

图3.11 免费开放公告
图片由拉普拉卡·科恩广告公司惠允，凯特·马克特提供

另一个挑战是，观众已经习惯了免费参观博物馆提供的部分展览，如果要求他们为特展付费就会遭遇困难。两家博物馆免费开放后首次推出的付费特展，参观人数都不乐观。在沃尔特艺术博物馆，特展每周五的打折门票并没有带来预期的客流量增长。博物馆在营销方面会遇到的一个困难是如何告知观众，即便特展需要收费，常设展依然免收门票费用。

免费参观的观众会在博物馆商店花更多的钱，这其实是人们的误解，事实并非如此，其他博物馆免收门票的情况也证明了这一点。但是，这一情况也有例外，沃尔特艺术博物馆有一个著名的案例，该博物馆为"博伊金"展览售卖的商品引发了巨大的反响，这一流行艺术的免费展览吸引人们争相购买马克杯、地毯等各种物品。

未来

总体而言，博物馆免费开放硕果累累，在推出免费开放策略的第二年，两家博物馆的观众的数量和构成多元性持续增加。虽然免费开放初期的增长幅度不再出现，但观众人数保持在较高的水平。我们需要继续加大营销力度，让更多的人们知晓博物馆免费开放的政策。我们在2006年10月开展了一场规模巨大（耗资20万美元）的宣传活动，包括投放公交车广告、制作广告牌、印刷品和举办活动，但为了吸引更多新观众，仍需要不断强调博物馆"免费"的信息。

现在，普通会员的数量基本上取决于博物馆特展的丰富程度，尽管除了提供热门收费展览门票这一明显的经济优惠外，会员和营销部员工仍在不断尝试推出新的福利和策略。沃尔特艺术博物馆的高级会员数量增长了约10%，并且有望在第二年继续增长。受到慈善事业的鼓舞，许多会员希望为博物馆保持免费开放提供支持。

两家博物馆都希望将免费开放的策略制度化，当初启动该计划时获得了三年的政府资助，为了获得政府资助以外足够的资金支持，博物馆又展开了捐赠宣传活动。捐赠宣传活动的成功对于博物馆继续长期实行免费开放政策至关重要。

3.5.2.1.2 零售

虽然是否收取门票费用仍然存在争议，但人们对博物馆设置零售商店的普遍做法却没有意见。近年来的观众调查表明，越来越多的观众期望博物馆有一家高品质的商店，如果商店货品的品种和质量、陈列方式或客户服务达不到期望值，他们还会因此抱怨。博物馆商店能提供承载记忆的产品，让观众在回家后还可以回想起参观博物馆的经历，如果该产品是书籍、图录、复制品、海报等，则能够为观众在参观完成后提供进一步学习和娱乐的机会。因此，零售商品的质量和教育价值应符合博物馆的使命和目标。

规模较小的博物馆除了雇用带薪的零售经理，还会聘请志愿者担任零售员工，这样能节省不少成本。如维多利亚与阿尔伯特博物馆等一些较大的机构，不仅在商店运营方面非常专业，还能将其利润丰厚的现场运营业务通过产品目录和快递服务拓展到世界各地。维多利亚与阿尔伯特博物馆还拥有很多藏品图案的版权（例如威廉·莫里斯壁纸），可以授权他人制作复制品。在过去十年中，线上销售为博物馆的零售额贡献了数额巨大的额外收入。

为了减少拥挤、改善服务，有时将儿童商店、书店与一般零售商店分开是一个不错的想法。商店应提供各种价位的商品，有需刷卡购买的相对昂贵的商品，也有低价纪念品，还包括一些供儿童甚至是祖父辈购买的商品。书籍或博物馆明信片的利润可能仅为 40%，但其他物品的利润通常为 100%，甚至可能更高。

每位观众的消费金额因商店规模和博物馆类型而异。在较大的商店中，人均销售额通常也较高，但每平方米的销售额往往较低。但在人流量大的博物馆里，商店占地过小会导致其在观众高峰期的收入降低，观众如果觉得商店太过拥挤，就会避开。艺术博物馆的销售额往往比大多数科学或儿童博物馆的销售额要高得多。如果商品符合市场和景区需求（最好针对大型的临时展览进行调整），同时又位置优越，宣传得力，那么各种类型博物馆的收入都会显著提高。

与所有零售业一样，博物馆商店的位置至关重要。博物馆在进行设施规划时，应将商店选在观众进出博物馆必经之路的显眼位置。在保证博物馆安全的前提下，商店应尽可能地建在路人能够看见的位置，即使不参观博物馆，人们也可以进入商店购物。理想的博物馆商店选址应能独立于博物馆进行营业、歇业，并在必要时延长营业时间，满足市场需求，尤其是在假日购物季。

大多数博物馆商店不仅提供了仅在本场馆出售的出版物、媒体产品、复制品和纪念品，还会售卖一般的书籍、玩具、珠宝、工艺品和其他具有当地社区特色的礼品，博物馆商店还可以为当地艺术家或工匠提供一个重要的销售渠道。为大型展览，即所谓的超级大展（blockbuster）生产专门的商品既可以增加零售收入，也可以推广展览。所有新商品都应提交给藏品研究员审批，确保其具备美学价值及教育意义，还应提交给营销经理以分析该商品对各个细分市场可能具备的吸引力。所有根据藏品制作的复制品或仿制品应获得藏品研究员和馆长的批准。

一些博物馆商店为每个临时展览大幅调整商品，保证商品与当前展览相关，从而提高运营效率。当然，要做到这一点，零售经理必须参与展览策划过程。现在更常见的做法是设立专门针对临时展览的商店，通常位于临时展厅的尽头。为某个常设展览设立商店也已经成为许多博物馆的普遍做法，例如芝加哥科学与工业博物馆 U 形潜艇展厅附近的商店。如今，一些新博物馆或扩建项目都设计了此类附加的零售空间。

画作租赁为艺术家和公众按月租赁可流通的艺术品提供服务，出租的艺术品可以摆放在家里或办公室中。这一服务通常由志愿者负责，博物馆员工提供指导，地点设在博物馆商店内或附近空间。

博物馆内的展示员在工业遗址上以售卖方式产出的商品，如在历史悠久的陶器作坊中生产的陶瓷，为历史复原场景的阐释增添了吸引力，然而试图把这种产品销往更广阔的市场，真正实现工业级的生产水平的尝试已被证明不具有可行性。博物馆将重点放在遗产的阐释上，减缓了生产速度，从工业角度来看这种生产速度难以营利。

除了少数例外情况，大多数的博物馆商店都取得了成功，因此零售销售仍然是博物馆最有潜力的收入选择之一。销售成本一般占总销售额的 50%—60%，毛利率为 40%—50%。考虑到人员配置和其他管理费用，其净利润占总销售额的 10%—20%。博物馆商店的销售业绩通常占博物馆总收入的 5%—10%。博物馆正在不断地扩展其零售业务，并通过以下方式取得了不同程度的成功：

■ 销售目录；

■ 卫星商店（设立在其他城市或国家以及同一城市的其他地点，通常在机场）；

■ 在其他博物馆的商店和合适的商业经销店售卖博物馆的产品线；

- 通过电视购物频道销售；
- 线上销售。

为了最大限度地增加收入，保持产品质量控制以及提供具有机构特色的零售产品，大多数商店都由博物馆直接运营。然而，近年来出现了一些代理机构，它们开始帮助博物馆运营零售商店。这些代理机构能够通过批量订购商品和进货来节约成本，可满足用户通过线上和目录下订单的需求。同时，它们支持各个商店实现差异化的发展，这对一家既想要保持机构特色，又要成功运营的博物馆商店来说非常重要。类似的一家美国代理机构向其代理的博物馆支付的佣金达到了总销售额的27%，当然，如果该馆自己经营商店，其预期的收入百分比也会达到这一水平。

3.5.2.1.3 餐饮

与商店不同，博物馆经营的自助餐厅和餐馆通常不会为博物馆带来较高的收入。博物馆馆长和餐饮服务经理必须了解餐饮服务的目标（观众舒适度、延长停留时间），并努力避免亏损（如果算上所有相关人员和管理的费用，许多博物馆经营的餐饮服务确实是亏损的）。

虽然一些博物馆直接经营商店，但大多数博物馆更喜欢采用外包或"特许经营"模式管理餐饮服务，它们从承包商或特许经销商获取一定份额的收益或租金，或两者兼而有之。原因是餐饮服务是一种失败率很高的商业类型，需要专业的知识背景和一定的经营规模，而博物馆通常无法满足这些要求。因此在谈判中，许多餐饮服务公司会以极低（甚至没有）的回报率与博物馆讨价还价，条件是他们必须成为博物馆特别活动和租赁活动的独家或首选餐饮服务商。

承包商或特许经销商的目标是通过在整个建筑或场馆内（如果博物馆是一个更大的文化综合体的一部分）运营多种餐饮服务，尤其是为特别活动和租赁服务承办餐饮来实现规模经济。只要博物馆在合同中坚持质量控制条款，这种安排基本能够令人满意。质量控制条款可规定，承包方如未能在规定时间内达到博物馆的质量标准，博物馆可以在发出适当通知后取消合同。这一合同条款至关重要，因为在许多博物馆观众的心目中，劣质或价格过高的午餐、令人失望的小吃所带来的糟糕体验比一次不错的博物馆体验的影响更大。这种质量控制条款不仅应涉及烹饪技术、用餐环境和顾客服务，还应涉及食物营养和食材选用的要求，严格反对为了完全受市场驱动大量使用人造食品和垃圾食品。承包商和博物馆应在合同中就所提供食物的类型达成一致。

一些外部代理会租赁博物馆的设施举办活动，而许多餐饮服务承包商的目标是为这些租赁服务和特别活动提供餐饮服务。但如果博物馆允许外部餐饮服务商引入自己的餐饮公司来举办租赁活动，那么博物馆提供的租赁服务可能会更加灵活和方便。在大多数情况下，博物馆将承包商的餐饮服务作为备选项，可能会提供打折优惠，但也应允许租用博物馆设施的外部代理引入自己的餐饮公司。

博物馆餐厅或咖啡馆的装修格调很重要，特别是当博物馆选择以某个时代风格为主题设计用餐区时。承包商可能会将主题风格沿用到制服上，如果得以采用，应在细节上注意保持风格的一致性，因为观众可能会通过餐厅主题的一致性来判断博物馆的真实性。但博物馆餐饮服务可能会因为过于讲究真实性和主题风格而造成一些问题。例如，在历史建筑内不宜烹饪和提供食物，这不仅是出于对保护历史遗产建筑及其家具陈设的考虑，还因为博物馆需要使用现代化设备来满足健康和安全规范以及客户的期望。

无论是全年火爆还是有季节性高峰的博物馆，只要参观人数众多，博物馆就十分有必要在主用餐区提供快捷的餐饮服务，避免观众长时间等待。纽约现代艺术博物馆设计了一种订餐系统，观众可在柜台上根据号码登记用餐需求，然后入座并展示订餐号码，让服务员为他们送餐。这种订餐体验显然比在自助餐厅排队更令人愉快。

大多数小型博物馆发现，一家提供小吃服务的优质咖啡馆，无论是否设有能加热预制菜的厨房，都足以满足观众和非开放时间租赁服务的需求。较大的博物馆可能还设有餐厅。一些门庭若市的博物馆已经发展出三个级别的服务：特许经营的快餐服务、提供茶点的咖啡馆和提供全方位服务的餐厅，后两者一般经过精心设计。位于纽约的大都会艺术博物馆经常于夜间时段在博物馆咖啡馆和高档餐饮区举办现场音乐表演，活动非常成功。

与博物馆商店一样，博物馆餐厅的位置对其盈利能力有着重要的影响。许多艺术博物馆设有庭院，天气温暖的时候，在户外用餐的顾客可以欣赏雕塑，或者在冬天透过玻璃观看雕塑。若在这些场地提供餐饮服务会广受欢迎，而该地点可在博物馆闭馆后也对外开放，这样的餐饮服务将具备更大的商业价值。如果餐厅要在博物馆公共开放时间之后继续营业，应确保博物馆的卫生间，或为顾客提供的独立卫生间能正常使用。

如果博物馆位于餐饮服务便利的商业区，博物馆可以选择不将资金投入餐饮服务，而是调整其入场政策，鼓励观众在附近的餐馆和咖啡馆用餐并在当天随意重复进馆。博物馆可在门票和海报说明相关政策并提供附近用餐场所的地图，让观众知晓他们可以随时返回博物馆。这通常有助于博物馆与附近的餐馆和零售商建立良好的关系，并有助于证明博物馆需要政府支持的合理性，因为博物馆的政策促进了经济发展和私营企业纳税人的收入。这也可以鼓励附近的餐馆及其经营者成为博物馆的企业会员、个人会员或赞助商。

博物馆还必须满足其他餐饮服务需求：
- 展览开幕和其他特别活动的茶点；
- 多功能厅或宴会厅的餐饮服务（特别是涉及租赁服务时）；
- 为学校团体提供学校午餐区；
- 为员工休息室和会员休息室提供茶点。

如前文所述，前两项服务不一定会包含在餐饮服务合同中。

在提供上述餐饮服务时，博物馆应确保食品供应和垃圾循环路线不会经过举办展览或移动藏品的常用区域。展览开幕时的茶点不应在展厅内提供，而应摆放在相邻的不存放文物、标本或艺术品的多功能厅中——如果有这样的空间的话；若没有，空间规划人员应优先设计这一区域。

推荐博物馆为携带饭盒的学校参观团体提供午餐室。许多博物馆发现，此举可以使它们的餐厅免受大量低消费学童的干扰，自动售货机足以满足学生们对饮料或其他茶点的需求，但是仍需注意食物营养和食材选用。该专有区域在周末或晚上不必空置，可以通过儿童生日派对场地租赁为博物馆赚取收入。

3.5.2.1.4 会员

政府、大学或公司垂直管理的博物馆通常不设会员制度，尽管有些博物馆已经建立了"博物馆之友"组织。会员制在独立的非营利机构中最为常见，在这些机构中，会员制更重要的是作为一种组织和留住忠诚的支持者的手段，而不是作为次要的收入来源。尽管如此，建立和维持一个强大的会员团体对任何文化机构都有益处，有利于为机构在社区中夯实健康的根基，因此，即使是隶属政府的博物馆也应该考虑会员计划。

过去，许多博物馆馆长预计会员费只能承担为会员提供服务的成本。如今，许多博物馆的会员计划变得越来越雄心勃勃，这不仅是一种收入来源，还可以作为帮助博物馆吸引支持者的手段，而吸引的对象从传统的高收入群体扩展到代表社区中社会、经济和文化多样性背景的广大群众。

博物馆会员有两种类型：

■ 少部分人因对机构的忠诚热爱或对其所提供的专业知识感兴趣而加入会员；

■ 大部分人受广告宣传的会员专属优势吸引而加入会员。

为了吸引和维护上述第二种会员，博物馆通常为常客、支持者和捐赠者提供了符合其利益的切实福利，例如：

■ 免费进入原本需要收费的博物馆；

■ 免费或以优惠价参观大型收费展览；

■ 享受博物馆商店、收费项目和租赁活动的折扣；

■ 定期收到相关资讯；

■ 受邀参加展览开幕式或其他活动；

■ 优先参与博物馆活动和项目；

■ 参与特别活动，如由博物馆专家指导的旅行探险和由藏品研究员导览的博物馆幕后之旅。

当将这些物超所值的会员服务的直接和间接成本与所得收入进行比较计算时，许多博物馆发现它们实际上并没有从中赚钱。此外，仅出于性价比考虑而加入的会员往往会在利益终止后难以保留。例如，一旦家中的孩子长大，不再对这些活动感兴趣，儿童博物馆的一些会员通常就会终止续费。尽管如此，博物馆维持此类会员项目仍然大有裨益，博物馆可通过会员项目向提供资助的政府或给予捐赠的基金会展示博物馆在社区中获得的支持。

对于第一种会员群体，即那些为了支持机构使命或参与其感兴趣的专业领域活动而加入的人，他们的会员资格更多地被视为参与慈善事业、体现公民自豪感或个人兴趣的一种形式，这些动机也应该得到认可和赞赏。这一类高级会员的费用可能较高，但矛盾的是，为这些会员提供服务的成本可能相对较低。

为了吸引这两种类型的会员，会员类别可细分为成年人、夫妇、老年人、学生和家庭，还应根据会员对博物馆的支持程度，设置捐赠者和企业会员级别，并附带福利或特权。会费较高的企业会员应包含该会员公司员工的福利（如免费或折扣门票），这种做法既有利于博物馆与公司建立更密切的关系，也扩大了博物馆的观众群体。会费较高的企业或捐赠会员还可获得受邀参加独家活动、赞助展览或活动的机会，以及企业招待活动租赁费的折扣。

3.5.2.1.5 租赁

向希望在博物馆内举办活动或者通过这种方式将其形象与博物馆相联系的团体或公司出租博物馆的大厅、剧院、会议室、多功能宴会厅，甚至是展厅，已成为博物馆的另一个创收来源。可供出租的区域通常是位置优越的多功能空间，在博物馆开放时间以及闭馆后允许人员进出，一般会在附近提供可移动桌椅以及方便的餐饮服务。

由于博物馆需要一个用于展览开幕式、特别活动或招待会的多用途空间，因此租赁这些房间也颇具吸引力。这个多用途空间，也可以被称为多功能厅或宴会厅，通常配有录像和投影设施，以及可移动的桌椅（保存在相邻的储藏室中）。它可能毗邻博物馆大厅、剧院或礼堂等场所，这些场所通常配有固定的座位和报告厅设施，所有设施都可以单独或者整体出租。优质的餐饮服务，茶点和方便使用的公共卫生间必不可少。为了方便举办展览开幕式，多功能厅或宴会厅也应靠近展厅。

一些博物馆，尤其是受政府资助的博物馆，主要以公共服务的形式向专业团体或社区组织提供此类设施。然而，租赁可能会产生较高的安全成本以及人力成本，即便只是偶尔出租，将租赁空间转变成一种收入来源对博物馆来说也是一项有利的举措。一旦决定出租，博物馆的收费不应低于其社区同类租金的现行价格，因为博物馆将因此获得补贴，继而损害了该地区商业运营商的利益。相反，博物馆租金应按照市场的高端产品进行定价，即"上层阶级"费率，因为它的竞争优势在于为消费者提供与一流的文化机构相关的声誉。

企业招待会是博物馆租赁的主要客户来源。对于拥有迷人花园或遗产建筑的机构来说，婚礼可以成为一个利润丰厚的收入来源。生日派对是另一项高价值服务，特别是对儿童博物馆而言，学校团体的午餐室也能得到利用。当然，博物馆必须在其租赁合同中提供明确的指导方针，尊重其藏品保护和安全原则。如果博物馆位于历史建筑中，则可能需要限制租赁次数，因为过度使用带来的损耗会威胁到遗产资源本身。

3.5.2.1.6 电影、表演和特别活动

电影节目和艺术表演如舞蹈和戏剧可作为博物馆展览的补充。特别活动可以采用多种形式，包括节假日期间开展的节庆活动。一些较小的博物馆每年举办十多场特别活动，吸引了全年半数的观众参与，活动期间可能会收取入场费。

当然，博物馆开展这些活动的能力取决于是否具备足够的设施。对于许多博物馆来说，配备数字投影设备的报告厅就足够了。同样，为使此类设施得到高效利用，博物馆应允许在闭馆后使用这些设施，包括博物馆的公共卫生间。如果计划举办两个半小时或更长时间的晚间活动，那么活动场地最好是带有倾斜地板和符合剧院标准的舒适固定座位，而不仅仅是在平坦的地板上摆放可移动的椅子。

是否也将礼堂或报告厅用于博物馆的培训项目或其他常规活动，这是影响博物馆运营的一项重要规划决策。博物馆试图将两种功能结合在一个空间内可能会导致运营问题，因此在许多情况下，必须考虑提供两种设施：一种是专门用于培训或其他定期展示的剧场，另一种是用于播放电影或举办讲座的报告厅。

一些博物馆发现，剧院是建筑中最难以充分利用的空间。尤其是如今

人们可以在家播放多种媒介和格式的视听节目，吸引观众观看系列电影可能会更加困难。因此，在某些情况下，这些空间已被移除，或者从一开始就没有规划进来。然而，这可能是一种短视行为，因为剧院只需简单设置就能提供很多具有吸引力且成效显著的节目。

一些较大的博物馆和科学中心的大屏幕影院（比如巨幕或全天域电影影院）已经取得了成功。但在过去的数十年里，随着带环绕声的大屏幕家庭娱乐系统的出现，过去烦琐的电影格式开始转为数字化，大屏幕影院也变得随处可见，博物馆中的大屏幕带来的震撼效果有所减弱。

模拟装置为博物馆展览增加了另一重维度，如果针对人们使用模拟装置收取额外费用，便可以成为另一种收入来源。这种适应休闲产业需求的技术（最初是为航空培训而开发）已成功应用于科学中心、军事和航空博物馆。一些人曾尝试用档案镜头勉强制作装置中的视频（如第一次世界大战中的近距离空战），但如果博物馆可以筹集资金开发一个与博物馆或展览的故事线直接相关的新项目，观众体验会得到大大改善。

博物馆也可以利用其他的娱乐形式。数字编程的天象仪是科学中心颇为吸引人的特色装置，也可用于呈现流行音乐节目的激光表演。多媒体剧场程序，包括移动屏幕和计算机照明效果等功能，无论是否有真人演员或电子动画人物，只要它们结合了薄雾、烟雾、气味和模拟椅子运动等特效，都可以考虑开发为"4D 剧场"。这些项目通常是针对博物馆的重点叙事而制作，是"目的地体验"的一部分。

物件剧场（object theater）是一种与历史博物馆特别相关的改编方式，在这种剧场中，博物馆的藏品或复制品作为"明星"出现在聚光灯下，画外音和/或投影图像使它们栩栩如生。其效果是将观众的注意力集中在所展示的文物或复制品上，并有效地传达其意义以及与博物馆所讲述故事的相关性。除了服务于博物馆的使命，这可能是传达一些"明星"文物本质意义的有效方式之一，而不是仅将它们放在展柜中。

另一种方式是现场戏剧（live theater），这在夏季可能很有吸引力，因为那时有学生演员，也可以将其作为就业补助计划的一部分。历史古迹更适合第一人称解说，身着特别服装的演员扮演着那个时代的角色，并回答观众关于该历史背景时空条件下的问题。

一般情况下，此类特色项目都应包含在门票费用中，但视乎其规模和位置，最好将这些作为额外的收费项目，在博物馆售票处出售。

3.5.2.1.7 教育项目

教育项目通常被视为非营利性项目，特别是如果博物馆将向学校参观团体提供免费导览服务作为其任务的一部分。在这种情况下，博物馆通常会获得政府补贴、基金会拨款或企业赞助。

然而，教育服务本身也可以成为创收的来源之一。博物馆可以与学校签订合同，为指定班级提供一定数量的参观导览服务，或者向学校团体收取特定门票费。有时，学校参观团体免收门票，但博物馆提供的特别活动或参观导览服务收费。一些博物馆与学校董事会或地方政府签订了分时协议，根据该协议，学校团体可以在博物馆不向公众开放的特定时间（如某些天的早晨）入馆，由博物馆提供导览服务或其他教育项目，并向学校董事会或教育部门收取固定费用。教师培训项目也可带来收入。例如，沃斯堡科学历史博物馆为中小学教师提供初级和中级科学课程，费用由州教育基金承担。半个多世纪以来，该博物馆还成功举办了面向学龄前儿童的收费课程。

博物馆通常会为学校参观团体提供单独的校车入口，以便他们安全进出，也避免干扰其他观众。有时博物馆也会提供独立的衣帽间和午餐室（午餐室还可以作为周末或晚上举办生日聚会的租赁空间）。教室已经成为博物馆常见的配置，可作为学生参观前的引导或参观后讨论活动的地方。不过，博物馆员工和学校老师要记住博物馆是非正式教育的理想场所，博物馆提供情感学习的最佳体验场所是展厅而非教室。配备计算机工作站或实验室设备的动手学习实验室可能是比教室更好的教育空间。

使用幻灯片讲解的成人教育讲座也可以成为博物馆的另一项收入来源，如果以系列或课程形式推出，通常更受欢迎。这些系列讲座也可以成为吸引会员或招募志愿者的手段。配备了数字投影设备和音响系统的报告厅就可以满足此类项目的需求。

一些艺术博物馆开设的工作室可用来教授美术和应用艺术课程，从为家庭提供的周末或晚间非正式课程（通常提前一至两年预订）到为各种级别的艺术爱好者推出的结构化课程，应有尽有。工作室既可以进行艺术家作品的展示，也可开展艺术家驻留项目，空闲时还可以对外租赁。

由博物馆员工担任专家讲解的会员旅行计划也可以创收。管理层和员工缺乏创意和精力是博物馆策划优质教育项目的一大阻碍，但是项目若要取得成功，还必须有效瞄准目标市场。一般来说，优先向会员进行营销可以鼓励观众走进博物馆，更有可能实现收支平衡。

3.5.2.1.8 出版物和媒介

长期以来，出版有关博物馆藏品和展览的图录和书籍一直是博物馆的收入来源之一，然而在许多情况下，书籍印刷的数量并没有按照目标市场计算，导致库房长期积存大量未销售的图书。今天，存储了展览或藏品的图像的新型媒介(如CD或DVD)，可与出版物形成互补，价格更有吸引力，受到全世界观众的青睐。

随着此类媒介的发展，博物馆对其藏品图像的控制变得更加重要，这一问题对于艺术博物馆来说尤为显著。尽管资金匮乏的博物馆很自然地倾向于将多媒体服务的开发权移交给他人，以换取直接的经济收益，但考虑到对图像后续的使用控制权以及版权条款，博物馆馆长可能会对其藏品的数字化图像租赁权持谨慎态度，但同时积极地支持利用这些媒介将博物馆的图像和信息传播给更广泛的新观众。数字资产管理程序可以解决这一矛盾，该程序整合了大多数博物馆的图像库，可以记录和提供数量广泛的图片和相关文本。此类项目不仅与艺术博物馆相关，也与科学和历史机构相关。例如，植物园可能拥有大量花卉图像，如果博物馆能够以有序的方式提供这些图像，那么这对于杂志、图书出版商或广告总监来说可能是无价之宝。

电影、电视或广告拍摄项目有偿使用博物馆的场地、建筑或藏品资源已成为博物馆的重要收入来源之一，近年来这些拍摄项目的频率和费用也成倍增长。博物馆需要制定政策，为教育电影、娱乐活动或广告设定不同的收费价格。该政策不仅应该考虑图像使用权利，确保图片使用合规合理，还应该考虑博物馆为电影制作人提供入馆机会的实际成本，大部分拍摄人员通常需要在博物馆闭馆时工作，并且大多是通宵作业。

3.5.2.1.9　承包服务

博物馆本身可以通过签署合同向其他博物馆、政府机构或私营企业提供研究或技术服务。有些博物馆受委托负责所在地区的考古工作，而自然历史的藏品研究员可为一些地区机构或市政府识别害虫或其他动物（如在西澳大利亚地区，需要识别蛇的种类）。

个别机构或地区博物馆管理局的博物馆藏品保护部门已尝试以合同方式向其他博物馆和私人收藏家提供藏品保护服务。尽管这些项目并没有初期经营计划所预想的那么乐观，往往也存在一些问题，但它们有时也取得了一定的成功。地区管理局对设备、人员和具体做法的要求与藏品保护部门通常所能提供的服务可能存在很大差异。

此类承包服务带来的一个问题是，博物馆为签署创收合同投入了过多的时间和精力，乃至忽视了博物馆的一些优先事项。另一个问题是这些合同项目可能会与私营企业产生冲突，因为博物馆员工享受了部分或全部补贴，私营企业可能会抱怨由此带来的不公平竞争。因此，博物馆最好与私营企业协商制定此类合同，获公共资助的博物馆所提供的服务不应与私营企业的经营内容重叠或影响商业公司的运营。博物馆应更加重视在提供此类服务之前进行市场分析并制定经营计划。

根据合同提供服务时，博物馆管理面临的另一个更为根本的挑战是如何维护学术资源共享和信息自由获取的精神，而这一直都是博物馆的标志。相较于藏品保护，向公众提供有关藏品的信息更能作为博物馆存在的理由。当博物馆管理者努力通过签订研究或其他服务合约来扩大收入来源渠道时，他们必须确保博物馆在这一过程中不会丧失有关藏品信息的学术自由。

3.5.2.2　捐助收入

捐助收入是指其他人为了支持博物馆的使命所提供的资助。尽管如今博物馆非常重视营业收入，捐助收入仍然至关重要，主要包括以下类别：

- 政府资助；
- 补助；

- 捐赠基金；
- 赞助；
- 捐赠。

我们在上文介绍了营业收入的多种选项，本节将讨论以上五种捐助收入来源。对全世界大部分的博物馆来说，捐助收入在资产负债表上仍然更为重要。

3.5.2.2.1 政府资助

各级政府为博物馆提供财政支持的原因多种多样，但主要是因为博物馆提供了四项服务：

1. 保存集体遗产：任何人类群体，无论处于哪个国家、省（州）、市还是县，都继承了自然遗产——他们居住或使用的土地、空气以及水域，以及文化遗产——他们的祖先和更早之前曾在此地定居的先辈的遗迹和历史。他们不断丰富着自己的文化遗产，同时也影响着自然遗产。如果他们是或已经成为多元文化的群体，那么集体遗产也会相应体现出多元化。博物馆负责保护整个集体遗产，包括过去和现在的、自然和文化的。博物馆对这一重要功能的履行从根本上体现了政府补贴的合理性。

2. 教育：博物馆是对公众进行非正式教育的最有效手段之一，尤其是在传播自然和文化集体遗产的价值观和意义方面。非正式教育是正式教育机构的重要补充手段，它使抽象的课程具体化，还为人们提供了情感学习的机会，而不仅仅强调认知学习。情感学习在传播和维护价值观方面远比单纯的认知理解更重要。在低识字率或拥有多元文化人口的国家，此类提供情感学习机会的机构可以发挥更为重要的作用，因为它可以将正式教育背景完全不同的几代人团结起来，共同体验展览或演示活动。

3. 文化旅游：博物馆是各地旅游景点的重要组成部分，文化旅游业是旅游业中最具活力的部分，即使在非常依赖"阳光、大海和沙滩"等自然旅游资源的国家也是如此。政府必须想办法重新调整对这一产业的税收，使旅游业成为可再生资源。政府向博物馆提供补贴是保护自然和文化遗产的一种方式，这些遗产是文化旅游业的主要资源。政府还可以通过促进重要艺术品的征集和引进长期或短期展览来吸引对文化感兴趣的游客。

4. 社会凝聚力、社会资本：政府资助博物馆更深层次的原因在于这些机构所做的贡献创造了经济学家所说的社会资本。这是一种无形但极其宝贵的社会凝聚力，让人们可以在稳定的公共机构中拥有共同的学习经历和愉悦的体验，这正是博物馆和其他公共文化景点在一个常常由商业利益主导的快速变化世界中的一大重要功能。这也是促使许多国家建立国家博物馆和其他类型博物馆的一大动机。这些机构提供了一个公共论坛，人们可以借此提出或挑战共同的价值观，追求共同的利益，普及公共常识，或在平等的基础上展示和阐释多元文化。

随着政府和人们对政府角色的不断重新评估，我们可以预料到人们支持博物馆的原因可能会改变，支持的程度也可能会改变。例如，英国工党政府在过去几十年里越来越强调藏品的可及性，尤其是针对一些传统上在博物馆中缺少代表性的社会经济弱势群体，从而促进了许多创新项目的发展，其中一些致力于吸引和维持这部分社会经济群体或少数族裔群体兴趣的项目取得了更大的成功。

无论出于何种原因，政府补贴仍然是世界各地大多数博物馆最重要的单一收入来源。它占许多国家、省（州）级博物馆收入的 90%—100%，即使许多国家（如英国或加拿大）的博物馆积极增加营业收入，政府补贴仍占博物馆总收入的 60%—70%。但美国的政府补贴占比一直在下降。美国博物馆协会 2006 年的博物馆财务信息调查报告显示，美国各级政府对博物馆的补贴支持已降至 24%，而 1989 年的数据为 39%。该调查报告还显示，2006 年美国博物馆的营业收入占比为 31%，与 1989 年相比保持不变，私人捐款弥补了这一差额，从 1989 年的 19% 上升到 2006 年的 35%。

政府应为博物馆提供多少补贴？本书作者与约翰·尼克斯（John Nicks）为当时英国艺术和图书馆办公室撰写的《收藏的成本》中表明，博物馆所有支出中约 67% 直接或间接用于保护藏品。美国博物馆的此项支出金额略低，约为 56%。有人因此认为，如果要为子孙后代保护集体遗产，政府补贴或政府补贴与捐赠基金的收入合计应占博物馆预算的 55%—70%。高度重视教育的政府一般会提供额外的 10%—15% 资金用于确保博物馆实现其对民众的教育目标。

政府慷慨的资助有助于提升博物馆的专业水平。一些政府根据博物馆是否采取相应政策或制定长期规划来决定是否给予其年度财政补贴。一般这些要求由政府文化或遗产部门直接提出，有时也会由政府建立或鼓励设置的机构提出，其目的是推行注册或认证制度。博物馆是否遵守上述要求将成为政府决定是否向博物馆发放补贴或发放高于最低水平的补贴的标准。这些要求的总体效果对受到资助的博物馆及其行业都起到了积极作用。例如，西班牙的国家博物馆最近被要求进行长期规划，作为继续获得政府支持的条件，其最大益处是使人们对这些机构的使命和目标进行更长远的思考。

3.5.2.2.2 补助

政府垂直管理部门博物馆和一些与政府保持"一臂之距"的机构通常享受政府补贴，而独立的非营利组织以及许多"一臂之距"博物馆和政府垂直管理部门博物馆更有可能获得来自政府和/或基金会的补助。补助与补贴的区别主要在于，补助根据受资助博物馆对政府或其指定机构制定计划的申请情况进行分配。在一些国家，彩票机构也是补助的来源或管理者，私人基金会也可以向博物馆提供补助。

补助通常有两种类型：

■ 运营补助：运营补助计划每年向博物馆提供资助，因此与补贴类似，不同点仅在于接受资助的博物馆必须先提交申请且年度补助金额通常无法预测。是否能够获得运营补助通常取决于申请博物馆是否符合专业标准，博物馆可在申请表上注明这一点。运营补助通常可以用于支付各种类型的活动或运营成本。

■ 项目补助：这些补助为特定项目的目标提供资金。尽管其中一些项目可能是博物馆特有的，但另一些可能来自关注重点截然不同的机构或管理部门（或基金会）；其中最常见的是就业补助。项目补助必须用于已批准的项目，通常需要设置单独的项目账户。

在许多博物馆中，申请补助的准备工作已成为博物馆发展部的专项职能，或由承包商执行。准备申请之前，负责此项工作的人员需要与负责执行该资金申请项目的博物馆工作人员会面，以确保时间、空间、人员、设施和材料以及资金等所有成本都已得到充分考虑。博物馆管理者最常犯的一个错误就是申请项目时不够谨慎，没有充分考虑到成功申请补助项目所需的管理成本。

补助项目还需与博物馆的长期政策和优先事项密切相关。如果从政府就业计划中获得补助与博物馆的人事政策相冲突，或者需要的培训时间反而超出了项目进展需要的时间，那么就得不偿失了。更重要的是，博物馆应确保补助的申请是因其符合博物馆的优先事项，而不是让补助项目来决定博物馆的项目。

一些政府部门直接管理补助项目，而另一些设立专门的管理机构，如美国国家艺术基金会、美国国家人文基金会、美国国家科学基金会或美国博物馆与图书馆服务署，其中一些专门机构在促进受资助博物馆提高专业水平方面发挥了重要作用。

私人慈善基金会日益成为补助金的重要来源。一些基金会有专门针对博物馆设置的项目，如古尔本基安基金会、盖蒂基金会或皮尤慈善信托基金会，而博物馆可以帮助许多基金会实现更广泛的文化或教育目标。

近年来，运营补助和项目补助计划的显著趋势是根据结果进行评估，而不是给出一个较为狭义的功能或项目目标。补助计划不再满足于仅记录"博物馆仍在持续运营"或者"获资助的博物馆学习项目为很多学生提供了服务"之类的信息，根据结果进行评估旨在明确补助计划为世界带来了何种变化。此类补助的申请表通常要求申请人提前阐明项目的社会或文化成果，从而鼓励博物馆举办更广泛的或以社区为重点的活动，而非仅限于机构的优先事项。

3.5.2.2.3 捐赠基金

美国以外的许多博物馆管理者都认为，美国博物馆在很大程度上是通过赚取营业收入来支付博物馆的各项支出，但在绝大多数情况下并非如此。美国博物馆的一大资金来源是慈善事业的捐赠基金。这些捐赠基金不直接用于博物馆活动，而是用于投资，投资产生的部分或全部利息用于支付博物馆的运营成本。投资决策可能由在该领域具有专业知识的理事决定，也可以鼓励投资顾问自愿或委托投资顾问做出决定。2006年，来自捐赠基金的平均收入仅占所有美国博物馆运营预算的10%以下；植物园表现最佳，占比21%，艺术博物馆馆位列第二，占比15%。

在当前拥有或计划设立捐赠基金的博物馆中，筹集捐赠基金本身就是筹集资金的一项重要内容。博物馆尤其应当鼓励博物馆理事和会员向捐赠基金捐款或遗赠，这是帮助博物馆实现长期财务稳定的最有效方式之一。

筹款活动是为用于运营且不受限的捐赠基金筹集捐款的最佳时机，此时可将捐赠基金的要求作为总体发展需求的一部分提出。筹集捐赠基金的困难在于，它们的期限似乎太长，而且用途太分散，以至于潜在的捐赠者感到无法见证其慈善行为的结果。因此，一些限制性的捐赠基金会规定特定的目标和用途，如藏品征集。

管理捐赠基金需要抵制支出所有赚取利益或甚至动用本金的诱惑。专业的捐赠基金经理会建议博物馆适当提取利益，但使用本金会极大地打击捐赠基金未来的捐助者，同时减少了可赚取利息的本金，造成不利的影响。

3.5.2.2.4 赞助

为展览和其他博物馆项目提供赞助是私营企业参与博物馆事业最富有成效的方式之一。遗憾的是，一些支持政府削减开支的人已经形成了一种观念，即这种赞助可以在某种程度上取代补助和补贴。即使有赞助商倾囊相助，情况也并非如此，因为大多数企业赞助商的捐款都取决于博物馆是否能够继续获得政府的资助。

私营企业的赞助与企业会员服务相结合，已成为博物馆的一种重要收入来源。博物馆的赞助政策应阐明机构的使命，并确保博物馆对展览或其他项目内容和风格享有控制权。这些规定可以确保企业的赞助活动不会因涉嫌干预博物馆而招致公众的批评，企业高管也会因这一风险的解除而放心。博物馆为赞助商捐助致谢时应包含博物馆对所有内容和风格问题的责任与控制的声明。

越来越多的公司将向博物馆捐款视为其公共关系或营销策略的一部分，而非慈善事业。为了应对这一趋势，博物馆可以关注那些对博物馆项目感兴趣的潜在赞助公司，或者以特定展览及其他项目的目标市场为营销重点的公司，从而获得大量可支配资金。例如，为儿童提供产品或服务的公司可能对赞助儿童展览或教育项目有兴趣，而其他公司可能会对博物馆致力于推动多元文化参与的项目非常感兴趣。

博物馆管理层应将赞助商视为合作伙伴，并致力于发展互利关系。赞助商通常很乐意为吸引大量观众的大型特展提供赞助，从而实现公司投资的最大回报。然而，并非所有的赞助都会带来数额巨大的资金，加拿大的坎卢普斯美术馆发现，在规模相对较小的当地公司中招募展览赞助商的效率最高，如会计、法律、医疗、牙科诊所或建筑事务所，这些企业偶尔可以提供金额相对较少的赞助，并对在展览开幕庆祝活动中被列为赞助商的回报感到满意。

3.5.2.2.5 捐赠

文物、标本或艺术品的捐赠或遗赠，以及个人捐款历来是推动许多大型博物馆发展的重要动力。大多数情况下，这种慈善行为旨在建立一座具有文化和教育价值的永久纪念碑，而非获得税收优惠。抱有这种想法的捐赠者今天仍然存在，博物馆可在条件允许的情况下寻求他们的帮助。

以藏品征集或现金的形式向博物馆捐赠从而获得所得税减免额度，这项政策在一些行政区仍然具有吸引力，但有些行政区的减税额度已大幅减少。捐赠的另一个动机可能是降低或逃避资本利得税或遗产税，或者遵守文化财产进出口法规，这些法规通常限制藏品出口销售，并为个人向国家机构的捐赠提供更多优惠政策。博物馆理事中应至少有一名继承法领域的权威人士，他/她可以为潜在捐赠者提供非正式建议。

在一些国家，与寻求资金捐助相比，博物馆在吸引企业捐赠商品或服务方面更为成功。在新建筑、新设施和新展览的资本发展阶段，此类非现金捐赠非常有价值。计算机或视听硬件和软件都是常见的捐赠实物。

向博物馆捐赠或遗赠藏品就是把照料捐赠物品的责任转交给了博物馆，这是博物馆和捐赠者都需要了解的一项重要考量因素。向博物馆捐赠某件藏品时，无论是艺术品、文物、标本还是档案材料，可一道向博物馆运营基金提供现金捐助，这些资金将用于提供库房、展厅、安保、藏品保护、藏品信息记录、研究活动，以及与博物馆藏品捐赠相关的其他费用。捐赠的藏品越多，对博物馆运营成本的资金支持就越重要。

博物馆在考虑藏品征集捐赠建议的期间，应通过临时收据对提议的藏品征集捐赠予以确认。赠与或遗赠的收据必须明确写明所有权的转让是完全、永久、无条件的，在任何情况下博物馆都不应接受附带条件的捐赠，例如规定捐赠物应永久展出，或不得借给其他博物馆。如果有此类条件，博物馆应该尽可能与捐赠人重新谈判。此类承诺可能会严重妨碍博物馆的运营范围，特别是会影响展览或借展，而解决此类限制并不容易，美国宾夕法尼亚州的巴恩斯基金会或英国格拉斯哥的布雷尔收藏馆的理事会就曾遇到这类难题。拒绝附带条件的捐赠需要勇气，但接受这些捐赠就不可避免地限制了该机构的长远发展。

3.5.2.3 筹款活动

筹款活动是组织捐赠的手段，从年度募捐到极罕见的资本筹集活动不等，其模式通常类似。

首先，应成立筹款委员会。筹集资金是一项社会事业，最好由一个委员会负责组织相关工作，该委员会成员对筹集资金的机构、项目或计划信心十足，他们确信筹集所需资金不仅有价值，而且十分必要。加入委员会的每位成员都应该捐赠本人能够负担的金额；组成委员会的理事或发展部主任应提前确定每位委员会成员可能捐赠的金额，邀请他们加入，并就捐赠金额提出合适的建议。

自己没有捐赠的委员会成员无法说服其他人进行捐赠；而那些已经捐赠的人通常会积极说服其他人加入他们的行列。委员会成员不仅应根据自身能力积极参与捐赠，还应该被选为最具潜力的捐赠者群体代表，如果某个行业对博物馆或展览有兴趣，那么该行业的领导者应该在委员会中任职，以便其领导整个行业的筹款活动。

应考虑挑选最积极和最乐于奉献的委员作为委员会主席。此外，还可以任命一位挂名的主席——一位愿意为筹款活动背书的知名人士。在英国，这些人通常是王室成员，在其他国家，他们可能是艺术、体育、娱乐界的知名人物，也可能是退休的（因此是无党派人士）前政治领导人。

委员会通常会任命专业的筹款顾问，并就筹款活动的预算达成一致，筹款活动的预算应至少为预计筹款总额的 10%—12%。筹款顾问可以帮助提供规划和合理的建议，特别是关于现实目标的建议，但是很遗憾他们无法承担委员会的工作，委员会必须自己承担实际的筹款工作。

第二，必须起草事例说明。筹款的第一条规则是"不问就得不到"。但博物馆必须说明为什么需要这笔资金，以及资金的用途。事例说明一般会对此给予阐述，博物馆管理层则会在事例说明中列出实施某项目或继续资助某计划的理由。起草一份有说服力的事例说明并以有吸引力的方式发布，这一点对筹款活动的成功至关重要。

第三，规划筹款活动。筹款活动想要取得成功，三分靠计划，一分靠执行。活动规划必须确定一个充分但现实的目标、预期的捐赠群体以及计划从每个群体获得的金额，这些内容合起来就是总体目标。请记住，捐款的对象是人而不是项目或事业，该规划还应该确定筹款者，将那些提出要求的人和希望给予的人配对。被选为委员会成员的行业代表应帮助制定该行业可能捐赠的领导者名单。筹款活动的时机至关重要，筹款规划应安排向公司和个人提出请求的最佳时间，然后再开展公开筹款活动。春季通常被认为是个人捐赠的理想时机，而学校放假期间显然不是接触有家室的捐赠者的好时机。对公司来说，了解财政年度以及明确制定公共关系预算的最佳时间很有价值。

第四，寻求标杆性捐赠。通常而言，80%—90% 的捐赠金额由 10% 的捐赠者贡献。筹款活动初期相对平静。在这个阶段，委员会应与关键捐赠者会面并提供事例说明，以期获得标杆性捐款。在与该群体的捐赠者随后进行接洽时可以提及这些捐款的金额，匿名与否则根据捐赠者的意愿决定。随后说服其他捐助者按照这一捐赠标兵的比例进行捐款。标杆性捐赠都应由个人提出，委员会可以决定是否通过电话、邮件或亲自见面提出请求。这些标杆性捐赠通常会获得冠名权，如建筑物、侧翼、展厅或展柜可以以贡献了特定价值水平的捐赠者名字来冠名。最重要的是，这些权利应在最初的筹款计划中予以确定，每个级别冠名所需的捐赠价值应按所需总金额的比例确定。在筹款活动早期以过低的价格售出主要冠名权是错误之举，不利于多个筹款活动的开展。

第五，公开筹款。这是一项广为宣传的活动，旨在从人数众多的捐赠者中获得相对数额较少的资金（通常只获得待筹集总额的 5%—10%），并在筹款完成后举办募捐活动。公开筹款应在获得标杆性捐款后进行，而此时私人捐赠活动仍在继续。公开筹款的价值在于展示公众对博物馆或待资助项目的支持程度。

第六，筹款还应设立认捐收集活动。许多筹款活动都希望随着时间的推移获得一定数额的认捐。如有可能，委员会应安排自动付款方式，例如远期支票、定期订单、契约、直接扣款或签账卡承诺，但无论如何组织，活动应设定收取承诺款项的时间表。

最后，博物馆应对捐赠者表示感谢。对于博物馆来说，以适当的方式向捐赠者表示感谢不可或缺，其方式可以是举办庆祝筹款活动成功的派对，或者竖立一块牌匾以感谢主要捐赠者。即使捐赠金额微小，博物馆也必须以实实在在的方式表达对捐赠者的认可和感谢。

3.5.3 控制支出

"省一分钱就是赚一分钱"，这句格言也适用于博物馆的财务管理。第3.5.2节中列出了多种收入来源，如何将这些收入来源进行整合是一大挑战，在政府垂直管理部门预算管理的限制下维持运营同样是一项艰巨的任务。在这双重挑战下，博物馆管理者需要密切控制支出。

除了管理预算周期（见第3.5.1节），博物馆馆长和财务部主任还可以通过为组织结构图中的每个职位明确财务责任级别来完善控制管理。每位肩负财务责任的博物馆管理人员都应该有一个授权级别，该级别以下的每位员工使用博物馆的资源需要经过授权，该级别以上的部门使用申请必须提交给更高一级或以上责任级别职位审批。每位主管在其职责范围内有权提出请购单，请购单应经由财务办公室审批。实际采购订单应仅由财务办公室发出，并由相关部门负责人和财务部主任会签。

从展览制作到清洁、餐饮服务，博物馆需要与各种供应商签订合同。对博物馆合同进行管理的招投标政策应符合治理机构以及博物馆已收到或希望获得资金的拨款机构的标准。考虑到这些限制，博物馆管理层应尽可能避免自动选择出价最低的投标人。如在安全服务、展览设计等多种情况下，博物馆应能自由选择价格更高的投标人，以确保维持博物馆标准。

如今，财务部门通常根据计算机打印数据监控全年预算下的各部门支出，这些数据显示了迄今为止的预测支出差异。财务部门应每月与部门主管一起审查差异报告，并向馆长报告所有超出预设容忍水平（如10%—15%，这种差异可能经常由不可预见的机会造成，不必过于担心）的情况，馆长和财务部主任应始终掌握与预算预测一致的规划。这些规划经常涉及将某个部门或部门下属机构的支出节余与另一些部门的超支进行平衡；同样，只要记录在案，经过所有相关方的同意后被纳入预算周期，它们可以代表对规划所展开的积极全面的调整。

几乎所有博物馆都需要对收入和支出进行年度审计。此类审计过的资产负债表通常不会显示博物馆藏品的真实价值。出于会计目的，这些藏品通常仅被赋予名义价值（nominal value）。藏品的价值评估工作一直以来遭遇了相当大的阻力，因为很多人从安全等角度出发认为这种评估不太明智。在《收藏的成本》一书中，我们提供的评估准则与想象中的某些拍卖场无关，但是与博物馆多年来对这些物品进行藏品保管时的真实累计价值有关。这一累计价值可称为保留藏品的机会成本。

大多数国家的博物馆都可以免税，通常是因为它们要么是政府机构，要么是慈善组织。许多人能够获得退还的增值税或销售税。如今，美国政府对博物馆营收活动中的非相关业务收入征税，这些业务并非博物馆作为非营利或慈善机构的核心业务成果。例如，博物馆商店销售与藏品没有直接关系的物品所获得的收入可能需要缴税。

博物馆预算和财务报告中列出的运营成本通常可以根据以下方面进行分类：

- 工资和福利；
- 房屋租用成本；
- 藏品研究和保护成本；
- 展览和其他公共项目成本；
- 营销费用；
- 行政管理成本。

工资和福利：博物馆是劳动密集型机构。不同机构的工资和福利待遇相差较大，少数大型机构提供了非常具有吸引力的薪酬水平，但是大多数博物馆员工的工资低于其他行业的平均水平。尽管每位员工的工资相对较低，但工资和福利通常占博物馆总支出的 50%—60%，承担藏品研究和保护职责的收藏机构的工资和福利通常比非收藏类的科学中心或儿童博物馆占比更高。在一些国家的政府垂直管理部门博物馆中，工资和福利占比有时甚至高于 70%，这些国家的公务员薪酬水平每年都会增加，而政府对博物馆的预算拨款却保持不变或正在减少。这一比例高于 65% 属于财务健康状况欠佳，因为留给员工完成任务的预算太少。对许多机构来说，55%—60% 的比例是可以实现的目标，但政府垂直管理部门除外。在许多国家，员工福利占总就业成本的 20%—25%，也有些国家的这一比例高达40%—50%。

房屋租用成本：此处是指博物馆场地和建筑物运营所需费用。这些费用可能包括租金或税款（视具体情况而定）、水电、场地维护、清洁、维护和修理、安全系统的运行以及建筑物的保险所需的费用，但不包括作为基本建设支出的大型翻修项目费用。按照博物馆的标准对环境控制和安全进行维护需要高昂的成本，并且近年来随着石油成本的上涨，水电成本大幅增加，因此博物馆的房屋租用成本通常占总支出的 15%—20%，除非博物馆的治理机构本身就是政府或大学校园管理局的下属机构，承担了其中的某些功能。

藏品研究和保护成本：大多数博物馆应将其总预算的 5%—10% 预留给藏品管理费用。储备金预留较少的情况时有发生，这意味着博物馆忽视了最重要的资源。然而，这些直接用于藏品研究和保护的成本绝不是藏品维护管理所需的全部成本。它们既不包括藏品征集的成本（不属于运营预算的一部分），也不包括藏品管理必需的各种工资支出（如安保人员工资），以及按照博物馆的标准对藏品环境进行维护所需的行政管理和房屋租赁等间接成本。在《收藏的成本》中，我们在 1988—1989 年对 100 家英国博物馆的藏品保管总成本进行了研究，结果表明：当工资和福利也被分配至与藏品保管相关的职能部门时，博物馆预算的 38% 都与藏品保管存在间接关系，如果考虑到藏品保管所产生的行政管理和建筑运营间接成本，这一比例将攀升至约 66.5%，再加上藏品征集的中位数成本，与藏品保管相关的预算总额约占博物馆总支出的 69%。

展览和其他公共项目成本：博物馆服务公众，为其提供生动有趣、经过深入研究的展览、教育和其他服务，应至少预留其运营成本的10%—15%，用于此类活动的非工资成本。当比例低于这个数值时，博物馆通常无法为观众提供服务。由于其中一些公共活动可能会产生收入，因此为这些活动分配足够的资源既符合博物馆的直接经济利益，又可以吸引更广泛的公众关注，便于博物馆充分履行使命。

有时，一些博物馆馆长承诺减少机构对展览的投入，特别是那些昂贵的超级大展，转而将可自由支配的预算用于藏品研究、展示和保管。但藏品研究员和藏品保护员常常发现他们的重点工作因为展览档期的紧急要求而无法开展，因此建议对预算进行重新分配。对于拥有非常引人注目的藏品的机构来说，这可能是值得赞扬的，但到目前为止，做出"超级大展时代已终结"的论断还为时过早。对永久藏品的展示或阐释进行渐进式的调整并不能像举办一场重要展览那样引发社区广泛的关注。英国泰特美术馆开创的一项可行策略是，将永久藏品展览的年度改陈转变为每年举办一个大型展览，并为该展举办开幕式以及重点营销。无论在这两种选择之间维持平衡有多困难，将临时展览与永久藏品的研究和保管明智地结合在一起仍然是最佳方案。

公共项目费用还包括博物馆学习项目的成本，这是预算周期中常常被忽视的部分，这些项目可被用来证明拨款申请的合理性，但往往因工资和非工资分配过低，难以换得优质的服务而被忽视。特别活动的预算是公共项目费用的另一个重要组成部分，能够在较短的时间或假期为博物馆吸引大量的观众，因此也是必要支出的部分。

营销费用：没有给营销提供足够的资金是博物馆预算最为常见的失误。博物馆在每位观众身上的投入远低于同类的商业景点，其结果是可以预见的。维也纳一家艺术展览中心的管理人员发现，该中心为一位艺术家举办的回顾展的受欢迎程度，大大超过了两年前另一家维也纳艺术博物馆为同一位艺术家举办的回顾展，他们还曾担心对这位艺术家的作品感兴趣的观众市场已经饱和。这两次回顾展的不同之处在于，后一次的回顾展提供了数额较大的营销预算，并创造性地利用起来，最终展览更为成功，而前一次的回顾展营销预算只达到最低额度，这种情况在博物馆界十分常见。

合理的博物馆营销预算目标应至少占该机构总运营成本的 5%。美国博物馆协会发布的 2006 年财务总结报告称，美国自然历史和人类学博物馆将其运营预算的 6% 用于营销，艺术博物馆则花费 5%。用于每位观众的营销支出是一个更相关的衡量标准。该报告还显示，2006 年美国所有博物馆为每位观众的平均支出为 1.05 美元。美术馆的支出较高，平均每位观众 1.75 美元，自然历史和人类学博物馆为 1.42 美元；历史博物馆的营销预算较低，拉低了平均水平。

行政管理成本：这些是通信、记账、审计和其他专业费用的日常运营成本，包括办公用品以及其他费用，应至少预留预算的 5%。

图 3.12 显示了收藏机构运营成本组成部分的潜在分布范围。

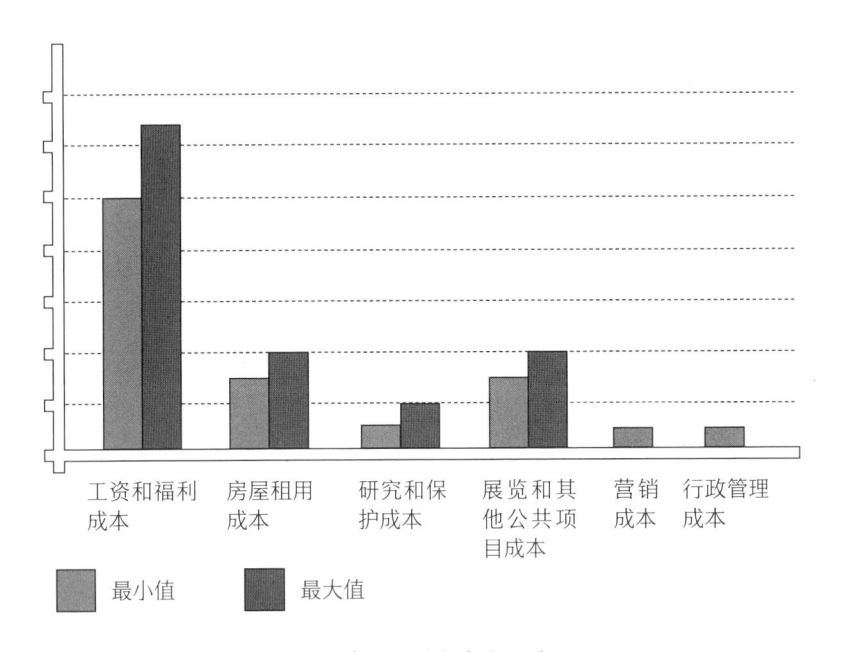

图3.12 博物馆的成本分配范围

3.5.4 保险

许多年前，本书作者曾担任一个国际大型巡展的藏品研究员，在工作 18 个月后得出了一个结论：从一开始就应该聘请一名负责保险和赔偿的职员。事实证明这非常必要，这项工作贯穿了从借展谈判到最终收回展品的整个过程！

尽管本书附录的职位说明没有包含这一职位，但是藏品研究员、登录员和博物馆的其他专业人员必须熟悉保险或赔偿要求。政府垂直管理部门部门博物馆可完全或部分豁免，因为它们的部分或全部财产可能属于为不受私营保险覆盖的政府资产。但在大多数博物馆中，登录员负责维护永久藏品以及借入借出的藏品的保险，而安保主管、运营主管和建筑工程师负责建筑和设备的投保，财务部主任则负责责任险的承保范围。

保险是将风险从博物馆转移给保险公司的一种手段。第 3.4.2.3 节将风险分析定义为安全规划的部分内容，而保险是风险管理的形式之一，可将风险的财务责任转移给保险公司。博物馆通常需要五种保险：

- 藏品保险；
- 建筑保险；
- 设备保险；
- 责任保险；
- 借展保险。

藏品保险：通常被称为艺术品保险，即使对于其他类型的博物馆，此类保单也是以定期清点馆藏和估价清单为依据。馆藏清单应包括最新的位置文件，并且每年应针对特定比例的藏品进行更新。曾经有一家欧洲博物馆发现其投保公司不愿赔付涉嫌盗窃的案件，因为保险公司发现部分受影响的藏品清单已经几十年没有检查过。

估价是博物馆保险的另一个挑战，但博物馆可以将藏品分为低价值物品、中等价值物品和高价值物品来进行估价：

- 可以对大量相似的低价值物品或约定低于一定估价的物品进行常规估价；
- 中等价值的物品由藏品研究员进行估值；
- 高价值物品应定期进行重新评估，最好由独立于博物馆的机构来进行。

藏品研究员应对拍卖价格和其他销售价值予以监督，登录员应与藏品研究员协商，每年对高估价进行审查。如果藏品中的某些物品遭到损坏，登录员可以找到所有价值更高的物品的状况报告证明其先前的状况。如果发生了盗窃，则必须提供物品的档案照片。盗窃案不仅应向当地警察报告，还应向使用被盗物品照片的各种国际机构报告。"一切险"（all risks）保单比仅限于"指定风险"（named perils）的保单更可取。

建筑保险：火灾保险是博物馆建筑物最常见的保护形式，但保单还应考虑到一些火灾相关的保险范围，针对地震、飓风、龙卷风、风暴、洪水、爆炸、洒水事故、故意破坏或内乱等风险进行保障。此处估价再次成为重点关注的问题，保险公司不仅应支付任何丢失或损坏的建筑物更换或维修的费用，还应为建筑维持博物馆级别的质量要求而支付费用。当然，如果保险公司以现有建筑达不到博物馆的标准为由拒绝承保，这也是对建筑进行升级的另一个理由。同样重要的是，安保主管应确保保险公司随时了解建筑的翻新情况、永久藏品展览的变化，甚至灭火器摆放位置的调整。

设备保险：这可能包括车辆保险、锅炉保险、平板玻璃保险、保证书，以及保护博物馆设备免遭丢失、损坏或故障的其他保单。

责任保险：在大多数国家，博物馆等公共机构从开馆到闭馆之间的所有时间都要对观众及其财产安全负责。某些行政区的博物馆及其治理机构可能需要对观众遭受的所有损失承担责任。因此，博物馆需要购买公共责任险和财产损失保险，也需要第三方保险来承保事故造成的或其他无关方造成的损失。

博物馆也应为博物馆的员工承担责任。许多政府为值班时受伤的带薪员工提供工伤赔偿，但如果要为志愿者投保，博物馆还需要购买雇主责任保险。所有在博物馆或其场地工作的承包商也必须购买保险。博物馆还可以考虑与负责处理金钱或贵重物品的员工共同购买保险。博物馆还应购买法律责任保险，以在遇到诉讼时保护机构的利益，无论诉讼合理与否。

馆长和管理人员责任保险，通常简称为 D&O。有些理事会因真实存在的或感觉上的潜在个人危险而感到焦虑，进而考虑辞职。博物馆可以通过购买该险种保护理事成员，吸引和留住素质高、工作敬业的理事。值得注意的是，一些购买了 D&O 保险的博物馆报告称，该项保险 90% 的索赔案例与就业有关，而涉嫌歧视、不当解雇或骚扰是该保险索赔的最常见理由。

借展保险：无论是通过博物馆自身投保，还是借展单位购买保险（应检查借出物品的保单副本并存档），登录员应确保所有出借物品均已投保。对借展品最有效的一种投保方式就是永久藏品保险附带的"艺术品一切险流动保单"，即使借展的价值非常高，它也只是对永久藏品保险价值的修改，在大多数情况下，保险价值要高得多。流动保单应提供"钉到钉"的保险覆盖范围（正如其名，原指悬挂画作的钉子），具体是指物品从出借机构的展厅或库房搬离到返回原地的这段时间。借展的艺术品或文物每次打包或开箱时都必需提供藏品状况报告。保险公司会坚持要求每次打包和开箱时都拍摄借展品照片。

在某些情况下，为高价值的大型永久藏品投保的成本令人望而却步，而高价值的巡回展览的高昂保险成本也成为组织此类活动的主要障碍。为了保护本国主要的国家博物馆以及维持全国或国际巡展的可行性，各国政府制定了赔偿计划。根据该计划，政府可以对博物馆或借展机构的损失进行赔偿。政府承诺补偿所有损坏或损失的价值，因此无须购买保险。制定临时展览赔偿计划的主要挑战在于让政府、博物馆和出借机构达成一个各方都满意的估值。如果发生争议，借展的博物馆如果可以找到保险公司承担额外的风险，则有义务购买额外的保险以覆盖高于政府规定上限的价值。

3.5.5 财务规划与发展

尽管博物馆取得了广泛成功，观众数量不断增加，并且如第 3.5.2 节所述，博物馆可从多种渠道获得收入来源，但是几乎世界各地的博物馆都在努力应对政府削减文化资金的问题，它们必须更加自力更生，减少对政府补贴的依赖。尽管由于财务原因而关闭的博物馆并不多，但许多博物馆不得不因此推迟一些重要任务，有些博物馆甚至需要每周闭馆几个小时或几天。

从长远来看，只有当收藏——博物馆的这一主要业务活动不断扩张，引起博物馆对空间和设施的需求急剧增长，博物馆的财务紧缩状况才会恶化。因此，即使是财务状况良好的博物馆也经常面临扩建、翻新或搬迁的资金需求。

危机的另一个方面源于博物馆服务公众方面取得的成功。观众通过旅行、媒体等渠道获得了比以往更加丰富的信息，他们对展览、媒体节目甚至博物馆商店的期望不断提高。为了满足观众日益增长的期望，博物馆有必要持续获得新的发展资金和增加运营资金。

因此，理事和博物馆的馆长们有责任暂时搁置当前就运营、基本建设和藏品征集成本展开的争夺战，为机构财务未来长期的发展制定规划。财务规划也可以作为战略规划过程的一部分，或在评审事务计划时予以考察。我们提出了以下长期财务规划的原则，作为本节博物馆财务管理的总结：

■ 博物馆的长期财务规划应旨在确保该机构的财务状况稳定。应尽可能确保政府、企业或大学能通过定期补助为博物馆提供资助，而不是视情况而定给予赠款。这可能需要政府或其他资助机构的大力支持。

■ 在适当的情况下，由政府运营的博物馆应成为教育机构，并努力保留在教育体制的框架内。教育是政府投入削减的另一个领域，但是从长远来看，该领域还是能够获得政府持续的资助。

■ 理事会和博物馆的高层应把博物馆作为文化旅游业的重要组成部分和形象窗口向公众进行推广，并通过向旅游业经营者征税等手段将旅游业的部分收入返还作为旅游业基础资源的博物馆等机构，从而使旅游业成为一种可再生的资源。美国一些城市和州征收了类似的"酒店税"，另一些城市和州则在汽车租赁业等行业采用了这种方法。

■ 应设立捐赠基金或提供某种同等形式的投资回报。博物馆应说服捐赠者关注机构的长期利息，向机构此类基金提供捐款，特别是遗赠资金。此类基金赚取的利息可以满足博物馆日益增长的需求，这种方法可以确保博物馆拥有更多的财务独立性。

■ 博物馆应制定观众参与计划以吸引观众中代表性不足的社区群体，并寻求政府或其他机构的支持，为该计划提供资助。同时，政府等资助机构也应引导博物馆面向更为广泛的社区群体提供服务，这也为博物馆进一步获取资助提供了基础。从长远来看，博物馆想要实现财务的可持续性离不开它们为社区提供的广泛而富有意义的服务，这两者密不可分。

■ 博物馆是处于信息时代"知识经济"中的一种知识型机构，随着教育和娱乐行业新媒体不断发展，博物馆制定财务规划时应仔细考虑博物馆通过管理其形象和智力资本获得资助的能力，其智力资本包括博物馆的藏品及相关信息。除了数字资产管理项目，博物馆还需要仔细考量如何以最佳的方式将博物馆多年以来建立的品牌形象利用起来。

■ 每当治理机构决定博物馆需要新建、翻修或扩建场馆时，或者甚至认为这些修建计划对博物馆未来的财务发展必不可少时，博物馆除了完成设施规划、结构和设计外，必须在进行可行性研究或起草经营计划时就搬迁或扩建场馆的影响制定详细的财务规划。对于博物馆实体场馆进行任何更改都应制定一份经过仔细考量的经营计划，该计划应说明更改方案对运营成本和收入的影响，并必须包含资本成本预测。

所有上述原则本身并不能确保博物馆的财务状况实现长期的稳定，但它们构成了财务未来发展的基础。无论如何，博物馆对财务未来发展的成功管理离不开勤勉的工作态度、创新的精神以及最重要的勇气。

后记

本书展现了为何博物馆管理是一件极具挑战、不断变化但又充满启发的高要求工作。难怪有人曾说，博物馆馆长一职是当今最具挑战性的工作之一。许多国家的博物馆一直在寻找更优秀的新任博物馆馆长，这一事实表明，这项工作确实会承受巨大的压力。本书尝试为那些想要担任领导的藏品研究员提供更为完善的培训，希望能提高他们成功的概率，同时确保藏品研究员的声音得到博物馆的重视，因为他们的意见对博物馆来说至关重要。

21世纪初期以来，博物馆越来越受到外界的关注，行业发生了一些重大变化，而本次出版的《博物馆管理手册》指出了这些变化。我们是否应该关注博物馆从政府机构到公民社会机构的转变？在这个由公民社会博物馆组成的美好的新世界中，博物馆行业多年来积累的所有管理、伦理和技术方法却被忽视，转而让位给"领导力"这一模糊的概念，甚至有时将旅游业、赞助和社会包容摆在超越一切的地位上，我们是否对这一现象表示担忧？是的，这些都是特别值得关注的问题，因为如今我们看到更多的博物馆由律师或记者来领导，而不是由博物馆专业人士。博物馆作为一个行业却常常未能将馆长、藏品研究员和部门主管培养成领导者。

许多才华横溢的博物馆馆长、管理者和潜在领导者正在并一直被困在缺乏资金的政府体制中，他们缺乏专业的工具，不能以专业的方式管理或领导博物馆，这一问题同样让我们感到担忧。我们不应将博物馆正在经历的转型视为一种"倒退"，而是应将其视为一种机遇，这些政府和企业部门的博物馆可以因此获得工具，在不断变化的社会中履行新的职责。

这些博物馆履行新职责的关键工具如下：

- 预算控制；
- 寻求外部资金的能力；

- 为博物馆更加深度地融入社区提供支持，包括任命的咨询委员会应反映不断变化的人口统计数据；
- 培训团队合作的能力。传统的学院派模式为藏品研究员、教育员、营销人员和观众服务人员设置了各自发展的路径，这反映了政府部门或机构的等级式的组织形式，已经不能很好地满足当代社会的需求。在本书中，我们一直强调常设委员会，特别是设立不同的任务组项目团队的重要意义，使各部门员工为实现博物馆的使命而共同努力。

数百年来，博物馆已经发展成为传播信息、汲取知识方面最为成功的一种社交媒介。它们从私人的珍宝馆变为学者的研究室，从艺术或科学的研究所转变为政府机构。如今，博物馆正处于另一个转折点，从政府／企业部门模式走向了公民社会领域。这种转变将博物馆置于社会变革的核心，面临着前所未有的挑战。

博物馆的管理和领导工作应由各个级别的专业员工、理事、志愿者来完成，这是本书希望展示的一点重要内容。专业员工既包括安保人员和观众服务员工，也包括馆长、藏品研究员、教育员和行政管理人员。博物馆工作存在众多的挑战：如何既能充分响应观众需求又能保持创造力？在将学术研究置于首位的同时如何确保藏品得到合适的保管并确保它们的安全？如何给社区创造真正的价值？如何筹资？这些挑战需要博物馆整体提升领导和管理技能。

同样，我们希望新一代的博物馆管理者能够成为这些卓越机构的杰出领导人，通过联通时空的物品传达文化的意义和连续性，这也是创造文化资本的一种方式。21世纪的博物馆正在探索新的意义层次，并继续在其所珍藏的标本、文物、档案和艺术品中追寻新意义。希望它们的管理者能充分认识本书所阐述的博物馆管理原则，并将其扩展至新的视野，以与时俱进、极具启发和鼓舞人心的方式为越来越多的公众服务。

附录
职位说明

几乎没有哪座博物馆需要设置此处所列的全部职位，有些博物馆肯定还设置了一些此处没有的专业职位，针对同一职位的专业术语也存在较大差异。尽管存在上述困难，我们还是尝试提供了一份尽可能全面而具有代表性的职位清单。

本部分所列的职位前标注有一个字母和一个索引号。这些字母代表该职位所属的部门：

- D 代表馆长办公室；
- C 代表藏品管理事业部；
- P 代表公共项目事业部；
- A 代表行政管理事业部；
- E 代表对外事务事业部。

这些职位与第二章组织结构图的内容相吻合，不过有些职位在两个事业部中归属任一皆可，这一情况也会在清单中予以注明。中小型博物馆可如第 2.3.3 节所述，将机构的组织结构设成典型的三分部外加馆长办公室的架构，而一些较大型的博物馆可以增设第四个事业部，即对外事务事业部。当然，我们给每个职位建议的任职要求可能会根据该博物馆的定位而有所不同。

馆长办公室

D-1 馆长（Director）

博物馆的首席行政长官通常称为馆长，馆长也有可能由首席藏品研究员、藏品研究员或馆长兼藏品研究员担任，这种情况在小型博物馆较为常见。

馆长向理事会汇报工作，主要负责如下事务：

- 实现博物馆的使命；
- 从宏观上引导全体员工了解与博物馆任务相关的专业知识；
- 向理事会提出政策、规划以及修订意见；
- 执行理事会批准的政策和规划；
- 向理事会报告政策和规划的执行情况；
- 规划、组织和配备员工；
- 通过员工领导和协调日常运营工作；
- 财务管理和筹款；
- 为了博物馆的利益，与各级政府、学术界和私营企业保持联系。

任职要求：

- 具有博物馆某个专业领域的高等学位；
- 具有文化行业管理和行政方面的丰富经验和卓越能力；
- 了解财务发展的知识，拥有长时间管理财务工作的能力；

- 了解博物馆运营的法律专业知识以及影响博物馆的法律法规。

D-2 馆长秘书（Director's Secretary）

向首席行政长官（馆长）汇报工作，负责以下事务：
- 接待和调查；
- 向馆长和理事会提供秘书服务，包括做会议记录、一般文书工作职责、文字处理和通信。

任职要求：
- 具有中学教育经历；
- 精通传播媒体，擅长文字处理；
- 具有卓越的人际关系和个人沟通技能。

D-3 执行助理（Executive Assistant）

许多大型博物馆的馆长认为有必要为办公室的工作聘请一位执行助理，负责以下事务：
- 为馆长决策和项目提供行政支持；
- 在博物馆内部和外部代表馆长；
- 安排馆长的会议；
- 馆长指派的其他工作任务。

任职要求：
- 具有博物馆相关学科的大学本科学历；
- 具有公共或私营部门的行政管理工作经历；
- 具有媒体从业经历；
- 具有卓越的人际关系和个人沟通技能。

藏品管理事业部

C-1 负责藏品管理的副馆长 / 首席藏品研究员（Deputy Director for Collection Management / Chief Curator）

无论使用何种头衔，该职位作为管理委员会的一部分向理事会汇报工作，并负责以下事务：
- 藏品发展和管理；
- 所有藏品的安全、保存、信息记录和阐释；
- 与藏品和藏品保护相关的规划、政策和程序；
- 为藏品征集和除藏提供建议；

- 藏品研究项目的设计和实施；
- 一般和具体藏品的研究并以观众和博物馆其他用户可及的方式出版研究成果；
- 为博物馆策划常设和临时展览提供咨询建议；
- 为公共活动的策划提供咨询建议；
- 参与合作和合资的研究项目和展览；
- 监管藏品管理事业部及其员工；
- 选择适合藏品管理要求的软件程序；
- 负责藏品管理事业部的财务管理。

任职要求：
- 具有博物馆某个专业领域的高等学位；
- 表现出管理和行政方面的卓越能力；
- 具有博物馆或相关机构的管理工作经历；
- 具有某个藏品领域的专业知识；
- 具有学术研究和写作的能力；
- 具有阐释藏品以及传播藏品相关知识的能力；
- 熟悉藏品挑选、鉴定、保管、储藏和展陈的技术；
- 了解博物馆收藏领域的当下市场情况、收藏伦理以及现行的海关法规。

C-2 藏品研究员（Curator）

向藏品管理事业部的副馆长（或首席藏品研究员）汇报工作，主要负责如下事务：

- 负责某一学科或领域的藏品的研究和信息记录；
- 与该学科或领域藏品研究相关的规划、政策和程序；
- 就该学科或领域藏品的相关信息接受公众的问询，并响应他们的请求；
- 参与策划涉及该学科或领域藏品的展览及公共项目；
- 为出版研究成果做准备；
- 负责该藏品研究员所擅长学科藏品的征集和除藏。

任职要求：
- 具有博物馆某个专业领域的学位或同等学历；
- 具有博物馆藏品的某一学科或领域的专业知识，并展现了卓越的专业能力；
- 学术研究和出版物的证明；
- 熟悉藏品挑选、鉴定、保管、储藏和展陈的技术；

- 了解博物馆收藏领域的当下市场情况、收藏伦理以及现行的海关法规。

C-3 助理藏品研究员（Assistant Curator）

向相关藏品研究员汇报工作，需要指出的是，这一职位和接下来的藏品研究助理是不同的职位。助理藏品研究员负责如下事务：

- 在相关藏品研究员的指导下对某一学科或领域藏品进行研究和信息记录；
- 在相关藏品研究员的指导下对该学科或领域的藏品进行保管；
- 执行相关学科或领域藏品的规划、政策和流程；
- 在相关藏品研究员的指导下就该学科或领域的藏品信息接受公众的问询，并响应他们的请求；
- 在相关藏品研究员的指导下为展览的藏品做准备；
- 参与策划相关藏品研究学科领域的教育项目；
- 在相关藏品研究员的指导下进行藏品征集和除藏。

任职要求：

- 具有博物馆某个专业领域的学位或同等学历；
- 熟悉相关学科藏品的信息记录、保管和展陈常用的技术。

C-4 藏品研究助理（Curatorial Assistant）

向相关的藏品研究员或助理藏品研究员汇报工作，负责如下事务：

- 所分配学科或领域的藏品安全、安全存储和持续保护；
- 负责该领域的新增和编目材料，以及藏品状况报告；
- 在相关藏品研究员的指导下回答公众的询问信息，并响应他们的请求；
- 为展览准备文物、标本或艺术品。

任职要求：

- 具有博物馆某个专业领域的大学本科学历；
- 具有博物馆登录技术工作证书或同等经验；
- 具有编目工作经历和完成标准的编目程序工作的卓越能力；
- 具有博物馆或相关机构两年及以上的登录工作经历；
- 熟悉专业藏品领域或学科的知识。

C-5 登录员（Registrar）

向负责藏品管理事业部的副馆长（或首席藏品研究员）汇报工作，负责如下事务：

- 制作符合博物馆标准实践的藏品管理系统，并使其有序运行；
- 对馆藏进行监管，负责藏品的编号、编目和储藏；

■ 实施与藏品的信息记录、储藏或移动有关的规划、政策和程序；
■ 协调物品借入和出借的所有工作；
■ 整合博物馆与国内或国际网络的藏品信息数据库；
■ 为出版或其他媒体提供藏品的编目信息；
■ 负责藏品的保险。

任职要求：
■ 具有博物馆某一专业领域或人文学科或博物馆学的学位；
■ 具有博物馆登录部两年及以上的工作经历；
■ 熟悉登录技术的标准实践；
■ 熟悉藏品保护和储藏实践；
■ 熟悉与藏品有关的合同法和版权法等法律事务以及关于藏品版权和复制品管理的法律法规；
■ 熟悉档案管理和数据处理系统；
■ 熟悉藏品的保险要求；
■ 熟悉藏品包装和运输要求。

C-6 编目员 / 登录员助理（Cataloger / Assistant to the Registrar）

向登录员汇报工作，负责如下事务：
■ 为登录员提供支持服务，包括为藏品编号、编目，以及藏品的储藏；
■ 帮助确定描述和索引的程序，并设计词汇表；
■ 处理来自馆内和馆外的问询，包括与藏品研究员进行联络；
■ 实施有关藏品信息记录、借展和移动有关的规划、政策和程序。

任职要求：
■ 具有博物馆登录技术证书或同等经验；
■ 具有执行标准编目程序的工作经历以及完成该项工作的卓越能力；
■ 具有在博物馆或相关机构从事登录工作的经历；
■ 熟悉数据录入系统，并可熟练使用该系统。

C-7 数据录入员（Data Entry Clerk）

向登录员汇报工作，负责如下事务：
■ 将藏品描述和索引信息录入藏品管理系统数据库；
■ 对录入信息进行词汇一致性检查，验证数据的正确性，对数据库进行定期维护；

任职要求：
■ 具有博物馆登录技术方面的资格证书或同等经验；

- 熟悉数据库管理知识；
- 具有收藏机构藏品管理的工作经历；
- 熟悉数据处理系统。

C-8 摄影师（Photographer）

向登录员汇报工作，负责如下事务：

- 拍摄图片以记录藏品和借展物品的详细信息，或者为制作博物馆档案进行藏品拍摄；
- 为藏品研究和出版制作图像；
- 为教育材料和出版物、宣传推广资料或应公众获取信息的请求制作图像；
- 为所有数字和电子媒介拍摄和制作图像；
- 维护和管理藏品图像库。

任职要求：

- 具有中学毕业证书，接受过认证的摄影技术培训；
- 具有摄影工作室的工作经历，擅长商业摄影及技术处理；
- 需提供过去的作品集，特别是艺术品、文物或标本相关作品；
- 精通图像和所有电子和视听媒体的数字化制作。

C-9 图书管理员/知识经理（Librarian / Knowledge Manager）

向负责藏品管理的副馆长（或首席藏品研究员）汇报工作。如今，这一职位的职责范围已被扩大，为了让博物馆员工或公众可以访问博物馆所储藏的所有知识，管理员还需要承担与其相关的所有工作任务。图书管理员负责如下事务：

- 博物馆图书馆的发展、管理和运营；
- 与博物馆图书馆相关的规划、政策和程序；
- 为藏品研究员和所有其他员工提供图书服务；
- 提供印刷材料以及所有视听和电子媒体材料的挑选、购买或征集、编目和分类、借阅和维护等服务；
- 为观众访问和使用图书馆进行协调（如果博物馆的图书馆对公众开放的话）；
- 管理员工和公众对博物馆数据库的使用；
- 与相关的机构和信息服务部门联络；
- 提供读者咨询和参考书查阅服务。

任职要求：

- 具有图书馆学的高等学位，应选修博物馆某一专业领域的部分课程；
- 具有博物馆或专业图书馆的工作经历；

- 具有在研究型文化或艺术机构中从事信息检索的工作经历；
- 了解所有媒体对与博物馆相关资源的需求和使用目的；
- 了解所有必需的支持服务，重点关注电子资源和印刷材料；
- 了解印刷材料、录音带、磁盘和手稿的储存和检索系统。

C-10 图书馆技术员/图书馆助理（Library Technician / Library Assistant）

向图书管理员汇报工作，负责如下事务：
- 图书馆资料的编目、借阅和维护，以及相关服务；
- 回应公众的问询、多媒体设备的使用、参考书查阅和读者服务；
- 提供与博物馆图书馆相关的所有支持服务。

任职要求：
- 具有中学毕业证书，并参加过图书馆学专业技能培训；
- 具有良好的沟通能力和优秀的客户服务态度。

C-11 档案员（Archivist）

向负责藏品管理的副馆长（首席藏品研究员）汇报工作，负责如下事务：
- 博物馆档案的研究和信息记录；
- 对各种媒介形式的档案藏品进行保管；
- 与博物馆档案有关的规划、政策和程序；
- 对档案文本和图片进行数字化；
- 回应公众对档案信息的问询和请求；
- 参与策划档案展览和公共项目；
- 编制所有媒介的档案研究成果的目录或其他出版物；
- 所有媒介的档案资料的征集和除藏；
- 将博物馆档案与国内或国际网络或数据库进行连接。

任职要求：
- 具有博物馆专业领域的学位或同等经验；
- 参加过档案工作培训或具有所有档案媒介的工作经历；
- 学术研究证明或出版物；
- 熟悉所有媒介的档案材料的挑选、鉴定、保护、储藏、数字化和展示的技术。

C-12 首席藏品保护员（Chief Conservator）

向负责藏品管理的副馆长（或首席藏品研究员）汇报工作，负责如下事务：
- 负责所有馆藏物品的保护；

- 负责最大限度地延缓所有馆藏物品的恶化；
- 制定与藏品保护有关的规划、政策和程序；
- 检查所有征集品和借展品，并准备其状况报告；
- 对需要清洁或修复性保护的藏品进行处理；
- 为实现预防性保护，最大限度地延缓藏品恶化，尽可能地使建筑内部的状况保持最优的状态；
- 无论展览是在博物馆本馆还是借展地举办，在展览前或展览开幕后不久，应对所有展览材料的状况进行报告；
- 研究藏品的保存方法和材料；
- 负责监管藏品保护部。

任职要求：
- 同时具有博物馆藏品的某一领域和化学或藏品保护科学的高等学位为最佳；
- 了解并熟练掌握至少一类藏品的相关保护方法（最好涉及多个领域）；
- 具有多年的博物馆藏品保护员的工作经历；
- 具有行政管理工作经历。

C-13 藏品保护科学家（Conservation Scientist）

向首席藏品保护员汇报工作，负责如下事务：
- 研究馆藏物品的保护方法和材料；
- 研究环境状况以增强藏品的保存效果；
- 研究适合展览的展示和保存方法；
- 在所有媒体上发表研究成果。

任职要求：
- 具有博物馆藏品某一领域或化学或藏品保护科学的高等学位；
- 了解并熟练掌握至少一类藏品的相关保护方法（最好涉及多个领域）；
- 具有多年的博物馆藏品保护员的工作经历；
- 具有担任研究科学家的工作经历。

C-14 藏品保护员（Conservator）

向首席藏品保护员汇报工作，负责如下事务：
- 保管馆藏中某一类材质或媒介的物品；
- 负责检查和处理此类材质或媒介的物品；
- 为保存此类材质或媒介的物品，维持适宜的环境条件；
- 为馆藏物品制备藏品状况报告，就此类材质或媒介的藏品征集或借展提出建议。
任职要求：
- 具有博物馆某一藏品领域和/或化学或藏品保护科学领域的高等学位；
- 熟练掌握相关材料或媒介的保护技术；
- 具有博物馆藏品保护员的工作经历。

C-15 藏品保护技术员（Conservation Technician）

向相关的藏品保护员汇报工作，负责如下事务：
- 检测并记录藏品的环境状况；
- 在藏品保护员的指导下处理馆藏物品；
- 为馆藏和借展物品制备藏品状况报告。

任职要求：
- 毕业于技术学院的藏品保护专业；
- 具有博物馆藏品保护或其他科学实验室的工作经历。

公共项目事业部

P-1 负责公共项目的副馆长（Deputy Director for Public Programs）

向首席行政长官（馆长）汇报工作，负责如下事务：
- 开发和管理展览和视听节目、活动、资料和大型事件，以吸引包括学校团体在内的更广泛的观众；
- 制定影响公共项目的规划、政策和程序；
- 与学校系统保持联络，让学校充分认识到博物馆是一种教育资源；
- 与展览设计师和制作人员、技术项目供应商和艺术家保持联络；
- 致力于达成营销规划制定的收入和参观人数的目标；
- 负责公共项目事业部员工的监督和绩效考核。

任职要求：
- 具有博物馆专业和/或博物馆学相关领域的高等学位；
- 具有在文化景点担任管理职位的工作经历；
- 具有卓越的管理能力；
- 熟悉观众行为和需求；
- 熟悉博物馆馆藏；
- 掌握评估方法；
- 具备创业精神导向。

P-2 公共项目秘书（Public Programs Secretary）

向负责公共项目的副馆长汇报工作，负责如下事务：
- 与公共项目有关的接待和问询；
- 为公共项目事务部提供行政管理支持服务；
- 协调博物馆的观众和其他用户的预约。

任职要求：
- 具有高级中学教育经历；
- 掌握文字处理、日程安排、软件以及一般办公程序，并具有相关工作经历；
- 熟悉文化机构的日常运营工作，并具备良好的沟通技能。

P-3 展览部主任（Exhibitions Officer）

向负责公共项目的副馆长汇报工作，负责如下事务：
- 与藏品研究员合作，策划和制作符合博物馆展览目标的展览；
- 与展览相关的规划、政策和程序；
- 召集并主持展览常设委员会；
- 任命展览部人员加入展览工作组和其他项目小组；
- 制定设计和传播标准；
- 展览和公共项目的视听和互动部分的规划和实施；
- 展览的制作和预算，包括展览提案、设计成本计算、施工、总体调度、维护和维修；
- 组织巡回展览以及负责实现这些展览相关的收入目标；
- 与评估主管合作对展览进行评估；
- 与技术供应商和创意制作人联络；
- 对展览的所有系统、展品和服务提案进行评估；
- 监督展览部员工，并评估他们的绩效。

任职要求：
- 具有平面设计、工业设计、商业艺术、建筑和室内设计、剧场设计等专业学位，或版面设计和媒体应用课程的证书；
- 具有博物馆某一重点领域相关学科的学位；
- 展览设计能力突出，具有相关工作经历，以博物馆和文化景区的展览设计工作经历为最佳；
- 具有项目管理、展览制作以及相关建筑工作的经历；
- 熟练掌握视听和互动技术的使用方法，了解博物馆藏品知识以及藏品保护的标准实践；
- 具备行政管理能力和经验。

P-4 展览设计师（Exhibition Designer）

向展览部主任汇报工作，负责如下事务：

- 通过展览效果图、规划、设计方案、说明书、图纸、模型、灯光和布局将藏品研究员和教育员的想法转化为常设、临时或巡回展览；
- 监督并参与展品的制作与安装，以及日程表和预算的安排，敦促展览按时开放和维护，并将成本控制在预算范围以内；
- 与展览制作所需的外部承包商和服务商接洽相关业务；
- 与展览部主任共同整合和执行技术系统和媒体运营，并更新所有保修的要求；
- 起草、选择和跟踪展览设计和制作合同。

任职要求：

- 具有平面设计、工业设计、商业艺术、建筑和室内设计、剧场设计等专业学位，或版面设计和媒体应用课程的证书；
- 展览设计能力突出，具有相关工作经历，以博物馆和文化景区的展览设计工作经历为最佳；
- 具有项目管理、展品制作、相关建筑项目、模型制作或媒体方面的工作经历；
- 熟练掌握视听和互动技术；
- 了解展品材料的性质和标准的保护实践做法。

P-5 展览准备员或技术员（Preparator / Technician）

向展览部主任汇报工作，负责如下事务：

- 负责准备、安装和拆除展览中的所有物品和材料；
- 巡回展览的准备和包装；
- 准备物品的展柜和支架，以及展览材料；
- 所有常设和临时展览（包括视听组件）的日常运营和维护；
- 为设计师提供最新的系统和运营的详细信息，同时提供最新的保修要求；
- 对展览和表演使用的电子、视听和计算机驱动组件进行维护；
- 对展览和表演中的照明系统进行维护；
- 开发和测试新的展示技术，以确保人员和藏品的安全。

任职要求：

- 具有展览制作和安装的工作经历；
- 了解木工、金属加工、塑料成型的操作知识，并具备操作能力；
- 了解电子、视听展览应用以及计算机驱动的展品和表演，并具备操作能力；

- 了解照明系统和应用软件。

P-6 平面设计师（Graphic Designer）

向展览设计师汇报工作，负责如下事务：

- 设计和制作展品的图形元素，包括为所有常设、临时和巡回展览设计并制作符合博物馆既定设计标准的指示牌和说明牌；
- 设计和制作博物馆内部和外部的总体方向和流线指示牌；
- 设计虚拟（在线）展览。

任职要求：

- 具有平面设计或商业艺术的学位或证书；
- 具有展览设计的工作经历，以博物馆或文化景区的设计工作经历为最佳；
- 具有展览制作和布展的工作经历；
- 具有网站信息技术应用的工作经历。

P-7（或A）博物馆剧场经理（Museum Theater Manager）

对设有剧场的博物馆来说，博物馆剧场经理向负责公共项目的副馆长汇报工作，这一职位也可以作为运营事业部的一部分向行政管理副主管汇报工作。在这两种情况中，这一职位都负责如下事务：

- 协调所有表演、活动和特别活动，以支持博物馆的总体规划和收入目标；
- 与剧场相关的规划、政策和程序；
- 与教育部门联络，安排与学校团体参观相关的表演；
- 安排表演日程、票房运营、门票销售、前区运营；
- 博物馆剧场运营，维护音响标准和环境。

任职要求：

- 具有艺术管理、剧场或表演艺术方向的证书或同等经验；
- 具有剧场运营和管理方面的卓越能力和工作经历；
- 具有良好的督导能力；
- 了解计算机票务系统；
- 具有创业精神导向。

P-8 剧场/视听技术员（Theater / Audiovisual Technician）

向剧场经理汇报剧场的工作，同时向展览部主任汇报展厅内的工作，负责如下事务：

- 负责剧场或展厅多媒体和视听组件的数字和模拟媒体的投影；
- 负责剧场或展厅媒体的声音、照明效果及其控制系统；

- 为所有展览、表演和制作提供技术支持服务；
- 博物馆剧场设备的维护和保养；
- 博物馆展品的所有视听组件的维护和维修。

任职要求：
- 具有电子设备维护的证书或其他培训证明；
- 具有维护和操作复杂的照明和音响系统的能力。

P-9（或 A 或 E）传播部主任（Director of Communications）

这一职位综合管理博物馆所有的传播工作，可以向公共项目部副馆长汇报工作。在许多博物馆，这一职位向负责行政管理的副馆长汇报工作；如果博物馆还设有对外事务事业部，那么这一职位也可以向负责对外事务的副馆长汇报工作。该职位负责如下事务：

- 所有传播媒体的公共项目的策划、设计和制作，包括出版物、图册、说明牌，以及视听和数字传播内容；
- 负责这些项目的运营和维护；
- 研究与开发成像和图形技术软件，将其应用在博物馆的公共项目中；
- 与评估部主任进行协商，对博物馆的出版物和媒体项目进行评估。

任职要求：
- 具有媒体策划、平面设计和制作工作经历；
- 熟悉多媒体项目；
- 了解该博物馆馆藏的主要内容。

P-10（或 A）信息技术部主任（Director of Information Technology）

除了上述职位，信息技术部主任已成为当今大多数博物馆的必要职位。这一职位可以向负责公共项目的副馆长汇报工作，但在许多博物馆中，这一职位需要向行政管理副馆长汇报工作。该职位负责如下事务：

- 博物馆所有信息技术系统的规划、设计和运营；
- 与所有需要使用信息技术系统的部门协作；
- 对网站管理员和其他信息技术员工或合同工进行监管；
- 信息技术系统和服务的维护和升级；
- 新应用和系统的研究和开发；
- 博物馆信息技术系统的评估。

任职要求：
- 熟练掌握信息技术系统的安装、操作和维护；
- 具有信息技术项目的策划、设计和制作的工作经历；

- 具有博物馆信息技术系统应用的工作经历；
- 具有较好的行政管理能力；
- 具有良好的人际关系技能。

P-11（或 A）网站管理员（Webmaster）

向信息技术部主任或传播部主任汇报工作，负责如下事务：

- 博物馆网站的策划、设计和制作；
- 网站的运营和维护，包括对网站的交互式项目做出回应；
- 与展览部主任和策展或教育员工就虚拟展览的策划、设计和制作展开协作；
- 与营销和发展部就他们的网站项目展开协作；
- 研究和开发新的网站应用程序；
- 对网站链接进行维护；
- 与评估部主任进行协商，对网站和虚拟展览进行评估。

任职要求：

- 具有网站策划、平面设计和运营的工作经历；
- 熟练应用交互式在线编程软件；
- 参与虚拟展的工作经历。

P-12 教育部主任（Education Officer）

也称为教育服务主管，向公共项目副馆长汇报工作，负责如下事务：

- 博物馆场馆和在线学习项目的策划、管理和实施；
- 管理和发展与学校的合作伙伴关系，在博物馆场馆和/或学校以及线上为他们提供与博物馆馆藏有关、基于课程的学习项目；
- 为所有教育项目制定标准；
- 与学校、社区团体和其他目标观众保持联络，安排他们参与现场参观，并提供导览和/或演示；
- 参与展览的设计和其他公共项目，以提高项目的教育价值；
- 为展览录制语音导览；
- 实现学生参观人数和收入目标；
- 为学校准备出版物或多媒体产品；
- 审批教育项目的宣传用资料；
- 开发并实施与博物馆藏品相关的成人教育项目；
- 制定志愿者讲解员的培训计划。

任职要求：

- 具有教育和／或博物馆专业相关领域和／或博物馆学方向的高等学位；
- 具有博物馆或文化景区的教育和／或项目方面的工作经历；
- 具有设计和实施学习项目的能力，包括展览和出版物的准备工作；
- 具有较强的沟通和博物馆教育技术能力；
- 了解学校系统的目标和课程；
- 了解评估方法；
- 具有较好的行政管理能力；
- 具有良好的人际关系技能。

P-13 预约调度员（Bookings Clerk）

在大部分的博物馆，预约调度员向教育部主任汇报工作，该职位也可以向观众服务部主任汇报。预约调度员负责如下事务：

- 学校团体和公众团体的参观预约和调度安排；
- 带薪员工或志愿者讲解员团体讲解服务的预约和调度安排；
- 与学校、社区团体和旅行社联络。

任职要求：

- 具有中学毕业证书；
- 熟练掌握文字处理、数据录入和调度软件；
- 工作仔细，准确度高，具有良好的沟通技能。

P-14 工作室经理（Studio Manager）

对于设有视觉艺术工作室的博物馆来说，工作室经理向教育部主任汇报工作，负责如下事务：

- 为所有年龄段观众提供的多种艺术和技术学科的课后及周末课程项目的开发、实施和评估；
- 聘请专业技术员和艺术家担任项目讲师，与他们协调工作安排；
- 完成项目制定的参加活动人数和收入目标；
- 与学校、社区团体和其他目标观众联络；
- 准备所有辅助材料；
- 准备宣传用资料。

任职要求：

- 具有视觉艺术学位或证书，或视觉艺术工作室的工作经历；
- 具有教师资格证；
- 具有博物馆或相关机构的工作经历；
- 能够设计和实施针对学生和家庭观众的教育体验。

P-15 学校项目经理（School Programs Manager）

向教育部主任汇报工作，负责如下事务：
- 设计和实施学校团体的项目；
- 准备学校工具包和资源素材；
- 与教师和学校负责人联络；
- 协调博物馆兼职教师；
- 志愿者讲解员的培训和评估；
- 负责考察参观项目。

任职要求：
- 具有教育或博物馆学学位；
- 具有博物馆教育部门或相关机构的工作经历；
- 了解学校体系的目标和课程；
- 了解博物馆藏品的领域；
- 了解评估方法。

P-16 成人教育经理（Adult Education Manager）

向教育部主任汇报工作，负责如下事务：
- 针对成人的学习项目的设计和实施；
- 协调博物馆兼职教师；
- 志愿者讲解员的培训和评估。

任职要求：
- 具有教育或博物馆学学位；
- 具有博物馆教育部门或相关机构的工作经历；
- 了解博物馆藏品的领域；
- 了解评估方法。

P-17 教育员 / 展示员 / 讲解员（Educator / Demonstrator / Docent）

向教育部主任或学校项目经理或成人教育经理汇报工作，负责如下事务：
- 为学校和其他各年龄段的团体参观博物馆常设展览和临时展览提供导赏服务，并进行规划；
- 规划并提供其他的博物馆教育项目；
- 与教师就博物馆的教育功能进行协作；
- 在展厅内向观众进行展示解说。

任职要求：

- 具有教育或博物馆相关专业的大学本科学历；
- 具有教师、讲解员或其他教育工作的经历；
- 具有良好的沟通能力和必要的语言技能；
- 了解藏品相关的知识。

P-18（或A） 专场活动经理（Special Events Manager）

一般向公共项目的副馆长汇报工作，这一职位也可以设在行政管理事业部的运营事务旗下。该职位负责如下事务：

- 设计和举办系列讲座、音乐或戏剧表演、系列电影、节庆或其他专场活动，为展览和其他项目提供补充；
- 负责演讲嘉宾、讲师和主持人的招募和协调；
- 完成该部门的参加活动人数和收入的目标；

任职要求：

- 具有成人教育、博物馆学或表演艺术的学位或证书或同等经验；
- 具有音乐或戏剧表演艺术的工作经历；
- 具有在博物馆或相关机构从事公共项目策划的工作经历；
- 具有策划博物馆公共项目的能力；
- 具有创业精神导向。

P-19 拓展项目经理/社区联络主任（Outreach Manager / Community Liaison Officer）

向公共项目副馆长汇报工作，负责如下事务：

- 制定和实施拓展项目，从而吸引少数群体参观博物馆，将博物馆的服务带到社区；
- 与社区群体或其他社区服务机构进行联络。

任职要求：

- 具有社会学教育背景；
- 具有在博物馆或相关机构从事拓展或社区发展领域的工作经历，并具有相关的工作能力；
- 了解学校系统以及社区组织和服务机构；
- 具有优秀的沟通和人际交往能力。

P-20（或A） 志愿者协调员（Volunteer Coordinator）

一般向公共项目副馆长汇报工作，这一职位也可以设置在行政管理事业部的运营部门旗下，负责如下事务：

- 与所有志愿者参与工作的部门一起协作，负责志愿者的招募、培训和监管；
- 设置、安排和预约志愿者提供的服务工作；
- 志愿者档案及邮件列表的维护；
- 在理事会和馆长的支持下，制定和实施志愿者表彰计划。

任职要求：
- 具有管理博物馆志愿者的工作能力；
- 具有志愿者服务领域的工作经历和知识；
- 具有卓越的沟通技巧。

P-21（或A或E）营销经理（Marketing Manager）

我们建议营销经理向公共项目副馆长汇报工作，以便将营销工作与博物馆提供的项目结合起来；营销经理还可以向传播部主任汇报工作。但是，在很多博物馆中，营销经理向行政管理副馆长汇报工作。如果博物馆设置了对外事务的副馆长一职，那么营销经理可以向对外事务副馆长汇报工作。该职位负责如下事务：

- 策划与执行博物馆营销规划；
- 宣传营销策略和执行情况；
- 制定并执行媒体关系策略；
- 评估公众和观众对博物馆图像、服务及产品的了解情况；
- 管理营销预算；
- 完成活动参与人数和收入目标；
- 与博物馆各种观众建立联系。

任职要求：
- 具有商业、营销、传播或新闻学的大学本科学历或同等经验；
- 具有在博物馆或文化景区从事营销和传播的工作经历和突出的工作能力。

P-22（或A或E）公共关系干事（Public Relations Officer）

向营销经理汇报工作，负责如下事务：

- 维护博物馆的公共形象；
- 维护与所有媒体的关系；
- 推广博物馆所有的产品和服务；
- 维护与社区的关系；
- 监测发展趋势、观众兴趣和相关问题，使博物馆可以随时应对相关领域的发展需求。

任职要求：

- 具有公共关系、传播或新闻学的大学本科学历或同等经验；
- 具有在博物馆或文化景区从事公共关系、新闻或传播工作的经历；
- 了解媒体工作，掌握媒体写作、编辑和标准格式等知识；
- 能与其他员工展开积极合作，高效推动公共关系计划。

P-23 评估经理（Evaluation Manager）

向公共项目副馆长汇报工作，负责如下事务：
- 评估并记录公众对博物馆产品和服务的看法；
- 博物馆评估规划的设计与实施；
- 设计并实施针对观众和非观众的调查；
- 展厅和展览评估；
- 项目和专题活动评估；
- 通过规范性和总结性评估参与展览、公共项目以及其他公共产品和服务的设计。

任职要求：
- 具有心理学或心理测验学的大学本科学历或同等经验；
- 了解观众研究和调查的设计、实施和阐释，并具备实际的操作能力；
- 具有在博物馆或其他文化景区从事评估的工作经历。

P-24 出版经理（Publications Manager）

向公共项目副馆长或传播部主任汇报工作，负责如下事务：
- 协调和监管博物馆制作的所有平面和多媒体材料，如年度报告、书籍、图录、指南、电影和讲座资料、通讯、研究期刊，以及所有历史工具书、摄影和图片工具书、视频、CD、DVD 或其他电子和视听媒体资料；
- 编辑所有资料，使这些资料的语言、语法和文体风格达到编辑的标准；
- 确保所有平面设计都符合博物馆想要打造的形象；
- 完成收入目标；
- 根据印刷册数分销材料。

任职要求：
- 具有文学、新闻学、公共关系、传播学或市场营销的学位；
- 具有在出版、编辑、印刷制作和发行等各个方面卓越的工作能力和丰富的工作经验；
- 具有博物馆或相关机构的工作经历。

行政管理事业部

A-1 负责行政管理的副馆长（Deputy Director for Administration）

向馆长汇报工作，负责如下事务：
- 根据博物馆的使命、长期目标和短期目标对博物馆进行行政管理；
- 与馆长和理事会共同制定财务目标；
- 负责财务管理，包括预算、会计、采购、人力资源、工资福利、保险、税务和合同；
- 实体场馆的运营与安全；
- 观众服务与日常运营。

任职要求：
- 具有会计、工商管理或公共管理的学位；
- 具有管理工作经验；
- 具有非营利文化组织或相关机构的工作经历；
- 了解基金会计和包括政府补助管理在内的一般财务工作；
- 了解博物馆运营的法律知识；
- 了解人力资源流程；
- 了解保险要求；
- 了解办公室和博物馆的设备、数据处理系统、服务设施管理，以及安全和观众服务的知识。

A-2 行政管理秘书（Administration Secretary）

向行政管理副馆长汇报工作，负责如下事务：
- 接待和处理问询；
- 为本事业部提供行政管理方面的支持服务。

任职要求：
- 具有中学毕业证书；
- 具有办公室工作经历，了解文化机构；
- 具有较强的文字处理能力；
- 具有卓越的沟通能力。

A-3 财务部主任（Finance Officer）

向行政管理副馆长汇报工作，负责如下事务：
- 博物馆的财务管理，包括预算、会计、采购、工资福利和保险；
- 合同和税务；

- 会员、捐赠基金和筹款记录；
- 投资和生息账户；
- 外部和内部审计；
- 如商店和餐饮服务等创收项目；
- 监管记账员和财务。

任职要求：
- 具有工商管理或公共管理或会计的学位；
- 具有非营利机构行政管理的工作经历；
- 了解会计和财务的所有工作，并具有实际操作的能力。

A-4 记账员（Bookkeeper）

向财务部主任汇报工作，负责如下事务：
- 账户的维护和监控；
- 定期汇报账目。

任职要求：
- 持有记账员证书；
- 具有非营利机构的工作经历。

A-5 财务职员（Finance Clerk）

向财务部主任汇报工作，负责如下事务：
- 向财务部主任和记账员提供支持服务。

任职要求：
- 具有中学毕业证书；
- 具有非营利机构财务管理部门的工作经历。

A-6 场馆经理（Building Manager）

向行政管理副馆长汇报工作，负责如下事务：
- 实体场馆的管理和运营；
- 与首席藏品保护员和安保主管共同维护环境控制和安全系统；
- 管理安保和清洁服务合同（如果合同已经签署）；
- 以营收为目的管理场馆的租金；
- 监管场馆维护人员。

任职要求：
- 具有工程专业背景优先；
- 熟悉建筑管理和维护系统；

- 具有大型多用途设施的管理和运营能力；
- 具有卓越的沟通和监管能力。

A-7 维护工人（Maintenance Worker）

向场馆经理汇报工作，负责如下事务：
- 清理展厅内非馆藏的物品；
- 清理场馆的所有区域；
- 清扫垃圾；
- 更换灯具；
- 更换卫生间和急救站的用品。

任职要求：
- 了解满足博物馆标准的清洁设备和技术；
- 具有维护博物馆或其他公共设施的工作经历。

A-8 租赁经理（Rentals Manager）

向场馆经理汇报工作，负责如下事务：
- 推广和运营博物馆设施租赁项目，为商务会议、大型会议、聚会和招待等提供场地；
- 租赁服务的问询和预定；
- 与餐饮服务商、公司和其他目标客户群体联络；
- 根据活动需要，协调安保和清洁员工的工作。

任职要求：
- 具有中学毕业证书；
- 具有非营利机构租赁业务管理的工作经历；
- 具有创业精神导向；
- 具有酒店或餐厅的工作经历；
- 了解博物馆作为一个多功能实体环境的潜力和局限性。

A-9 观众服务经理（Visitor Services Manager）

向行政管理副馆长汇报工作，负责如下事务：
- 观众接待与引导；
- 场馆地图或其他媒介形式的指引信息；
- 回答观众针对活动和项目的问询；
- 衣帽间、卫生间和餐饮设施的运营；
- 残疾人专用通道和对他们给予援助；

- 处理观众意见和投诉；
- 与公共项目员工一起对观众体验的整体质量进行监控；
- 为员工和观众制定急救、安全和应急计划并提供相关用品。

任职要求：
- 具有公共关系、传播学、博物馆学的学位或同等经验；
- 具有在文化景区或博物馆管理观众服务职能的能力；
- 了解博物馆行业，并对博物馆感兴趣；
- 具有卓越的公共关系、沟通和监管能力。

A-10 衣帽间管理员（Coat Room Supervisor）

向观众服务经理汇报工作，负责如下事务：
- 衣帽间的日常管理和运营；
- 员工的监管；
- 为观众提供急救服务，保障观众的安全。

任职要求：
- 具有中学毕业证书或同等经验；
- 具有衣帽间管理的工作经历；
- 接受过急救培训。

A-11 接待/票务/咨询台员工（Reception / Tickets / Information Desk Clerks）

向观众服务经理汇报工作，负责如下事务：
- 欢迎观众入馆；
- 为观众指引，并提供相关信息；
- 售票（如入馆需要购买门票）和接待观众。

任职要求：
- 具有卓越的沟通能力；
- 了解博物馆行业，并对博物馆行业感兴趣；
- 具有零售或收银员的工作经历。

A-12 餐饮经理（Food Services Manager）

餐饮服务一般采用承包的方式。餐饮经理无论是本馆员工还是承包商，都向观众服务经理汇报工作，负责如下事务：
- 为观众提供餐饮和茶点，并对餐饮服务进行规划；
- 管理餐饮服务员工；

- 实现餐饮服务的收入目标；
- 采购食材；
- 维护厨房和服务设备；
- 对提供租赁服务的外部餐饮服务商进行监管。

任职要求：
- 曾从事餐饮行业工作，能提供符合博物馆要求的餐饮服务；
- 具有餐饮服务行业的管理工作经历；
- 掌握饮食和烹饪原理；
- 熟练操作适合于博物馆餐饮服务水平的设备。

A-13 餐饮服务员工（Food Services Staff）

向餐饮服务经理汇报工作，负责如下事务：
- 为观众准备或提供食物和茶点；
- 咖啡厅或餐厅以及厨房的维护。

任职要求：
- 曾在符合博物馆餐饮质量标准的厨房或餐厅工作；
- 熟练掌握烹饪或服务设备的操作和维护；
- 具有现金收银和找零的工作经历。

A-14 安保主管（Chief of Security）

向行政管理副馆长汇报工作，负责如下事务：
- 藏品和场馆的安全；
- 场馆内观众、员工和其他人的安全；
- 安全档案和录像带的维护；
- 操作与监控闭路电视；
- 入侵报警合同和系统的维护；
- 火灾探测器、报警和威慑系统；
- 制定针对各种事件的应急响应规划，并实施规划；
- 监管安保员，并安排他们的工作计划。

任职要求：
- 具有中学毕业证书；
- 具有安保、警察、消防或相关领域的工作经历；
- 具有行政管理的工作经历；
- 具有博物馆或其他公共机构的相关工作经历；
- 熟悉建筑物中多个系统的操作方法。

A-15 安保员（Security Guards）

向安保主管汇报工作，负责如下事务：
- 监控展厅的情况；
- 对观众和其他所有进入博物馆的人员进行监视；
- 对闭路电视屏幕进行监控；
- 管理观众、员工、送货员出入场馆；
- 提交安全档案；
- 应对紧急情况。

任职要求：
- 具有安保、警察、消防或相关领域的工作经历；
- 熟悉博物馆安保和监控系统的操作规范；
- 卓越的沟通技巧。

A-16 人力资源经理（Human Resources Manager）

向行政管理副馆长汇报工作，负责如下事务：
- 为博物馆招聘、培训和发展优秀员工；
- 帮助制定有关所有员工就业和安全的政策以及适用的条款和条件；
- 与财务部主任协作开发和管理支付系统；
- 与带薪员工进行协商，负责他们的招聘和岗位设置程序；
- 与工会和雇员协会联络；
- 制定和管理专业培训和发展政策和程序。
- 为所有博物馆员工制定学习计划，推动机构成为"学习型组织"；
- 协助经理定期对招聘流程进行审查。

任职要求：
- 具有人力资源管理学位或同等经验；
- 具有非营利机构人力资源管理的工作经历；
- 熟悉人力资源数据处理系统；
- 具有卓越的人际沟通技巧。

A-17 人力资源职员（Human Resources Clerk）

向人力资源经理汇报工作，负责如下事务：
- 与人力资源工作有关的接待和问询；
- 协助人力资源经理完成档案保管、函件往来，以及向员工传达相关信息等工作；

任职要求：
- 具有中学毕业证书；
- 具有人力资源的工作经历，具有非营利机构的人力资源工作经历的申请者将优先考虑；
- 了解人力资源数据处理系统；
- 掌握文字处理技巧；
- 具有良好的人际沟通能力。

A-18（或 E）发展部主任（Development Officer）

通常向行政管理副馆长汇报工作，如一些较大型的博物馆通常设置了对外事务副馆长，发展部主任则可向对外事务副馆长汇报工作。该职位负责如下事务：

- 统筹并指导博物馆的筹款活动，包括基本建设项目、资助、年度捐赠、会员活动、赞助以及向政府、企业和基金会申请补助；
- 规划并监管专项筹资活动；
- 监管会员管理员工；
- 监管零售店员工。

任职要求：
- 具有商业、艺术管理或营销的大学本科学历；
- 曾在与博物馆筹资规模需求类似的机构从事筹款工作；
- 具有非营利机构发展部的工作经历；
- 熟悉财务管理；
- 能对理事会和博物馆高级管理员工进行筹款培训，并鼓励他们参与筹款；
- 了解博物馆所在的社区，并具有社区工作经历。

A-19（或 E）发展部秘书（Development Secretary）

向发展部主任汇报工作，负责如下事务：

- 协助发展部主任的工作，包括往来函件、安排会议以及档案保管等。

任职要求：
- 具有中学毕业证书；
- 了解软件和数据库程序；
- 具有卓越的沟通能力。

A-20 零售经理（Retail Manager）

向行政管理副馆长汇报工作，负责如下事务：

- 实现销售和收入目标；

- 推广和销售适合博物馆的商品；
- 商店运营的所有工作，包括销售和支出档案的保管、库存的准备和维护、销售和促销的监管、商店陈列和组织等；
- 经藏品研究员批准后采购货物；
- 聘请和监管销售人员和志愿者。

任职要求：
- 具有在博物馆商店以及一些高品质商店从事零售运营工作的丰富经验；
- 具有较强的创业精神导向；
- 具有卓越的财务管理能力；
- 熟练掌握高效的展示和推广技巧；
- 监管能力突出。

A-21 销售职员（Sales Clerks）

向零售经理汇报工作，负责如下事务：
- 客户销售；
- 库存的维护；
- 商品的库存以及定价。

任职要求：
- 具有客户销售方面的工作经历；
- 具有处理现金和找零业务的能力；
- 具有良好的沟通能力。

A-22 会员经理（Membership Manager）

向发展部主任汇报工作，负责如下事务：
- 吸引并维持目标观众群体对会员的兴趣，并为他们提供支持；
- 制定并实施会员招募策略；
- 策划、推广和协调针对会员的专题活动、服务和福利；
- 相关档案和邮件列表的维护；
- 监管会员事务员。

任职要求：
- 具有中学毕业证书；
- 具有管理非营利协会会员的工作经历；
- 掌握数据库档案管理；
- 具有卓越的人际沟通能力。

A-23 会员事务员（Membership Clerk）

向会员经理汇报工作，负责如下事务：
- 与会员相关的接待和问询；
- 会员档案和邮件列表的保管；
- 协助专题活动。

任职要求：
- 具有中学毕业证书；
- 具有文字处理和数据库管理的能力；
- 具有卓越的客户关系维护和沟通能力。

对外事务事业部

E-1 负责对外事务的副馆长（Deputy Director for External Relations）

对外事务副馆长是一个可选择设置的高级职位，较大型的博物馆可以设置该职位。该职位负责监管传播、营销、公共关系、发展和会员部的主管。尽管前文中介绍这些职位可以向其他人汇报工作，博物馆也可以将这些职位安排在对外事务事业部。副馆长向馆长汇报工作，并负责如下事务：
- 博物馆与其本地乃至全球社区的关系，包括与社区利益共同体的关系；
- 协调发展、营销和会员项目，努力实现最佳业绩；
- 监管博物馆所有的传播工作；
- 确保博物馆的品牌得到适当维护和管理。

任职要求：
- 具有博物馆相关学科的大学本科学历；
- 具有管理非营利机构品牌的工作经历；
- 行政管理能力突出；
- 了解筹资、营销和公共关系，并具有相关工作经历；
- 具有卓越的人际交往能力。

E-2 对外事务秘书（External Affairs Secretary）

向对外事务副馆长汇报工作，负责如下事务：
- 接待和问询；
- 为本事业部的工作提供行政支持服务。

任职要求：
- 具有中学毕业证书；
- 具有办公室工作经历，同时了解文化机构的特点；

- 掌握文字处理技巧；
- 具有卓越的沟通能力。

至此，我们已经介绍了所有向对外事务副馆长汇报工作的职位，部分可以向其他事业部汇报的职位被纳入了其他的部门的职位介绍。

词汇表

以下部分为博物馆管理领域常用的术语，其中大部分术语都在前文中进行了更为全面的描述。

藏品征集资金（Acquisition fund）：用于购买藏品的资金，某些情况下也包括征集活动相关的支出费用。

藏品征集委员会（Acquisitions committee）：由博物馆的理事会指派的理事组成的团体，负责考虑藏品政策和藏品发展战略的相关问题，并就增添藏品和除藏给出建议，该建议只能由相关研究方向的藏品研究员提出。

藏品征集方法（Acquisition methods）：藏品征集方法包括捐赠、馈赠、购买、田野调查、其他博物馆的寄存物，以及从负责文化财产保护的政府项目或机构接收征集物。

行政管理（Administration）：协调博物馆的功能以实现博物馆的使命。

咨询委员会或客座委员会（Advisory board or visiting committee）：通常被任命为代表公共利益的非治理团体，他们的权力仅限于向垂直管理部门博物馆的治理机构提出政策建议。

美学展示（Aesthetic display）：艺术品、标本或文物的一种展陈模式，旨在启发人们对博物馆藏品本身的思考。

备案建筑师（Architect of record）：在某一行政区获得执业许可的当地建筑师，可负责继续完成某建筑的设计或通过细节设计对该建筑进行修缮。

一臂之距（Arm's length）：这是一种比喻的说法，指博物馆与为其划拨或拨款的政府机构之间保持一定的距离。

参观人数、收入和支出的预测（Attendance, revenue, and expense projections）：对所有收入和所有类别的支出进行预测。

自动化（Automation）：将如藏品档案等手写的档案转换为计算机格式的过程。

最佳做法研究（Best practice study）：对其他机构的具体项目或活动的成功案例进行比较分析。

投标文件（Bid documents）：针对施工或制造的竞争性合同正式发布工程的详细技术规范文件。

理事会或信托委员会（Board or trust）：将博物馆的事业视为自己的事业一般，以同样勤勉、诚实和审慎的态度来管理博物馆公共利益的受托机构。

项目概述（Brief）：客户或用户向建筑师或设计师提供的有关空间、设施或展览要求的说明。

预算（Budget）：包含资金的计划；为实现短期目标对所需资源的货币价值进行分配，而这些短期目标则是将博物馆的长期定性目标以预算年度为单位分解为短期的量化目标。

按部门分配预算（Budget by department）：这是预测收入和开支的最常见的方法，该方法要求各部门审查过去一年的拨款情况，并根据当前的短期目标和任务进行调整，为明年的预算金额给出建议。

按功能分配预算（Budget by function）：这种方法可以根据收藏、信息记录、保存、研究、展示、阐释和行政管理等博物馆的基本功能对拨款进行审查。

按短期目标分配预算（Budget by objectives）：这一审查过程可根据博物馆整体规划确定的短期目标以及预期成果评估当年拟议的拨款变化。

按项目分配预算（Budget by program）：根据本年度计划中该活动的重要性对博物馆提供的活动或服务的收入和开支进行预测。

建筑规范（Building code）：由政府部门定义的某特定管辖范围内的建筑空间标准。

建筑委员会（Building committee）：由博物馆理事会任命，负责监督和控制某个建筑或改造项目的一组人员。

建筑图像建模（Building imagery modeling）：为完成规划的建筑或翻新项目，融合了多个或所有的结构、机械、电气、管道和其他设计的计算机应用程序。

建筑管理或自动化系统（Building management or automation system）：控制和检测整个建筑大气条件的计算机系统。

建筑团队（Building team）：由建筑师、工程师、景观设计师、承包商、施工经理和其他技术专家组成的专业团队，他们与项目经理会面，结合建筑物的实际施工情况，努力满足功能概述的技术图纸和规范要求。

经营计划（Business plan）：在一定的条件或假设情况下对某个项目或运营可行性进行预测的文件。博物馆的经营计划可包含藏品分析，公共项目规划，使命、任务和宗旨声明，关于机构的地位和结构的建议，空间和设施的要求，人员配备要求，市场分析、营销和运营建议，资本和运营支出和收入的预测，以及实施计划表。

资本预算或资金（Capital budget or funds）：为博物馆场馆或建筑已规划的开发方案预留的财务资源，如翻新、搬迁、新建或展陈更换等。

资本成本预测（Capital cost projection）：预测升级或修建必要空间、购买家具和设备，或按计划举办展览所需的资金。

资本成本（Capital costs）：获取场地及建造或改造某个设施或展览所需的一次性成本。

事例说明（Case statement）：为某个特定项目捐赠资金或继续资助某项目阐明理由的文件。

编目（Cataloging）：从策展研究的角度记录艺术品、文物或标本的信息，旨在全面记录每一件物品相对于馆藏、其他收藏，乃至全世界收藏的重要意义，编目信息比登录的信息更为全面。

变更订单（Change order）：客户与承包商签署的合同文件，可授权承包商对正在施工或安装的建筑或展览的原始设计或规格进行变更。

道德准则（Code of ethics）：一套影响博物馆理事和员工以及他们所服务的博物馆的原则，旨在避免利益冲突，同时遵守与文物、标本或艺术品有关的国际公约以及国家或地方法律。

藏品分析（Collection analysis）：对按照藏品意义和种类进行分组的馆藏内容、藏品的安全、藏品信息记录和保存，以及在规定时间内藏品数量增长造成的空间和设施需求进行定性和定量的研究。

藏品发展战略（Collection development strategy）：对藏品的数量增长和质量提升的情况进行预测。

藏品政策或藏品管理政策（Collection policy or collection management policy）：博物馆的基础文件，规定了预期馆藏的范围和限制条件，同时包含藏品的征集、信息记录、保管、安全和管理的标准。

集体谈判协议（Collective bargaining agreement）：在已经成立了工会的博物馆中，集体谈判协议是经过工会和博物馆同意，影响博物馆员工工作条件的原则、政策和实践做法。

试运行（Commissioning）：由承包商和建筑师（或设计师）向客户交付已竣工的建筑或已制作完成的展览。

对比分析（Comparables analysis）：将规模和主题相似的博物馆的成功与失败经验进行对比研究。

竞争性招标（Competitive bidding）：对多个承包商就指定工程提交的标书进行比较。在其他行业，招标人一般会选择报价最低的投标人，但博物馆行业出于对质量标准的控制，并不总会这样做。

藏品状况报告（Condition report）：由藏品保护员制作的一份文件，用来记录艺术品、文物或标本在报告提交时的状况。

鉴赏力（Connoisseurship）：深入了解藏品的能力，能够感知、辨别博物馆馆藏中的艺术品、文物或标本，特别是能就馆藏做出鉴赏判断。

藏品保护（Conservation）：最大限度地保存藏品或延缓藏品随着时间推移而产生的劣化，尽可能减少藏品的变化。

藏品保护政策（Conservation policy）：该文件明确了博物馆预防性保护和保护措施的长期的质量标准。

藏品保护措施规划（Conservation treatment plan）：对艺术品、文物或标本的状况进行干预的详细方案，旨在通过可逆的程序加强藏品保护。

沉思模式（Contemplative mode）：美术馆中最常使用的展示类型，在其他类型的博物馆中也可以见到这种展示方法。这种模式以美学的方式展示艺术品、文物或标本，来提升观众的情感体验或审美欣赏水平。

当代收藏（Contemporary collecting）：征集当今的文物或艺术品，作为历史遗产供后代子孙欣赏。

情境式、主题式或说教式展示（Contextual, thematic, or didactic display）：一种将文物、标本或艺术品置于情境中，使观众更好地理解物品意义的展示模式，通常应用在阐释性主题的展览中。

承包（Contracting）：与个人或公司签订协议，为博物馆承担某项具体的功能（如安保、清洁、餐饮），作为博物馆聘请正式员工的替代方案。

承包商（Contractor）：承诺履行建造或改造建筑物合同的个人或公司。

捐助收入（Contributed revenue）：个人、政府或机构为支持博物馆的使命向博物馆拨付、资助或捐赠的资金，包括政府补贴、资助、捐赠基金、赞助和捐赠。

控制（Control）：管理和监控预算和日程，以确保按照预算分配时间和资金资源。

事务计划或运营计划（Corporate plan or business plan）：该文件重点关注为实现博物馆的使命和目标，博物馆在特定规划时期和财务框架内需要实现的功能。

成本效益（Cost-effectiveness）：从定性和定量的角度评估博物馆的支出所达到预期效果的程度。

危急度（Criticality）：安全风险发生的概率与其造成影响的程度（脆弱性）之间的相关性，这一指标用于确定安全需求的优先级。

文化旅游（Cultural tourism）：以文化为核心，引领人们离开家乡去体验其

词汇表 281

他地方或其他人群的艺术、历史遗产或生活方式。

除藏（Deaccessioning）：将艺术品、文物或标本从馆藏中移除。

防护（Defense）：应在应急程序手册中对博物馆安保政策中已确定的对策进行详细说明，以便员工遇到危险时做出适当的反应。

延缓（Delay）：博物馆安保政策中确定的相关对策，以延缓危险情况的进一步发展。

设计/施工合同（Design/build）：将设计职责与设计目标的施工整合在一起的承包合同。

设计概念图（Design concept）：某个建筑物或展览的原始图纸，一般以项目概述为基础。

设计开发（Design development）：建筑或展览的设计阶段，这一阶段将设计概念进行扩展，细化为详细的图纸，有时也称为信息图纸（另见方案设计）。

设计团队（Design team）：根据批准的项目概述或计划对博物馆建筑或展览的空间、材料和设施进行规划和布局的执业专家团队。

设计日（Design day）：空间和设施需要接待人数较多（但不是高峰期）的一天。

设计年（Design year）：如总体规划或藏品发展战略这类长期规划设定的期限，通常是未来的20或25年。

检测（Detection）：包括安排安保员或警卫监视，设置入侵警报器、烟雾探测器、展柜警报器和闭路电视等博物馆安保政策中明确的对策，以确定是否以及何时发生危险情况。

威慑（Deterrence）：博物馆安保政策中明确降低危险发生可能性的对策。

展示藏品（Display collection）：为展览和阐释目的征集，并计划永久收藏的一组文物、标本或艺术品。

藏品信息记录（Documentation）：制作和保管藏品的历史和描述以及与其相关的交易的永久档案。

藏品信息记录程序手册（Documentation procedures manual）：为登录员、编目员和数据录入员所编写的对馆藏进行登录和/或编目的详细说明。

捐赠（Donation）：为支持博物馆的使命而捐赠或遗赠文物、标本、艺术品或资金。

非现金捐赠（Donation in kind）：为支持博物馆的使命提供藏品以外的物品和/或服务。

教育规划（Education plan）：阐述博物馆教育服务的长期目标和短期目标，以及如何实现这些目标的方法的文件。

效益（Effectiveness）：从定性和定量的角度衡量博物馆采取的各种行动达到预期目标的成果。

效率（Efficiency）：衡量效益的一种指标，即为实现该目标投入的资源（包括人时、资金、空间或使用的设施设备）与产生的效果之间的比率。

应急程序手册（Emergency procedures manual）：为员工撰写的操作手册，规定了在发生危险、事故、疾病、水灾、火灾、地震、飓风、龙卷风等损坏博物馆建筑以及扰乱博物馆服务的事件时，员工应采取的行动。

应急小组（Emergency team）：由负责协调应急程序的博物馆员工组成的团队。

员工发展计划（Employee development programs）：帮助员工获得新的工作能力，使他们成为其他职位的合格人选。

捐赠基金（Endowment fund）：用于投资的捐赠或遗赠，该基金的全部或仅部分的所得利息用于运营（如基金没有限制用途），或藏品征集、展览或系列讲座等特定目的（如基金仅可用于特定的用途）。

环境模式（Environmental mode）：室内陈设或大型展览所采用的展示类型，用来重现博物馆物品被制作或使用时的时空环境。

环境扫描（Environmental scan）：制定战略规划过程的首要步骤，旨在了解直接或间接影响博物馆或美术馆的外部环境，如结合地方、区域、国家乃至国际的趋势和发展情况，了解经济、人口、社区、市场和博物馆学的变化发展。

评估（Evaluation）：对博物馆项目的目标实现情况从定量和定性的角度进行衡量。

展览委员会（Exhibition committee）：审议展览政策的团队，有时是委派理事成员担任，但更常见的形式是由某个专门的员工委员会或工作组担任，集展览各项工作的负责员工的才智为一体。

展览规划（Exhibition plan）：拟议展览的主题、目标和表现方式的说明，还可以包括项目布局和预算等内容（另见阐释规划）。

展览政策（Exhibition policy）：展览项目的目标，以及临时和常设展览的展示理念、频率、规模和范围的说明。

延伸项目（Extension）：博物馆在博物馆建筑或场馆之外推出的项目。

外部评估（External assessment）：外部评估是制定战略规划过程的一部分，

指博物馆尝试从外部人员的视角审视自身，并通过多种方式吸收馆外人士的意见，具体方式包括观众调查、社区调查、工作坊、任务组，与该领域资深人士、社区领袖、捐赠人、赞助商、资助人、多次到访博物馆的观众以及那些没有到访过的观众进行访问等。

设施规划或战略（Facilities plan or strategy）：测算藏品储藏和展示、公共项目和便利设施，以及员工办公和工作所需的空间和设施。

编制设施规划（Facilities programming）：一般由专业顾问承担，是一种跨度较广的规划编制活动，其目的在于确定机构在新建、扩建或改建时所需的设施，以及设施的设计和性能标准。

可行性研究（Feasibility study）：由单独聘请的专业顾问承担，以确定拟建或现有机构是否能够生存下来，或机构是否需要进一步发展的研究，研究对象包括财务可行性、营销前景、资金来源、参观人数和收入预测，现有建筑物在结构上的合适度，提议的各种场馆地址的可行性和其他因素。可行性研究主要是为了明确拟建项目可行的条件，通常并未考虑营利或甚至保持预算收支平衡的条件，但应符合补贴、捐赠基金或其他捐助收入来源的要求。

防火隔离（Fire compartmentalization）：通过防火墙将大空间（如博物馆的储藏区）划分为较小的区域，以阻止火势扩散。

防火等级（Fire rating）：对建筑材料或结构能够在火灾中保持屹立不倒塌或耐火的时间进行标准化的预测。

防火墙（Fire wall）：房间之间的分隔，在其防火等级中规定的时间内具有耐火能力。

第一人称阐释（First-person interpretation）：一种阐释方法，身着戏服的演员扮演某个历史时期的角色，回答观众提出的以某个历史时空为语境的问题。

形成性评估（Formative evaluation）：在展览策划制作的过程中评估展览的效果，让展览最终可将内容准确而有效地传达给观众。

基金会（Foundation）：具有教育、研究或社会服务目标的慈善组织，可成为博物馆捐助收入的来源。

熏蒸（Fumigation）：消灭博物馆藏品上害虫的一种处理方法。

功能概述或简介（Functional brief or program）：以用户的语言撰写的系统文件，描述了建筑物及其系统和设施的功能、循环模式以及相邻的建筑和参观的要求，包括明确影响建筑物中每个房间的各种技术变量（光照、湿度、过滤等）。

功能（Functions）：对博物馆的基本活动，包括收藏、信息记录、保护、研究、展示、阐释以及对这六大核心活动的管理。

筹款（Fund-raising）：推动捐助收入增长的计划或活动。

筹款战略（Funding strategy）：从公共、私营机构和自营收入获得资金，满足资本资金和运营资本的需求。

长期目标（Goals）：博物馆努力追求的长期定性标准或想要实现或达成的项目阶段目标，通常在总体规划或事务计划中予以明确的说明。

治理（Governance）：博物馆最终的法律和财务责任。

治理机构（Governing board）：由被任命的多位理事组成的负责治理博物馆的团体。理事会还负责审议并决定政策和长期规划，以及博物馆馆长的招募、评估和最终解聘。

补助项目（Grant project）：具有特定目标的政府或基金会资助项目。

申诉程序（Grievance procedure）：针对员工抱怨工作条件或人员待遇的处理方法，通常在集体谈判协议中予以说明。

卤代烷灭火器（Halon fire extinguisher）：一种通过喷出卤代烷气体控制火灾的手持式灭火器，由于环境方面的考量，该灭火器已被逐步淘汰。

卤代烷系统（Halon system）：一种通过从头顶喷射卤代烷气体控制火灾的方法，由于其对环境的危害，目前已在很多地区全面禁止使用并已被逐步淘汰。

动手操作模式（Hands-on mode）：鼓励观众通过动手操作进行学习的一种展示类型或方法，该模式很受观众的欢迎，特别是儿童博物馆和科学中心的观众。

危险品储存柜（Hazardous materials store）：用不可燃、阻燃材料制成的储存柜，用于存储如一些藏品保护实验室用品等博物馆使用的危险品，仅由合格的使用者进行重点管控。

层级制度（Hierarchy）：低级别的负责人和管理者向较高级别的领导报告工作，最终形成由馆长领导的金字塔结构，这种组织结构被称为层级制度。

高安全级别库房（High-security store）：通常来说，博物馆的艺术品、武器、皮毛和其他价高的物品需要存放在安全级别较高的库房，高安全级别库房的室内墙面、天花板和地板应为砖石结构，钢门和框架由至少配有六针的弹子锁和钥匙控制。

高安全级别（High security）：展示高价值物品所需的安保级别，通常包括在开放时间进行持续监控等特殊规定。

人力资源政策（Human resources policy）：解决关于法律规章、工资、福利、费用规定、试用期、工作和加班时间、法定假日、休假、病假、产假或陪产假和缺勤、培训和专业发展、知识产权条款、申诉和骚扰处理程序、绩效评估和合同终止条件等事务的一套准则。

温湿度计（Hygrothermograph）：监测和记录相对湿度波动的装置。

超文本（Hypertext）：一份计算机文件与其他相关文档之间的链接，方便员工或观众访问博物馆的藏品信息。

实施（Implementation）：根据共同认可的优先事项，为实现博物馆的长期和短期目标部署时间、资金和员工，分配各自的责任，并重新分配或获取新的资源。

实施计划表（Implementation schedule）：博物馆从现状发展至总体规划中概述的情况所需步骤的日程表。

责任免除（Indemnity）：可代替博物馆出借展品保险的程序，根据该程序，政府确保博物馆或借出方免受任何损失。

信息管理（Information management）：能够有效推动内部或外部的口头和书面文本及图像的生产、协调、储藏、检索和传播的活动和项目，从而使博物馆更有效地履行其功能。

信息模型（Information model）：用图形展示当前任务和后续的文本图像数据流以及对这些样本的改进目标。

信息政策（Information policy）：博物馆管理层对藏品信息记录的标准，和公众访问藏品档案和阐释信息做出的承诺，重点关注知识产权、博物馆参与建设的数据库，传播包括图像在内的博物馆档案的其他方式等议题。

信息系统规划（Information system plan）：对包括文本和图像在内的所有数据相关的功能进行分析，并就这些数据的高效集成、兼容性和未来增长提出建议。

机构背景（Institutional context）：机构背景涉及博物馆与其他机构和代理之间的关系问题，其他机构包括各级政府、教育机构、其他的博物馆、专业团体、旅游业、来自私营部门的潜在捐赠者或赞助商等。

机构规划（Institutional plan）：一份战略规划文件，该文件审查博物馆的内部组织（其治理结构、使命、任务和宗旨声明）和与其机构背景有关的外部关系（政府、教育机构、其他的博物馆、私营部门、旅游业等），并为博物馆提供建议。

互动模式（Interactive mode）：博物馆展览所采用的一种表现方式，让观众与展览进行身体和/或智力的积极对话。

互动性（Interactivity）：公众与博物馆展品在身体与智识上的互动。

内部评估（Internal assessment）：战略规划中的一个步骤，包括利用现有文件对机构的项目和运营情况进行评估，与博物馆管理层、员工、志愿者、会员和理事讨论，并利用"SWOT"分析法分析博物馆的优势、劣势、机会和威胁。

互联网（Internet）：一个链接全球的数据网络和一种非正式的计算机服务，将全世界的政府、高校、私营或公共服务机构以及个人的计算机连接起来。

阐释（Interpretation）：博物馆向公众传达其藏品的意义。

阐释规划或展览大纲（Interpretative plan or exhibition brief）：对博物馆的阐释目标、预期的观众体验的质量，以及展览各个部分的说明，说明应列出每个部分的传播目标和实现这些目标的潜在表现方式，以及提供观众流模式图示和概念草图，展现出展览的初步印象（另见展览规划）。

职位说明（Job description）：简要说明职位的职责、资格和与上级的汇报关系（见附录）。

关键问题（Key issues）：在制定战略规划的过程中，为成为一个更加有效率和成功的机构，博物馆必须解决的一些基本问题。

领导力（Leadership）：为实现博物馆的长期目标，激励人们对博物馆产生使命感的能力。

责任（Liability）：为自己或他人的行为所承担的法律和财务责任，特别是博物馆作为一个机构的行为所承担的相关责任。

生命周期成本法（Life-cycle costing）：预测某个建筑物到最终更换以前的长期资本和运营成本。

垂直管理部门博物馆（Line department museum）：作为政府部门、大学或企业下属的一个完整部门和机构来进行管理的博物馆，资金主要来源于治理机构的拨款。

勒克斯（Lux）：测量光照强度的公制单位。

光照强度（Lux level）：博物馆的某件藏品所暴露的可见光量；最准确的计算方法采用每年的勒克斯小时数，即任何给定时间的光照强度与以同样强度的光照在物体上的小时数的乘积。

管理（Management）：促进组织的决策，使其能够实现目标。

任务（Mandate）：从学科、地理范围、年代范围或专业角度对博物馆承担责任所涉及的物质文化范围的表述，也可以通过与其他机构进行比较来对任务进行限定。

市场（Market）：博物馆的实际和潜在公众。

市场分析（Market analysis）：了解和预测某设施或项目的现有或潜在观众的过程。

营销（Marketing）：以刺激和增加参观人数、停留时间、观众满意度、支出和回访为目的，为观众提供博物馆服务的所有方法和渠道，不仅包括广告宣传，还包括为客户提供符合博物馆短期目标的服务和活动，以吸引观众再次到访。

营销策略（Marketing strategy）：博物馆提升与目标观众的沟通和服务的方式，以提高参观人数和观众的消费，从而与观众建立更紧密的关系，从而吸引观众再次到访，提高会员人数和捐赠数量。

总体规划（Master plan）：为了实现预期的效果，对博物馆的功能与资源进行组织，并经常评估该机构的各项工作，预测额外的空间、员工或资金需求以及实现这些需求的方式。

矩阵（Matrix）：一种将功能作为互动轴心的组织结构。

微环境（Microenvironment）：指一个可以对内部气候进行控制的安全空间，如建筑物无法在整个房间中进行此类控制，则可在密闭展柜或框架内应用微环境，以展示或储藏文物或标本。

使命（Mission）：对博物馆存在的长期理由进行客观、简短、充满希望和鼓舞人心的阐述，使命是博物馆制定所有政策的基础。

多媒体（Multimedia）：在经过调试的展览设备中使用多种传播方式以刺激多种感官，一般需要使用计算机和/或电子技术。

博物馆（Museum）：是一个向公众开放，并从公共利益出发进行管理的永久的非营利机构，其目的是保护和保管、研究、阐释、整合，并向观众展示具有教育和文化价值的用于教学和欣赏的物品和标本，涵盖了艺术、科学（无论是有生命还是无生命的）、历史和技术材料。

博物馆规划师（Museum planner）：从事博物馆空间、设施、功能、服务、运营和/或管理规划的博物馆专业人员。

制定博物馆规划（Museum planning）：通过将新建或改建的博物馆的所有部分整合成一个能够以最优效率实现其功能的整体，推动物质文化保护和阐释的研究与实践。

博物馆项目小组（Museum project team）：博物馆改建或施工项目中由博物

馆员工组成的工作组，其任务是确保博物馆的要求在功能概述或方案中得以明确说明，同时要求建筑师、工程师和承包商满足这些要求。

博物馆服务机构（Museums service）：为多个博物馆提供服务的博物馆联合组织和/或政府机构。

冠名权（Naming rights）：为标杆性捐赠者给予的一种认可。建筑物、侧翼、展厅或展示柜都可以根据具体的捐赠价值水平以捐赠者的名字来命名。

命名法（Nomenclature）：在分类系统中组织的一份结构化且可调整的术语列表，为藏品索引和编目提供基础。

非公共藏品区（Nonpublic collection zone）：博物馆内为保存藏品而进行环境控制和安全保卫的区域，但该区域的装修标准仅满足员工的基本需求（C区）。

非公共非藏品区（Nonpublic noncollection zone）：博物馆内仅为员工提供舒适的环境而进行环境控制的区域，该区域的装修标准仅满足员工的合适要求（D区）。

非营利或慈善组织（Nonprofit or charitable organization）：在政府部门注册的具有专利证书或慈善税号的机构，允许其提供捐赠免税收据，并获得每个行政区政府政策允许的其他福利。

物件剧场（Object theater）：一种向观众展示文物、标本、复制品或其他装置的展示方式，通常采用与该物品相关的主题故事线，结合聚光灯或其他的照明方式，用画外音脚本和投影的图像来阐释物品。

短期目标（Objectives）：规划和预算中明确的短期的、可量化的成就，作为实现定性长期目标的衡量标准。

运营预算（Operating budget）：博物馆运营成本的预计分配方案，通常每年制备一次。

运营或运行成本（Operating or running costs）：博物馆持续的支出，包括工资福利、建筑租用成本、维护、安全、策展和保护支出、行政管理、营销以及公共项目成本。

运营补助（Operating grant）：为博物馆的运营成本提供补贴的一种补助项目。

组织结构图（Organizational chart）：一个机构的管理结构图。

引导（Orientation）：为观众提供相关的服务信息，比如他们所处的位置，可以获取的服务和地点，服务的语言种类，可以看到什么、做什么，以及如何到达想要的地点。

拓展服务（Outreach）：为吸引（或"走近"）新的或非传统的观众而举办的博物馆活动，包括在场馆内和其他地点举办的活动。

标杆性捐赠（Pacesetting donation）：与其他潜在的捐赠者接洽时，可以拿来举例的捐赠案例（根据捐赠者的意愿决定匿名与否）。

合作关系（Partnerships）：与其他博物馆、机构、代理和景点共享资源，共同协作。

绩效评估（Performance review）：根据博物馆的长期目标和短期目标，对员工在实现博物馆功能方面的效益和效率进行评估。

周界报警（Perimeter alarm）：应在包括任何天窗或其他屋顶接入点的所有入口和窗户安装入侵报警器，最好通过专线将电话与警察局或安保公司直接连接。

人事政策（Personnel policy）：博物馆的声明文件，包含对员工的期望以及承诺在力所能及的范围内为员工提供工作条件的声明。

图片或艺术品租赁（Picture or art rental）：向观众提供按月租赁艺术品到家或办公室的服务，有时仅为博物馆会员提供此服务。

计划性捐赠（Planned giving）：根据捐赠人、他或她的遗产以及博物馆的需求而计划进行的捐赠和遗赠。

政策（Policy）：博物馆就某个具体的博物馆功能（如藏品政策、藏品保护政策、安保政策、展览政策、研究政策、阐释政策等）对其使命、任务和宗旨声明，以及对履行这一承诺时应达到某种质量水平所做出的承诺。

展览准备员（Preparator）：为博物馆的展示、借展、布展和撤展准备艺术品、文物或标本的博物馆员工。

预防性保护（Preventive conservation）：为尽量减少艺术品、文物或标本的损坏，对环境进行研究的应用科学。

私有博物馆（Private ownership museums）：由个人、基金会或公司拥有或经营的博物馆，其目的或为营利或作为私人慈善机构使用。

程序（Procedures）：为达成博物馆的目标而实现博物馆功能所采取的系统化手段。

程序手册（Procedures manual）：为了达到博物馆政策中规定的质量水平，对实现博物馆功能和相关任务的系统化手段进行整理编撰，并传播的一种方式。

售卖式生产（Production for sale）：博物馆的展示员在工业遗产地利用传统的方法制作产品，直接售卖给观众或分发给其他人。

项目预算（Program budget）：举办某项活动预计的成本，体现了该活动所规定的绩效和质量标准。

项目经理（Project manager）：博物馆旗下的或独立于博物馆的个人或公司，负责管理协调所有参与项目实施的人员，以确保在规定的时间和预算内，在对其他功能干扰最低的情况下，按照商定的质量要求完成项目的短期目标。

公共藏品区（Public collection zone）：博物馆内为保护藏品而进行环境控制和安全监控的区域，具有适合公众使用的装修标准和耐用性（B区）。

公共筹款活动（Public fundraising campaign）：向公众进行广泛宣传的筹款活动，一般直接从数量庞大的捐赠者中获得金额相对较小的资金，通常仅占筹款总额的5%—10%，但可以用这种方式向其他资金来源方展示公众对博物馆或资助项目的支持程度。

公共非藏品区（Public noncollection zone）：环境控制标准仅需满足人员的舒适度的博物馆内某区域，但其装修标准和耐用性应适合公众使用（A区）。

公共项目规划（Public program plan）：博物馆希望为观众或其他用户开展或已经开展的所有活动所采用的策略，包括展览、藏品阐释、教育、出版物、延伸服务、拓展活动，以及卫生间、商店或餐饮等根据博物馆的目标市场所预计的公共设施。

公私合作关系（Public private partnership）：博物馆或政府机构等公共服务机构与营利或非营利的私营部门实体签署的合约，以承担某个项目或致力于共同发展，实现互惠互利。

公共信托（Public trust）：博物馆治理机构为其他人的集体物质遗产所承担的责任（在某些行政区，这是一种法律责任），应采取像对待自己的财产一样的谨慎态度，为当代人，更为他们的后代永久地保管文化遗产。

估算师（Quantity surveyor）：从事定量需求估算以实现定性目标的专业顾问，负责对建筑物、系统、设备和功能的资本成本和房屋租用成本进行预估。

冗余（Redundancy）：建筑系统在出现故障或断电时仍能保持运行的能力。

登录（Registration）：对博物馆收藏的文物、标本或艺术品进行编号，并记录与每个物品有关的详细信息，包括物品的名称和功能、创作的艺术家或制作者、来源和出处、原产地和日期和材料等。

相对湿度（Relative humidity）：采样空气与相同温度下饱和水汽的绝对湿度的百分比率。

代表性藏品（Representative collection）：为代表某些思想、概念、主题、某个时期或某个地理区域而挑选的博物馆藏品。

征求建议书（Request for proposals）：要求公司或个人提交他们对某项具体工作的理解、准备采用的手段和方法的正式文件，一般包含对成本的预测。

资格证明（Request for qualifications）：要求公司或个人提供与某项具体工作相关的资格和经验记录的正式文件。

研究（Research）：对与博物馆藏品或公共项目相关的学科进行学术或应用方面的调查研究。

研究规划（Research plan）：对与博物馆部分或全部藏品或公共项目相关的学科进行学术或应用方面的调查研究的计划，包括对项目执行预算和时间的预估。

研究政策（Research policy）：博物馆致力于与其馆藏和公共项目相关的学术或应用研究的承诺声明，还包括对想要达到的质量水准和优先级，在预算范围内提供人员、时间、图书、差旅费预算和其他所需资源所做出的现实承诺。

储备藏品（Reserve collection）：等待分配至展示藏品或研究藏品的艺术品、文物或标本，其中包括可用于教育实践活动的复制品、次品、等待除藏的物品。

储备金（Reserves）：为应急或未来开发项目保留的资金。

修复（Restoration）：通过维修、翻新、整修或其他干预措施，尽可能地或根据需要将某个建筑或文物恢复到更早期或原始（并非总是）的状况或外观。

修复政策（Restoration policy）：对博物馆修复艺术品、文物或标本的哲学意图的声明，详细规定了修复工作的质量标准和责任级别，具体包括可逆过程的要求以及关于显示原始物品中的缺陷或磨损的清晰指示。

修复程序手册（Restoration procedures manual）：说明博物馆修复政策实施步骤的文件，内容包括藏品研究员或藏品保护员的职责陈述、带薪或志愿员工的职责，以及采用文字和照片的形式对所有修复过程进行信息记录的要求。

务虚会（Retreat）：制定战略规划过程的一个环节，包括召开延期会议，邀请理事和高级员工休会一天或更多的时间来考虑机构内部及行业在全球环境下的长远方向以及关键的问题和挑战。

风险（Risk）：对机构的正常功能可能带来不利影响的事件发生的可能性，对于博物馆来说，可以为损失的危急度和博物馆遭受损失的脆弱性赋值，并将危急度指数与脆弱性指数的乘积用来衡量不利事件发生的可能性。

风险分析（Risk analysis）：根据所有危险的可能性、危急度，以及机构在这些危险方面的脆弱性来计算安全需求的优先级。

风险管理策略（Risk management strategy）：一份明确藏品面临的危险以及

博物馆为应对这些危险所采取的措施的规划。

原状展示（Room settings）：按照文物、艺术品或标本最初发现时的模样，对它们进行分组展示的一种方式。

计划表（Schedule）：带有日程的规划。

方案设计（Schematic design）：概念设计阶段之后规划建筑物或展览的阶段。在该阶段，设计师需要根据功能概述或简介，或阐释规划的一般要求完善建筑物或展览的图纸，并揭示它们的轮廓和特征，通常包括每个建筑或展览各部分的平面图和三维视图或演示图（另见设计开发）。

安保（Security）：与公众、员工和博物馆的其他人员，特别是藏品的保护相关的全部活动，使其免受所有威胁。

安保政策（Security policy）：博物馆对其资产管理的承诺，包括风险分析、安保级别的说明和分配、健康和安全预防措施、安保设备（现有和推荐的）、常规和紧急程序，以及保险范围和价值。

安全螺钉（Security screws）：用一个金属"鱼尾板"将画作的横木（非框架）固定在展厅墙上的螺纹金属连接器，只能通过专门用于转动头部的螺丝刀进行操作，这比一般的狭槽和方槽更为复杂。

安保站（Security station）：警卫或安保员操作和监视闭路电视系统、监控报警器以及管理场馆人员进出的岗亭。

自营收入（Self-generated revenue）：博物馆通过运营所赚取的资金，包括门票、零售、餐饮、会员、租赁、电影、表演、专场活动、教育项目、出版物、媒体和合同服务。

设定点（Set point）：如加湿器或除湿器等环境控制设备需要达到并维持的条件。

模拟器（Simulator）：为观众提供动感体验的装置，博物馆通常在主题情境中予以呈现。

选址（Site selection）：根据对可用性、访问便利程度、观众发展潜力、征集和发展的成本、筹资机遇、安保考量、建筑类型、规模和布局、停车场、场地是否明显、与周边设施的兼容性等因素的权衡考量，挑选出一座博物馆的最佳选址。

烟雾探测器（Smoke detectors）：博物馆首选的火灾探测器，但厨房应使用感温探测器。

缺陷清单（Snag list）：承包商或制作商需要修正的重大错误或缺陷的记录。

规范（Specifications）：每个承包商需要完成某个展览或建筑项目有关工作的详细说明，包括使用的材料、满足的标准、遵循的程序、不同承包商之间管辖权的问题、解决管辖权纠纷的程序、变更订单的程序等。

赞助（Sponsorship）：公司或个人对展览或其他某个具体项目捐赠的资金或物品。

喷水灭火装置（Sprinklers）：安装在天花板上，遇到火灾即喷洒大量水的装置。

人员规划（Staffing plan）：在藏品资源确定的情况下，为了使运营的公共项目达到计划水准而对人员需求进行的预估。

宗旨声明（Statement of purpose）：简要地说明与博物馆任务中定义的目标相关的博物馆功能。

故事板（Storyboards）：将观众会在屏幕或舞台上看到的内容制作成逐个场景的草图。

故事情节（Story line）：展览或其他博物馆项目的连续主题，叙事性主题较常见，但叙事性不是必需的要求（另见主题）。

战略方向（Strategic directions）：在制定战略规划的过程中具有重要意义和值得铭记的指导方针，显示了机构在处理影响博物馆的关键问题上坚持的方法或理念。

战略规划（Strategic plan）：确定某个机构最优的未来，并为了实现这一未来进行所需的变革。

研究藏品（Study collection）：为进行比较或分析研究而征集的藏品，一般会永久保存。

总结性评估（Summative evaluation）：对展览或其他博物馆项目的观众体验进行评估，根据原始的阐释规划检查评估结果，了解展览是否真正地传播了其计划传播的内容，如传播了相关内容，则需评估传播的效果如何。

可持续旅游（Sustainable tourism）：在接待外国或国内游客或为他们提供多种活动时，应尽量以减少游客的环境足迹，或采取措施弥补他们对环境的影响，从而使景点和其他相关资源保持良好的状态。

系统化收藏（Systematic collection）：为体现该类别藏品的全部重要类型或发生的变化而挑选出的文物或标本。

系统化模式（Systematic mode）：展示标本或文物时，提供完整的展览和信息以展示所有的变化类型。

目标市场（Target markets）：在博物馆的实际或潜在观众中找到博物馆项目重点关注的对象类别，以增加观众的访问量，提升参观体验。

工作组（Task force）：通常由来自多个部门的员工组成的团队，为了实现如展览等某个共同的目标而一起协作。

技术方案（Technical program）：建筑师和工程师提供的规划、图纸和规范，应满足功能概述或方案的要求。

招标/投标（Tender/bid）：按合同承担工作任务的方案。

招标文件（Tender documents）：发给参与竞争的承包商的详细设计稿和规范文件，中标方将承担博物馆建筑或展览项目完工所需的施工、改造、制造、安装或其他工作，招标文件是招标方与中标方后续签订合同的基础（见投标文件）。

招投标过程（Tendering）：对需要承包的工程发出招标或投标请求、评标、协商和授标的过程。

职权范围（Terms of reference）：对委员会、制定规划的过程、计划或项目的任务和要求的说明。

主题或情境展示（Thematic or contextual display）：一种展示艺术品、标本或文物的方式，将展品按照某个主题、话题或故事情节进行布置，增进观众对与该主题相关的意义的理解，通常采用图形或其他阐释手段展示置于情境之中的物品。

主题（Theme）：展览规划或阐释规划中阐述的艺术品、文物或标本之间关联性的说明或关系，是某个展览或其他博物馆项目旨在传达的核心内容。

分时协议（Time-sharing agreement）：博物馆与学校行政部门之间的合作关系，根据该协议，学校团体可以在博物馆不对外开放的特定时间内进入博物馆参观，博物馆为其提供参观导览或其他教育项目，并获得来自该学区的固定费用或来自相关层级政府的拨款补贴作为回馈。

培训和发展战略（Training and development strategy）：博物馆与员工个人商定的规划，既涉及个人对如何按照相关的质量要求完成个人工作任务的学习培训需求，又包含为未来的职业发展提升技术和能力的发展项目。

总体设计（Total design）：该术语是指，博物馆或展览的所有方面的设计应以向所有观众群体开放为目标，无论观众自身面临着何种限制。博物馆的阐释政策应包括对这些原则的承诺。

培训计划（Training programs）：为员工如何完成工作提供指导。

中转库房或临时展览库房（Transit store or temporary exhibition storage）：博

物馆用于存放为临时展览借入的艺术品、文物或标本的区域，来自其他博物馆的展品押运员可能会参观这一区域，同时为了满足保险和赔偿的要求，其安保级别与永久藏品库房的级别相近。

理事（Trustee）：承担治理或咨询职责的理事会或信托委员会成员。

理事会手册（Trustees' manual）：提供给博物馆治理或咨询委员会会员的出版物，内容包括机构的使命、任务、政策声明、理事会章程、机构的历史、当前的规划、员工组织结构图、预算和财务报告、理事会的作用和职责，以及委员会结构简介。

交钥匙合同（Turnkey contract）：参见设计/施工合同。

紫外线（Ultraviolet light）：超出可见光谱的光线，是暴露在光线下的物体产生褪色和化学变化的主要原因。

价值工程法（Value engineering）：为了减少资本成本，重新考虑建设或改造项目的规划和设计。

蒸汽屏障（Vapor barrier）：防止水蒸气进入建筑物的不渗透屏障。

虚拟现实（Virtual reality）：通常由计算机生成的模拟环境，旨在为观众提供有意义且有趣的互动体验。

可视化库房（Visible storage）：在封闭的存储柜中系统化地展示文物、标本或艺术品的库房，让公众可以参观博物馆的部分或全部馆藏。在可视化库房中，博物馆通常将藏品放置在公共展厅中的橱窗或抽屉中，观众可以透过玻璃进行观赏，并可通过包含了整个编目条目信息的多层翻页卡片或计算机显示屏查询藏品的详细信息。

观众分析（Visitor analysis）：对博物馆现有的观众群体进行定量和定性分析，一般是为了了解观众对博物馆的认知和需求。

观众响应度（Visitor responsiveness）：观众在博物馆项目各个方面的体验质量。

观众服务（Visitor services）：与接待观众相关的活动，包括观众入馆、引导、指路、零售和餐饮服务、卫生间、休息区，以及影响观众体验质量和向公众传达博物馆态度的客户服务政策。

志愿者（Volunteer）：没有薪酬的员工，以个人发展机遇和社会的认可作为个人工作的回报。

志愿者协议或合同（Volunteer agreement or contract）：志愿者向博物馆和博物馆向志愿者签署的涉及所有工作条件和时间安排的承诺书。

志愿者手册（Volunteer manual）：将博物馆的使命和任务与博物馆的志愿者政策，以及与志愿者实际日常工作相关的细节联系起来的文件，内容包括与志愿者工作领域相关的博物馆的所有政策和程序。

志愿者政策（Volunteer policy）：博物馆就无报酬员工的招聘、培训、评估和社会奖励所做的承诺。

脆弱性（Vulnerability）：艺术品、文物、标本或所有博物馆藏品面临风险的程度。

警卫或安保员（Warders or guards）：负责博物馆的藏品和馆内所有人员安全的博物馆工作人员。

工作计划（Work plan）：为了完成特定的任务，对短期目标和资源以及相关的预算和时间表的说明。

万维网（World Wide Web）：一种在互联网上组织信息，利用超文本链接将信息从一个多媒体网站移动到另一个网站的系统。

零基预算（Zero-based budgeting）：一种预测收入和支出的方法，要求博物馆管理者在不考虑过去提供服务的水平的基础上，根据其可能实现的项目来考虑每项资金分配的合理性。